인생에서 놓친 소중한 것들

《活出明白的自己》
作者：白京翔
copyright 2014 by China Textile & Apparel Press
All rights reserved.
Korean Translation Copyright by TARAE PUBLISHING
Korean edition is published by arrangement with China Textile & Apparel Press
through EntersKorea Co.,Ltd, Seoul.

이 책의 한국어판 저작권은
(주)엔터스코리아를 통한 China Textile & Apparel Press사와의 독점계약으로
한국어 판권을 '도서출판 타래'가 소유합니다.
저작권법에 의하여 한국 내에서 보호를 받는 저작물이므로
무단전재와 무단복제를 금합니다.

인생에서 놓친 소중한 것들

나 자신을 꿰뚫어 보라! 그동안 얼마나 많은 헛수고를 했는가?
인생을 바꾸는 오늘의 다짐을 시작하라!

白京翔(바이징샹) 지음 | 주은주 옮김

도서출판 타래

PROLOGUE
나 자신을 꿰뚫어 보라

　당신은 항상 이성적 판단에 따라 행동한다고 확신하는가? 어떤 결정을 내릴 때, 매번 심사숙고 후 철저하게 당신의 생각에 따라 결정하는가? 뼛속으로 스며들 만큼 절절히 자책하면서도 왜 잘못을 개선하지 않는가? 사랑 때문이라고 입버릇처럼 말하면서 왜 일일이 상대방을 간섭하려고 하는가?

　이처럼 생각과 행동 사이에 모순을 드러내는 까닭은 자신을 정확히 알지 못한 채 진심으로 자기 마음의 뜻을 따르지 않기 때문이다. 사실, 나 자신을 정확히 파악하기란 쉬운 일이 아니다. 그러다 보니 우리는 때때로 갖가지 구실을 찾아내어 자신의 진짜 의도를 그럴듯하게 포장하기도 한다.

　생각과 행동의 불일치 현상을 흔히 '도시병'과 연관 짓기도 하는데, 우리는 스스로 자신을 속이려는 의도가 없음에도 은연중에 자신의 솔직한 마음과 전혀 다른 행동을 한다. 그렇다면 어떻게 해야 나 자신에 대해 잘 알 수 있을까? 나 자신의 사고 맥락을 차분히 짚어보면 나만의 고유한 행동 패턴을 발견할 수 있다.

이 책은 자기 습관의 본모습을 분명히 들여다보게 하고, 이를 통해 기존의 부정적 습관을 개선하는 방법을 제안한다. 중간중간에 삽입된 55개의 '습관 논리' 플로차트는 속마음을 솔직하게 드러내주고, 이를 '새로운 습관 논리'와 대조하여 일목요연하게 보여준다.

나는 10년 넘게 쌓은 심리 상담 노하우를 가지고 미시적 관점에서 일상생활의 사소한 일에서부터 행동 근원을 찾아 잘못된 습관을 바로잡는 방법을 알려주고자 한다. 이 책을 읽고 나면 분명 자기 자신에 대해 더 많이, 더욱 정확히 알게 될 것이다.

이 책과 관련하여 건의나 의견이 있다면 언제든지 나에게 연락해도 좋다. 나는 좋은 의견을 내준 독자께 보답으로 1회 무료 상담을 약속한다. '바이[白] 선생 심리팀'의 심리 상담사와 상담을 마치면 내가 직접 상담 결과와 그 해결 방법을 전해줄 것이다. 믿어도 좋다(이는 전적으로 저자인 나의 권한으로 결정한 것이다).

바이징샹[白京翔]

CONTENTS

PROLOGUE 나 자신을 꿰뚫어 보라 · 4

PART 1 그동안 얼마나 많은 헛수고를 했는가?
– 의미 있는 행동에 나서는 법

01 시간을 남김없이 쓰는 게 효율적인 것은 아니다
_알뜰해 보이지만 비경제적인 방법이다 · 12

02 왜 억지로 남을 돕는가?
_감히 "노!"라고 하지 못하기 때문이다 · 21

03 실패 후 꼭 하는 변명
_할 수 없으므로 책임을 벗는다 · 32

04 잘못된 방식을 끊어라
_다이어트는 습관과의 전쟁이다 · 41

05 상대방 일까지 도맡아 하는 것은 상대의 미래를 망치는 길이다
_'도움'은 성장을 돕고, '대리'는 미래를 망친다 · 53

06 대체의 법칙
_완벽한 것보다 효과적인 게 유용하다 · 63

PART 2 이기고 싶다면 실패를 두려워하지 말라
– 완벽한 성공을 위한 마음가짐

01 시간에 인색하지 말라
_시간은 쓸수록 절약된다 · 72

02 결과는 선택에 영향을 주지 않는다
_선택하지 않고 실패를 면할 수 있을까? · 80

03 당신은 부자인가?
_현재를 즐기며 살되, 마음은 미래에 두어라 · 88

04 져야 이길 수 있다
_성공하려면 실패를 철저히 분석해야 한다 · 95

05 충동은 성공의 원동력이다
_충동이 없으면 큰 뜻을 이룰 수 없다 · 102

CONTENTS

PART 3 지금 무엇이 당신의 마음을 흔들고 있는가?
– 근심은 자신을 깨우는 최고의 명약

01 신경 쓰이는 일은 아무리 사소해도 큰일이다
_사소한 일이라고 우습게 여기지 말라 •112

02 만남이 있기에 이별도 있는 법이다
_언젠가는 떠나게 될 일시적 친구들 •120

03 신체적 습관을 파악하라
_질병은 어느 날 갑자기 찾아오는 손님이 아니다 •128

04 일이 정말 재미없는가?
_유희성이 필요하다 •138

05 비관하지 말라
_'미래관'으로 치료하자 •144

06 즐거움을 창조하라
_새로운 의미 부여로 즐거움을 깨운다 •152

PART 4 고약한 성미를 다스릴 줄 아는가?
– 마인드컨트롤을 통한 긍정적 효과 창출

01 필연적 고통과 마주하라
_선택해야 해결된다 •162

02 감정, 지혜롭게 이용하기
_걱정을 조절할 수 있는 긴장감으로 전환한다 •171

03 불난 집의 불 끄기
_부정적인 감정은 전염된다 •180

04 감정은 걸림돌이자 디딤돌이다
_감정의 독소를 제거하라 •191

05 어디에서든지 즐거움을 느껴라
_즐거움은 삶의 원동력이다 •201

PART 5 단순히 핑곗거리만 찾고 있는가?
— 행동 뒤에 감춰진 동기와 의도

01 선행은 자기만족이다
_자신을 위해 남을 돕는다 •214

02 순종하도록 가르치는 것은 게으르기 때문이다
_순종하는 것보다 질문하는 것이 더 어렵다 •220

03 실력이 있으면 말이 필요 없다
_과장된 어필은 열등감이다 •228

04 거만한 사람은 환상을 품는다
_꿈에만 젖어 있으면 행동이 게을러진다 •236

05 '그래야 했는데' 하며 돌아보지 말라
_실패했다고 원망하지 말자 •244

PART 6 도전은 거짓말쟁이인 자신에게 맞서는 것이다
— 변명하는 자신을 바꾸는 방법, 도전

01 게으름 피울 시간도 필요하다
_버티기는 즐거운 활동이다 •256

02 성공은 때를 놓치고, 노력은 제자리걸음이다
_성공을 유지하려면 끊임없이 변화해야 한다 •264

03 나쁜 변명을 좋은 이유로 전환하라
_쉬운 것부터 하나씩 실천한다 •273

04 습관에 목적을 부여하라
_우연과 필연은 호환된다 •285

05 인생은 완벽하지 않다
_완벽해지려고 노력하면 완벽해진다 •292

EPILOGUE 글을 마치며 •301

PART 1
그동안 얼마나 많은 헛수고를 했는가?
– 의미 있는 행동에 나서는 법

▼

곤란한 상황에 처하면 우리는 습관적으로 핑곗거리를 찾으며 일단 피하려고 한다. 그리고 효과도 없는 낡은 방식을 고집하며 과거의 잘못된 실수를 되풀이하곤 한다. 반면, 타인이 어려움에 부딪히면 나서서 일을 대신 떠맡으려고 한다. 어려움이 생겼을 때, 그것을 한 사람이 짊어지려고 하지 말라. 개개인이 감당할 수 있는 수준으로 타인과 자신의 문제를 쪼개어 여럿이 협력, 해결하는 것이 현명하다.

▲

01
시간을 남김없이 쓰는 게
효율적인 것은 아니다
알뜰해 보이지만 비경제적인 방법이다

> " 바쁜 척하는 것은 자책하고 싶지 않은 심리의 소산이다. "

　사람들이 갈수록 바빠지는 게 느껴지는가? 버스 혹은 지하철에서 자연스럽게 스마트폰을 꺼내 뉴스를 본다. 길을 걸으면서 SNS에 몰두한다. 따분한 시간을 때우고자 스마트폰 게임에 열중한다. 근무 시간, 컴퓨터 모니터에 창을 여러 개 열어놓고 틈틈이 인터넷 소설을 보며 메신저로 지인들과 잡담도 한다. 그러다 볼 만한 영화라도 하나 발견하면 즉시 이어폰을 귀에 꽂고 창을 작게 줄여 몰래 보기도 한다. 주변 시선을 계속 의식하면서 일과 오락을 동시에 하는 것이다.
　이렇게 하면 허비하는 시간이 없어 보인다. 멍하니 보낼 틈도 없이 일을 하고, 게임을 하고, 인터넷 서핑을 한다. 자투리 시간을 남김없이 다 쓰자니 얼마나 바쁠까. 화장실에서조차 새로운 소식을 검색하느라 스마트폰을 놓지 못한다. 이렇듯 시간을 그야말로 알차게 쓰니 업무 능률이 향상될 것처럼 보인다. 물론 받아들이는 정보량은 분명 급속도로 늘어난다. 그런데 어떤가? 많은 사람이 이처럼 바쁘게 생활하면서도 여전히 무료함을 느낀다. 온종일 분주했지만 끝내지 못한 일이 산더미다. 그 일들 앞에서 그저 쉬고 싶은 생각뿐이다. 실컷 놀고도 더 놀고 싶은 심리랄까. 왜 이런 습관이 생기는 것일까?

계획에 없던 일을 만들어 만족감을 느끼다
내 고객 한 명이 불평을 늘어놓았다.
"매번 시간이 부족해서 계획한 업무를 다 끝내지 못합니다."
왜 그럴까? 이에 대한 명확한 원인 규명을 위해선 평상시 그의 업무 행태를 사세히 들여다볼 필요가 있었다.

그날도 그는 보고서 하나를 작성해야 했다. 그런데 '계획에 없던' 다른 일이 계속 끼어드는 바람에 보고서 작성은 뒷전으로 밀려났다. 사실, 계획에 없던 그 일은 다른 사람이 해도 될 업무일뿐더러 나중에 해도 되는 것이었다. 결국 그는 스스로 계획에 없던 일을 최우선 순위로 올려놓은 셈이다. 엄밀히 말해, 그것은 계획에 없던 일이 아니라 그가 '은밀히 계획한' 일이며, 그 순간 원래 하려던 일을 피하고자 만들어낸 상황이다.

"잠깐씩 쉬었기 때문에 일을 끝내지 못한 게 아니다. 정말로 바빴기에 일을 마무리할 시간이 부족했다!"

꽤 그럴듯하지 않은가? 이렇게 되면 양심의 가책을 크게 느끼지 않으면서도 하기 싫은 일을 성공적으로 미룰 수 있다. 이러한 행태의 반복 속에서 바쁜 척하는 습관이 발현되고 굳어진다.

정리해보자. 달갑지 않지만 꼭 해야 하는 일이 생겼다. 그 업무를 수행하지 않으면 자책감이 들 것이므로 계획에 없던 일을 일부러 만들어 분주한 일과로 자신을 내몬다. 그러면 해야 할 일을 완수하지 못해도 자책감은 물론 불안감 또한 덜 느낄 수 있다. '그래, 오늘은 정말 바빠서 못한 거잖아' 하며 잠시 스스로를 위안할 수도 있다. 이런 식으로 계속 하다 보면 '바쁜 척하는 습관'이 생긴다.

다음의 플로차트 두 개를 보면 쉽게 이해될 것이다. 아래는 바쁜 척하는 습관의 흐름을 나타내고, 위는 아래와 같은 단계에서 일어나는 사고와 정서의 변화를 나타낸다. 예컨대 아래의 '하기 싫음' 단계에 해당하는 정서는 '자책하기'이다. 다음으로 이어지는 화살표는 '계획에 없던 일을 하기'를 가리킨다. 이것에 해당하는 사고는 '자책 줄이기'이다. 다음 단계도 마찬가지다.

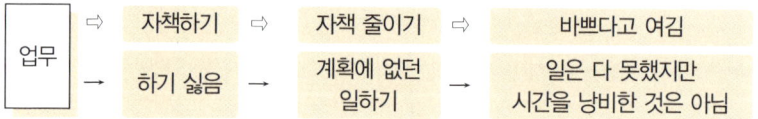

바쁜 척하기 논리 (위 : 사고와 정서, 아래 : 습관)

생각은 깊지만 실천력이 부족하다

생명을 연장하려면 이를 가능케 할 효율적 방법을 찾아야 한다. 같은 맥락으로 꼭 해야 할 일을 완수하려면 주어진 시간을 최대한 활용해야 한다. 머리로 생각만 하다가 결국 한쪽으로 미뤄놓으면 안 된다는 말이다. 현대사회를 살아가는 우리는 이왕이면 더 간단하고 편리한 방법, 실패율이 낮은 쉬운 방법으로 일을 처리하고 싶어 한다. 첫 상담만으로 당장 문제를 해결하고 즉각적인 개선 효과가 나타나기를 기대하는 심리 상담사가 많아진 것처럼 말이다. 나는 늘 그건 불가능한 일임을 고객들에게 일깨워준다. 10년 동안 묵혀두었던 문제가 고작 한 시간으로 해결될 리 없잖은가.

"충분히 생각해봤어요. 느낌도 좋고요. 돌아가면 잘할 수 있을 거란 확신이 생겼으니 또 실수할 일 없겠죠?"

고객의 말에 나는 이렇게 대답했다.

"잘해보세요. 스스로 깨달은 새로운 방법으로 성공한다면 정말 대단한 거죠. 하지만 아마도 몇 번의 연습이 필요할 거예요. 연습이 될 만한 간단한 과제 하나를 드릴게요."

그러나 고객은 내 말을 귀담아듣지 않았던 모양이다. 한 달 후, 같은 문제로 또 나를 찾아와 도움을 청했으니까. 연습 없이 생각만으로는 문제를 절대 해결할 수 없다.

고객은 내가 한 말을 충분히 이해했고 그것을 날마다 되새겼다고 했다. 하지만 가만히 들여다보니 그의 행동은 예전과 근본적으로 달라진 게 없었다. 그는 해답을 이미 알고 있음에도 왜 효과가 없는지 무척 답답해했다.

"제가 드린 과제를 왜 먼저 해보지 않았죠?"

나의 물음에 그는 번거롭기도 하고 무엇보다 시간이 아까웠다고 답했다. 방법을 아는데 굳이 연습까지 하는 건 괜한 시간 낭비라고 생각한 것이다.

'생각'은 '의식(意識)'이다. 우리는 늘 생각하기에 이 의식이라는 게 우리 삶을 100퍼센트 제어할 것만 같다. 그러나 그렇지 않다. 돌발 상황에서는 의식이 아니라 '무의식(無意識)'이 반응한다. 무의식은 어디에서 왔을까? 무의식은 습관이다.

예를 들어보자. 사격을 할 때 의식적으로 '꼭 한가운데에 명중시킬 거야'라고 생각했다고 과녁 정중앙에 총알을 관통시킬 수 있을까? 명중 여부는 몸이 사격이라는 운동에 얼마나 익숙해져 있는가에 달렸다. 즉, 환경이나 몸 상태에 관계없이 일단 몸 자체가 사격술에 적응되어 있어야 한다. 그러면 경기 시작과 동시에 저절로 사격을 위한 최적의 상태로 몸이 전환되면서 평소 훈련한 성과가 그대로 나타난다. 이런 게 바로 습관이다.

습관은 의식에서 출발해 무의식으로 변환되는 것이다. 생각만으로는 변화를 기대할 수 없다. 설령 매일 생각하는 연습을 할지라도 그것만으로는 안 된다. 습관은 신체 내부의 감각에 기인한 조건 반사다. 그러니 습관을 형성하려면 연습 외에 다른 방법이 없다.

연습에는 시간이 필요하다. 연습하는 동안 씁쓸한 좌절도 감내해야 한다. 이는 결코 시간 낭비가 아니다. 연습을 통해 기술을 터득하면 그건 아무도 흉내 낼 수 없는 나만의 무기가 된다. '체득(體得)'으로 얻은 기술은 오랜 시간이 지나도 절대 잊어버리지 않는다.

반면, 생각은 힘들이면서 순서대로 하나씩 해나갈 필요가 없고 시간도 아낄 수 있다. 하지만 그럼에도 불구하고 썩 믿을 만한 게 못 된다. 물론 생각만으로 우연히 성공할 수도 있다. 그러나 기본적으로 성공에 필요한 자질이 없으면 행운은 다시 찾아오지 않는다. 결국 아무 소득 없이 원점으로 돌아간다.

연습이 시간 낭비라는 생각이 드는 까닭은 당장 눈앞의 것만 보고 한때의 즐거움만 기대하기 때문이다.

다시 정리해보자. 문제를 해결하려면 어떻게 해야 하는지 알고는 있다. 그러나 귀찮고 힘들어서 손쉽게 같은 효과를 얻으려고 한다. 즉, '생각'으로 '실천'을 대체한다. 하지만 생각을 아무리 많이 한들 실천이 뒷받침되지 않으면 결국 원점으로 돌아갈 수밖에 없다. 당연히 문제는 여전히 해결되지 않고 그대로 남는다.

생각만 하고 실천하지 않는 논리 (위 : 사고와 정서, 아래 : 습관)

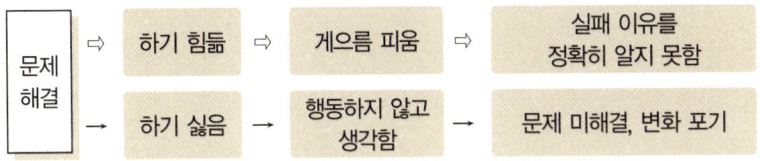

열심히 살았지만 시간 낭비였다

지인 중 공부를 꽤 잘하는 친구가 있다. 그는 대입을 준비하면서 컴퓨터 전공이 좋다며 컴퓨터학과에 지원했고, 중국의 국가 중점대학 중 한곳의 컴퓨터학과에 합격했다. 그러나 입학한 지 1년도 채 안 되어 전공이 따분하다며 환경공학과로 전과했다. 환경공학도로서 그는 3년을 버텨 졸업했지만, 여전히 전공에 대한 불만이 있었다. 그는 법률 공부를 하겠다며 대학원에 진학했다. 대학원 졸업 후 변호사 자격증을 딴 그는 기업에 취직했다. 하지만 그것도 잠시, 또 뭐가 마음에 안 들었는지 일을 관두었다. 그러고는 회계사 시험에 도전했고 회계사 자격증을 취득한 후 바로 새로운 회사에 들어갔다. 물론 그는 입사하기가 무섭게 회계사 업무에 금방 흥미를 잃었다. 하지만 이번에는 전처럼 다른 일을 하겠다는 말을 쉽게 꺼낼 수가 없었다. 어느새 한 가정의 가장이 되어 있었기 때문이다. 누군가 그에게 물었다.

"넌 도대체 좋아하는 게 뭐니?"

"아직 잘 모르겠어. 계속 찾아봐야 알 것 같아."

그 시점에 그의 대학 동창들은 컴퓨터 업계나 법조계에서 일찌감치 자기 영역을 구축해 전문가가 되어 있었다.

일정 기간만 놓고 보면 그는 시간을 알차게 활용한 게 분명하다. 하지만 그는 자신이 정말 원하는 게 뭔지 정확히 몰랐다. 많은 일에 도전했지만, 남은 것이라고는 전부 자신이 원하던 게 아니었다는 결론뿐이다.

그는 목표를 두고 열심히 달렸지만, 오히려 시간을 낭비한 꼴이 되고 말았다. 인생은 내가 무엇을 했는가가 아닌, 내가 하고 싶은 일을 했는가에 그 의미가 있다. 따라서 자신이 정말 하고 싶은 게 무엇인지 먼저 충분히 심사숙고한 뒤 행동으로 옮기면 시간을 아낄 수 있다.

시간 활용을 잘하려면 목표부터 세워야 한다

시간을 잘 활용했는지, 낭비했는지의 여부는 일의 결과를 보면 안다. 매사 주어진 시간을 통해 목표 달성을 했는지 확인해야 한다. 정해진 시간 안에 계획한 대로 목표에 도달하면 분명 스스로 만족감을 느낄 수 있다. 휴식도 마찬가지다. 멍하니 있든지, 잠을 자든지, 게임을 하든지 다 내려놓고 충분히 휴식을 취해야 계획대로 잘 쉬었다는 생각이 든다. 이런 것이 바로 올바른 시간 활용의 예다.

반면, 일할 시간에 요령 피우며 슬쩍 쉬면 일의 성과도 기대할 수 없을뿐더러 쉰 것 같지도 않아 결국 일과 휴식 두 마리 토끼를 다 놓친다. 이런 게 바로 전형적인 시간 낭비의 예다. 휴식 시간에 하다 남은 일을 걱정하거나 일과 휴식을 병행하며 시간을 계획 없이 활용하면 기대와 다른 결과를 얻을 게 뻔하다.

시간 활용을 잘한다는 핑계로 낭비하지 말라

시간을 알뜰하게 썼는지 낭비했는지의 판단 기준은 소비한 총 시간이 아니다. 앞서 얘기한 것처럼 주어진 시간 동안 확실한 목표를 가지고 시간과 에너지를 집중했는가가 중요한 판단 잣대다. 그렇다면 올바른 시간관리는 어떻게 해야 하는 것일까? 다음과 같이 몇 가지로 정리할 수 있다.

① 일과 휴식의 경계를 분명히 한다.
② 서로 다른 두 가지 일을 동시에 하지 않는다.
③ 당장 해야 할 일과 나중에 해도 되는 일을 분명히 나누어 주된 일부터 한다.
④ 일을 시작하기 전에 먼저 마음속으로 목표를 정한다.
  목표를 달성하면 좋겠지만 못해도 괜찮다. 원인을 찾아서 즉각 정비하면 된다. 취미나 오락일지라도 목표 없이는 시작하지 않는다. 무엇보다 자신과 대화하는 습관을 길러야 한다. 예컨대 스스로에게 이렇게 말해보는 식이다.
  "난 이제부터 음악도 듣고 아무 생각 없이 실컷 쉴 거야."
⑤ 여러 일의 동시 진행은 시간을 아끼는 방법이 아니다.

재빠르게 하나씩 차례대로 완성하는 것이 시간을 아끼는 진짜 비결이다. 이렇게 할 때, 더 멋진 결과를 얻을 수 있다.

일을 100퍼센트 완수하려면 뚜렷한 목표가 있어야 하고, 휴식과 일을 확실히 구분해야 한다. 다음의 플로차트는 두 경우의 처리 방식을 설명한 것이다.

확실한 목표 설정 논리 (위 : 기존 습관, 아래 : 새로운 습관)

02
왜 억지로 남을 돕는가?
감히 "노!"라고 하지 못하기 때문이다

> 좋은 사람이기 때문이 아니라 체면과 이미지 때문에 거절하지 못한다.

누군가 도움을 청할 때, 능력이 안 되거나 당장 도와줄 처지가 아닌데도 덥석 그 요청을 받아들이는 경우가 있다. 이처럼 감당하지도 못할 일을 떠맡아 스트레스를 받는 까닭은 거절하지 못하는 습관 때문이다.

직장에서 남을 돕는 게 몸에 밴 친구가 있다. 그에게는 항상 도움을 청하는 동료 여직원이 있었다. 늘 그렇듯 그녀는 다급히 그를 찾아와 또 문제가 생겼다며 발을 동동 굴렀다. 그때 그는 프로젝트 진행 문제로 바빠서 남 신경 쓸 겨를이 없었다. 그러다 보니 자신도 모르게 난처한 기색을 여직원에게 그대로 드러내고 말았다. 여직원은, 거절하고 싶지만 입이 떨어지지 않아 망설이는 그의 속내를 짐짓 모른 체하며 무작정 매달렸다.

"매일 잘 도와주셨으면서 왜 하필 오늘은 안 돼요? 얼른 이쪽으로 와서 제 일부터 좀 봐주세요. 하시던 일은 이따가 해도 되잖아요!"

순둥이인 그는 손에 들고 있던 자료를 내려놓고 곧장 여직원 자리로 갔다. 그는 여직원의 일을 마무리해주고 나서야 자신의 일을 다시 시작할 수 있었다.

내 친구처럼 빈번히 도움을 주는 사람에게 이런 일은 한두 번으로 끝나지 않는다. 이번엔 이 사람, 다음엔 저 사람, 주변 사람들의 도움 요청은 끊이질 않는다. 그러다 보면 당사자는 된다, 안 된다 입도 벙긋하지 못한 채 사람들 뜻대로 끌려간다. 나는 그의 행동을 도무지 이해할 수 없었다. 혹시 특별한 이유가 있는지 궁금해서 물어봤더니 그는 이렇게 대답했다.

"안 된다고 도저히 말을 못하겠어. 상대방이 계속 난처한 표정으로 부탁하는데…… 내가 안 도와주면 그게 다 내 탓인 것 같아서 말이야. 사실, 도와주고 나면 내 마음도 편해져. 찌푸린 얼굴을 못 본 척할 수도 없고……."

"만약 네가 거절하면?"

"그럴 순 없지. 도움이 필요한 게 뻔히 보이는걸. 물에 빠진 사람을 보고 그냥 지나칠 순 없잖아?"

답답한 마음에 나는 질책하듯 그에게 말했다.

"스스로 문제를 해결할 의지가 없는 사람은 아무리 도와줘도 문제가 또 생겨. 똑같은 상황이 계속 반복된다는 말이지. 그러면 그 여직원은 또 당연히 널 찾겠지. 이미 습관이 되었으니까. 결국 너만 힘들어지는 거야. 네가 그렇게 하는 것이 정말 그 사람을 도와주는 거라고 생각해?"

그는 한참을 생각하더니 되물었다.

"그러니까 네 말은, 내가 그 여직원의 남에게 의지하는 습관을 길러주고 있다는 뜻이야?"

"……"

남을 돕는 데 익숙한 사람은 자신이 인정상, 도의상 도움을 준 거라고 굳게 믿는다. 그게 아니라면 자기 시간을 기꺼이 남에게 투자할 리 없잖은가. 하지만 상대가 정말 도움이 필요한 건지, 아니면 의지하려는 습관 때문에 도움을 바라는 건지 누가 알겠는가?

때로는 상대의 의도를 분명히 알 수 있는 경우도 있다. 귀가 얇아서 남의 말에 쉽게 휘둘리는 사람은 "도와줘!"라고 말하는 친구들의 수많은 도움 요청을 다 들어줘야 한다. 그렇게 되면 구원의 손길을 내밀어야 할 일이 끝없이 이어질 것이다. 그들의 구세주가 아닌 이상, 이는 대단히 비생산적인 처신이다.

이쯤에서 한번 곰곰이 따져보자. 도움이 필요할 때 당신은 어떤 친구를 찾는가? 아마 웬만하면 다 받아주는 친구를 가장 먼저 손꼽을 것이다. 지금 언젠가 당신을 도와준 적이 있는 친구가 생각나는가? 자, 그렇다면 당신은 지금 떠올린 친구가 전처럼 당신의 부탁을 들어줄 거라고 굳게 믿는가? 이 생각으로부터 두 가지 요건을 도출하면 다음과 같다.

> **당신을 진심으로 도와줄 사람이 갖추어야 할 두 가지 요건**
> 첫 번째 요건 : 과거에 당신을 도와준 적이 있다.
> 두 번째 요건 : "다음에는 못 도와줘"라는 설명을 붙이지 않는다.

두 번째 요건을 달리 보자면, 상대가 "딱 한 번만이야"라고 확실히 말하면 다음엔 부탁해선 안 된다는 뜻이다. 어쩔 수 없이 한 번 도와주고는 "이번이 마지막이야"라고 입장을 분명히 밝히는 사람도 있다.

결론을 내보자. 인간관계를 맺고 사는 이상, 꾸준히 도와줘야 할 주변 사람 몇 명쯤은 있기 마련이다. 그들은 이끌어줘야 할 동료일 수도, 자생력이 부족한 지인일 수도 있다. 혹은 당신을 롤모델 삼아 '껌딱지'처럼 붙어다니는 '절친'일 수도, 당신을 존경하는 후배일 수도 있다. 어쩌면 돈 꿔달라는 철부지 동생일 수도 있다. 이런 피붙이에게 먼저 빌린 돈부터 갚으라고 하면 인정머리 없다는 핀잔을 들을 것이다. 간혹 어떤 노부모들은 자신이 할 수 있는데도 혈육의 정을 들먹이며 자식에게 이것 해달라, 저것 해달라 한다. 만약 한 번이라도 거절하면 "저런 놈이 내 자식이라고? 호래자식 같으니라고!" 하는 불효자의 오명까지 감당해야 한다. 도대체 누가 그들에게 의지하는 버릇을 심어준 걸까? 바로 거절하지 못하는 당신이다.

실망시키지 않으려는 의도로 도울 필요는 없다

나의 일 그리고 남의 일, 두 가지 일을 동시에 해야 하는 상황이다. 문제는 양쪽 일을 다 하기엔 시간이 부족하다는 사실! 이런 상황에서 과연 어떤 선택을 해야 할까? 이는 자신의 내적 가치관에 관한 문제다. 앞서 얘기한 내 친구의 경우, 자기 일보다 남이 부탁한 일을 선택했다. 이런 선택을 하는 사람은 보통 속으로 '다른 사람을 실망시킬 순 없어', '저들은 날 완벽하다고 평가하고 있으니까 당연히 그에 걸맞은 모습을 보여줘야 해'라는 생각을 한다.

'사람들의 평가가 중요하니까 부탁하는 것은 다 들어줘야 한다.'

이것이 그의 내적 독백이자 남의 부탁을 우선시하는 이유다.

그런데 한번 생각해보자. 상대방이 부탁해서 도와주는 것 아닌가? 어째서 도움이 자기만족을 위한 완벽한 이미지관리와 체면치레의 수단이 된 걸까? 이런 논리대로라면 당연히 도와야 할 일이었음에도 상대방이 아닌 나 자신을 위해 해주었다는 의미가 된다. 즉, 상대방에게 잘 보이고 싶어서 한 행동에 불과한 것이다.

여기까지 보면 과거 당신이 도움을 주었던 여러 상황이 떠오를 것이다.

'정말 꼭 필요한 도움을 준 것일까? 아니면 남에게 의지하려는 습관을 길러준 셈이 된 것일까?'

아마 판단이 잘 서지 않을 것이다. 당신이 주었던 도움은 오직 당신 자신을 위해 사람들에게 좋은 인상을 남기고 그들을 실망시키지 않고

자 지불한 대가일 뿐이다.

당신이 정말 도와주는 걸 좋아하는 사람이라면 상대는 그 점을 이용해서 일이 있든 없든 늘 당신에게 도와달라고 할 것이다. 상대는 당신이 기쁜 마음으로 도와준다는 걸 알기 때문에 중요하지도 급하지도 않은 일을 '긴급 요청'으로 격상하여 당신을 호출한다. 이런 식으로 상대는 당신에게 일을 맡겨놓은 채 농땡이를 부리고, 당신은 완벽해 보이고 싶은 욕망을 충족시킨다. 이렇게 해서 당신은 점점 그들의 '구세주'가 되어간다.

명심하라. 당신이 계속 억지로 그들에게 끌려간다면 그들은 당신을 볼 때마다 "이것 좀 도와줄래요?" 하며 불쌍하기 짝이 없는 표정을 지을 것이다. 왜 그런가? 앞서 말한 도와줄 사람이 갖추어야 할 두 가지 요건을 다시 돌아보자. 도와준 적이 있는 사람과 언제나 "오케이!"라고 말하는 사람. 게으름을 피우려는 사람은 필요할 때마다 당신을 찾아 원하는 것을 얻고 동시에 당신에게 끊임없이 요구하는 습관도 기른다. 겉으로는 배려를 아끼지 않는 당신의 인품을 폭풍 칭찬하며 치켜세우지만, 그 떠들썩함의 이면에는 당신에게 더 많이 기대어 편히 일하려는 속셈이 숨어 있다.

억지로 남을 돕는 논리 (위 : 사고와 정서, 아래 : 습관)

남 돕기	⇨	실망시키기 싫음	⇨	마음이 좋지 않음	⇨	갈수록 이유 없이 바빠짐
	→	거절할 수 없음	→	억지로 도와줌	→	상대는 의지하려 하고 자신은 계속 번거로워짐

자아가 확고한 사람은 이성적이다

이성적인 사람들은 자신이 도와야 할 게 무엇인지 명확히 파악한 뒤에야 비로소 돕는 일에 나선다. 그들은 자기가 할 수 없는 일이라면 그 도움 요청을 단호하게 거절한다.

막역한 사이인 세 친구가 있었다. 그들 중 A가 단기간 외국에서 머무를 때의 일이다. 홀로 계시는 어머니에게 효도를 못한다는 생각에 A는 B에게 자주 전화를 걸어 부탁했다. 그 부탁은 자기를 대신하여 어머니께 생필품을 좀 사드리라는 것이었다. 그런데 갓 55세가 된 A의 어머니는 몸이 아프지도, 거동이 불편하지도 않았기에 집안일을 하는 데 누군가의 도움이 전혀 필요하지 않았다. B는 A의 부탁이 솔직히 탐탁지 않았지만 거절할 수가 없어서 그러기로 했다. B는 매일 퇴근 후 지하철을 타고 A의 어머니 집에 가서 일을 도왔다. 마치 시간제 도우미처럼 집안일을 돌봤던 것이다.

반면 친구 C의 집은 A의 어머니 집에서 한 정거장 거리에 있었지만, C는 A의 부탁을 받은 적이 한 번도 없다. C는 주관이 뚜렷한 만큼 자기가 할 수 있는 것과 할 수 없는 것을 분명히 구분할 줄 안다. 가정에서 영향력이 꽤 큰 그는 가족 간 의견이 엇갈리는 상황에서도 무조건 자기 뜻대로 일을 처리한다. 예컨대 외식할 때 가족들이 C가 싫어하는 음식을 주문하면 그는 손도 대지 않고 아내에게 다 먹으라고 한다. 가끔 C의 아내가 지방 출장길에서 C가 좋아하는 먹거리를 사 오는데, 그때마다 그는 먼저 맛을 보고 제맛이 안 나면 이내 한쪽으로 밀어놓는다. 그래서 C의 아내는 매번 남편 마음에 안 들어서 헛수고가 될까 봐 노심초사한다. 이처럼 C는 여러 면에서 자기 주관이 분명한 사람이다. 하지만 C의 솔직함이 때로 너무 노골적이어서 사람들은

C를 자아가 지나치게 강한 사람이라고 여긴다. 그래서 A는 무슨 일이 있을 때 쉽게 C를 찾지 못한다. C의 이런 성격을 잘 알기에 A는 지금까지 C에게 도움을 바란 적이 없을뿐더러 앞으로도 도와달라고 할 일이 없을 것이다(앞서 나온 억지로 돕는 사람의 예와 상반된 경우다. 다른 사람을 도운 적이 없거나 도움을 거절한 적이 있는 사람은 남을 돕는 게 쉽지 않다).

이처럼 이성적인 사람은 자기가 할 수 없는 것을 잘 알고 그것을 숨기지도 않는다. 아닌 것은 아니라고 상대에게 솔직히 말한다. 이런 성격의 장점은, 자기 이익은 챙기면서 남에게 의지하는 버릇이 없다는 것이다. 반대로 이 성격의 단점은 냉정한 탓에 무리 속에 잘 어울리지 못한다는 선입견을 사람들에게 준다는 것이다.

우리에게는 사람을 판단할 때 사소한 것 하나로 전체를 판단하는 경향이 있다. 그래서 한 번 거절당하면 그릇된 판단을 하기 십상이다. 못해서가 아니라 하기 싫어서 거절한 것이라고 믿는다. 심지어 자기를 싫어한다고 지레짐작하기도 한다. 그러다 보면 '내 일은 다 못해주겠다고 하니 저 사람 참 별로야'라고 생각한다.

이처럼 잘못된 논리는 잘못된 판단으로 자연스럽게 이어진다. 생각해보라. 상대는 당신이 당연히 도와줄 수 있을 거라고 생각했는데 번번이 거절당하니 실망감을 느낀다. 그리고 당신은 상대방이 자기를 이해하지 못한다고 생각한다. 그런데 상대는 당신에게 도움을 청할 만한 일이 무엇인지, 당신이 할 수 없는 일이 무엇인지 잘 모른다. 이런 모호함 때문에 당신을 낯설어하고 또 기가 죽을까 봐 더 이상 당신에게 도움을 청하지 않는다.

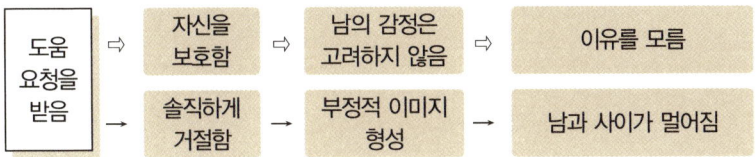

이성적 설명을 통해 진심으로 거절하라

　자신 있게 "노(No)!"라고 말하지 못하는 사람들은 대체적으로 아름다운 미래를 꿈꾸며 완벽을 추구한다. 또한 더할 나위 없이 좋은 사람이자 흠 잡을 데 없는 사람으로 보이고 싶어 한다.

　반면, 자기 뜻대로만 하려는 사람은 자기중심적이다. 언제나 자기 생각만 옳다고 우기며 남의 감정에는 관심을 두지 않는다. 남의 감정을 무시하고 솔직하게 말하는 이러한 태도는 상대를 꽤 불편하게 만든다. 그러다 보니 상대는 이런 성격의 사람을 독단적이라고 평가한다.

　이 두 유형의 장점을 조화롭게 수용하면 가장 이상적인 모습이 되지 않을까? 다만, 그전에 알아두어야 할 것이 있다.

　첫째, 도움에 전제조건이 있는지, 능력이 안 되거나 하고 싶지 않은 일이 있는지 생각해봐야 한다.

　둘째, 상대가 전제조건을 지키지 않았다면 솔직하게 말해야 한다. 이때 괜히 머뭇거려선 안 된다. "이런 문제가 있지만, 이번만은 참겠다!"고 말해야 상대방이 그만두지, 그러지 않으면 다음에 비슷한 일이 반복될뿐더러 오히려 더 심해질 수도 있다. 마지못해 그냥 넘어가면 상대는 당신의 영역에 들어와도 괜찮다는 메시지로 받아들인다.

　셋째, 이왕 도울 것이라면 진지하고 성실하게 임한다. 자기 이미지

관리에만 신경 쓰다 보면 상대가 정말로 도움이 필요한 건지, 아니면 남에게 의지하려는 건지 판단이 흐려져서 분간하기 어렵다.

넷째, 의견을 말할 때 솔직한 것도 좋지만 남의 감정을 무시한 채 자기 생각만 앞세워서는 안 된다. 이렇게 하면 거절하기는 쉽다. 그러나 자칫 인간관계가 아예 끝나버릴 수도 있다.

합리적인 거절의 과정은 다음과 같다.

첫째, 도움 요청을 받으면 먼저 자신이 해낼 수 있는지, 감당할 수 없는 부담을 떠안는 건 아닌지 잘 따져봐야 한다. 예컨대 주변을 돌아볼 여력이 없을 만큼 자기 일이 시급하다면 먼저 자신의 일부터 완수하고 남는 시간에 도와주는 걸 고려해본다. 대신 상대에게 사정을 솔직히 설명하고 완곡히 거절한다.

둘째, 도와준 대가로 손실을 감당할 수도 있다. 앞서 소개한 사례에서 보듯, 도움을 주면 두 사람의 관계는 좋아지지만 자기 일은 지연된다. 그럼에도 야근은 물론 상사의 잔소리 또한 달게 듣겠다면 상대의 일부터 해도 좋다.

셋째, 도움 요청을 거듭해서 받을 때, 당신의 도움이 상대의 의존성을 길러주는 건 아닌지 잘 분별해야 한다. '이 일을 저 사람 혼자서 할 수 있을까?' 혹은 '이 일이 귀찮아서 하기 싫은 건가?'를 잘 따져봐야 한다(이런 신중한 판단은 당연히 상대를 위한 것이지, 당신 체면을 위한 것이 아니다). 상대가 정말로 도움을 원한다는 판단이 들면 주저하지 말고 도와라. 그게 아니라면 단호히 거절하라. 그래야 틈만 나면 당신에게 의지하겠다는 환상이 깨진다. 당신의 따끔한 한마디는 의존적인 사람들에게 일침을 놓는 가장 좋은 수단이다. 상대에게 충고를 해야 한다면 이런 식으로 한다.

"남에게 기대려는 환상을 버리고 스스로 할 수 있는 일은 직접 해 봐! 한번 정면승부를 해보라고!"

결론은 이렇다. 당신이 진심으로 남을 돕고 싶다면 그 상대가 자신의 도움 요청에 대한 거절을 두려워하지 않도록 도움이 꼭 필요한 영역을 잘 선택해서 도와라. 듣기 거북할 정도로 하는 솔직한 말은 진심을 전하는 데 비효율적이다. 도와줄 수 없다면 그 이유를 상대가 이해할 수 있도록 차분히 설명해야 한다. 그럴 때 진심이 통한다. 이런 흐름으로 거절하면 상대는 결코 당신을 나쁜 사람으로 기억하지 않을 것이다.

03
실패 후 꼭 하는 변명
할 수 없으므로 책임을 벗는다

> 보상 · 양심의 가책 · 자기 징벌 · 원망,
> 이 그럴듯한 변명들은 과연 효과가 있는가?

한 심리학자가 "중국 가정에는 아버지가 없다"고 비난한 적이 있다. 부모 양쪽이 다 있음에도 모자가정(母子家庭)의 아이들처럼 부성애가 결여되었다고 하여 속된 말로 '애비 없는 자식'이라는 우스갯소리를 한다.

과연 아버지들은 다 어디로 갔을까? 왜 아버지의 책임을 다하지 않는 것인가? 중국의 저소득층 가정에는 부모 중 한 명이 생계를 위해 외지로 나간 탓에 아이들만 집에 있는 경우가 흔하긴 하다(대개 아버지가 외지로 나간다). 물론 아이와 부모가 함께 생활하는 가정도 많다. 그럼에도 왜 아버지들은 제 역할을 하지 못하는가?

물질적 보상

자녀 교육과 육아의 책임은 모두 어머니가 떠맡고, 생계의 책임은 전적으로 아버지가 떠맡는 가정이 많다. 내 지인들 중에도 이런 가정이 적지 않다. 아버지는 한 달에 1~2주씩 출장을 다닐 정도로 바쁘다. 그러다 보니 평소 퇴근 후 귀가하면 아이는 이미 잠들어 있기 일쑤다. 매일 밤 아버지 얼굴도 못 본 채 잠이 든 아이는 다음 날 아침 역시 아버지 얼굴을 못 본다. 일어났을 때 아버지는 이미 출근하고 난 뒤이기 때문이다. 그래서 중국 남자아이들은 대부분 아버지와 가까워질 기회를 많이 갖지 못한다. 이 탓에 몸도 연약하고 남자다운 기질 또한 약하다.

이런 부득이한 상황이 되풀이되다 보니 사람들은 점점 그것을 당연시한다. 심리학적 측면에서, 남자아이든 여자아이든 모두 아버지와 놀이 등을 통한 소통으로 밀착하는 시간이 필요하다. 특히 남자아이는 아버지를 통해 진정한 남자의 모습을 배운다. 따라서 함께한다는 것은 아버지가 아들에게 가르치는 중요한 수업과 다르지 않다. 아버지와 같이하는 갖가지 놀이를 통해 남자아이는 경쟁 심리에 눈뜨고, 그 경쟁에서 이기는 법도 배운다. 소통 과정에서 아버지를 롤모델로 삼으며 남성적 사고방식도 배운다. 여자아이 역시 아버지가 집에 있을 때 안도감을 느낀다. 딸은 아버지와 함께 지내면서 미래의 남자 친구 대하는 법을 배우고, 결혼 후 남편과 좋은 관계를 맺는 법도 배운다. 요컨대 아버지는 어머니를 비롯한 다른 사람이 결코 대신할 수 없는 영역을 채워주고 성장시켜주는 필수 존재다.

그나마 다행인 것은 대다수의 아버지가 정말로 부득이한 상황에 놓여 있는 게 아니라는 점이다. 그럼에도 주목해야 할 현상이 또 하나 있다. 내 친구는 아이가 갓 태어났을 당시 거의 반년 남짓 빠듯한 업무로 인해 집에 들어가지 못한 날이 많았다고 한다. 처음 아버지가 되었으니 어떻게든 시간을 내 아이를 돌보고 싶었지만 결국 일에 발이 묶여 그러지 못했다. 1년 후 여유를 되찾았지만 아이는 이미 그를 서먹하게 대했다. 그는 아이 곁에 있어주지 못했던 시간이 무척 후회스러웠다. 서먹한 관계를 회복하려고 온갖 노력을 다 해봤지만 다른 집 부자관계처럼 친밀해지지 않았다.

'정서적으로 아이에게 해줄 게 없다면 차라리 물질적으로 필요한 것을 채워주는 게 낫겠어!'

그는 이렇게 마음먹고 일에 더 몰두했다. 그는 닥치는 대로 야근하며 돈을 버는 것으로 양육을 대신했다. 그렇게 그는 야근 후 늦은 귀가를 다시 반복했다.

이런 사례는 비단 내 친구에게만 있는 일이 아니다. 이 같은 문제를 안고 있는 가정이 많다. 처음에는 어쩔 도리가 없으니 나중에 잘 돌보면 된다고 생각한다. 하지만 정서적으로 보상해줄 방법이 없다는 사실을 알고 난 후에는 악착같이 벌어서 물질적으로 실컷 누리게 해주겠다고 한다. 현실이 이렇다 보니 직장에는 자아 성취를 이루는 아버지들이 늘어나고, 그 뒤에는 아버지 없는 아이들이 늘고 있다. 이렇게 아버지로서 바쁜 업무를 핑계로 아이들과 함께하는 시간을 미루는 일은 없어야 한다. 워커홀릭 남성들은 실제로 대부분 일이 바빴다는 핑계로 아이들과 함께하지 못한 죄책감을 없애려고 한다. 하지만 아이의 성장에는 돈보다 아버지의 역할이 더 중요하다. 아이가 성장하는 동안 사춘기 같은 중요한 시기가 여러 번 오는데, 그때마다 아버지 역할을 제대로 해주지 못하면 아이는 정신적으로 온전하게 성장하지 못한다. 이는 나중에 물질적으로 아무리 채워줘도 보상할 수 없다.

감정이 쌓이려면 시간이 필요하다. 경제적으로 부유하지 않아도 부모가 항상 곁에서 아이의 성장을 도와야 아이가 내적인 힘을 기를 수 있다. 반면, 경제적으로 부족함이 없어도 한쪽 부모와 지내는 상태가 지속되면 아이는 내적 불만이 생기고 진정한 행복도 누릴 수 없다. 물질적 보상은 좋은 아버지로서의 역할을 하지 못한 죄책감에 대한 심리적 위안일 뿐이다. 양심의 가책을 덜고 자기 위안으로 삼으려는 것일 뿐 아이를 위한 보상이라고는 할 수 없다.

지금부터라도 아이를 위해 일을 조금만 줄이고 어떻게든 시간을 만들어서 아이와 함께 놀아주자. 그리고 아이에게 내어줄 시간에 대해서는 어떤 변명도 하지 말자. 물질적 보상을 하더라도 양심의 가책은 끝내 떨쳐버릴 수 없다.

물질적 보상 논리 (위 : 사고와 정서, 아래 : 습관)

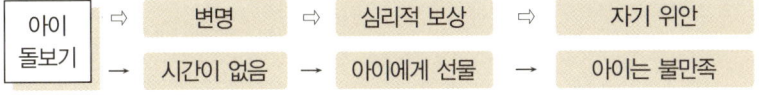

자책은 미래와 상관없는 과거의 정리일 뿐이다

잘못을 저지르고 나서 하는 자책은 감정 해소에 도움이 된다. 한 고객은 상담할 때마다 이렇게 토로한다.

"마음이 너무 괴로워요!"

그의 진실한 반성은 매번 나까지 울컥하게 만든다. 아마 본인 스스로 괴로움에 몸서리치고 있을 것이다. 나는 늘 상담을 마치면서 돌아가 노력해보라고 하지만 그는 한 번도 내 말대로 하지 않았다. 그러고는 다음에 와서 내 말대로 못했다고 또 자책한다. 이런 일이 계속 되풀이되다 보니 나는 언짢아져서 이렇게 말해버렸다.

"이제 상담을 그만하겠습니다."

나의 갑작스런 태도에 그는 의아한 표정을 지어 보였다.

"이렇게 매번 저와 상담을 진행하면 효과가 있습니까?"

내 질문에 그가 대답했다.

"물론이죠. 아니라면 왜 또 오겠어요?"

나는 다시 물었다.

"그럼 상담 효과가 얼마나 오래간다고 생각하세요? 어떤 분들은 효과가 몇 개월씩 가기도 합니다. 물론 한 번에 해결되는 분들도 있죠. 그런데 선생님은 오실 때마다 자책할 일이 늘어나네요. 상담만 받고 노력을 하지 않으니 늘 그대로인 거죠. 저한테 털어놓고 나면 마음이 편해지겠지만, 또 금세 새로운 근심거리를 들고 오시잖아요? 과연 이런 상담이 장기적인 효과를 거둘 수 있을까요?"

사람은 누구나 실수한다. 그러나 실수할 때마다 자책하고 얼버무리는 것으로 끝내면 곤란하다. 실수와 자책을 반복하지 않도록 노력해야 한다. 우리는 보통 자책을 통해 두 가지를 얻는다.

첫째, 잘못을 반성하고 과거와 이별한다. 울어도 되고 슬퍼해도 된다. 둘째, 부족한 점이 있으면 개선하여 같은 이유로 또 자책하지 않도록 한다.

첫째 결과만 얻었다면 쓸모없는 자책을 한 셈이다. 이것은 마음에 쌓인 부정적 감정 배설 외에 다른 의미는 없다. 처음부터 달라질 생각이 없기 때문에 미래에 영향을 줄 수 없는 무의미한 자책이다. 그래서 똑같은 상황이 계속 반복되고 자책도 반복된다.

잘못을 알고 있다고 핑계 대지 말라. 자책이라는 자기 징벌을 받았다면 문제를 해결할 수 있어야 한다. 그런데 당신은 아직도 그 자리에 꼼짝하지 않고 있다. 이런 습관이 한 번 생기면 고치기 어렵다.

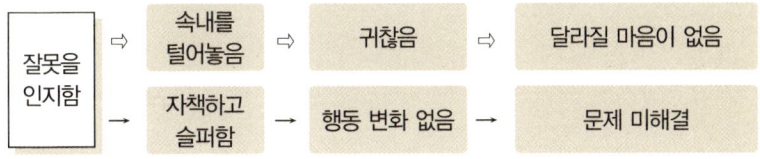

자책만 하고 바꾸지 않는 논리 (위 : 사고와 정서, 아래 : 습관)

추모는 자기 징벌의 수단이 아니다

자기 징벌에는 여러 방법이 있다. 그중에는 자책 같은 이도 저도 아닌 것 말고 강한 방법도 있다. 가족이 세상을 떠난 이후로 내내 깊은 슬픔에 빠져 오랫동안 헤어나지 못한 고객이 있었다. 이 또한 강한 자기 징벌에 가까운 사례다.

가족을 잃은 가정에서 고인을 추모하는 모습은 TV에서도 가끔 볼 수 있다. 그들은 기일에 향을 피우기도 하고 성묘를 가기도 한다. 또 지전(紙錢)을 태우는 의식으로 과거를 추억하기도 하는데, 다 태운 후에는 다시 각자의 일상으로 돌아가 열심히 생활한다. 이는 우리 곁을 떠난 고인을 회상하는 좋은 방법이다.

그러나 개중에는 아주 극단적으로 고인을 추모하는 예도 있다. 일상생활을 제대로 영위하지 못한 채 홀로 외롭게 여생을 보내며 고인을 기리는 경우가 그렇다. 이는 자신과 고인이 여전히 한마음임을 나타내고자 하는 것이다.

'당신은 떠나고 나만 혼자 남았네요. 그런데 나는 당신한테 미안해서 잘 살아갈 수가 없어요.'

이런 식의 자기 징벌은 자기감정에 푹 빠져 고인이 없는 삶을 부인하려는 것이다. 이들은 고인 없이 혼자 잘 살아가는 모습을 고인도 원하지 않을 거라고 생각한다. 즉, 고인을 대신할 사람 없이 홀로 고통스럽게 지내는 삶 자체가 고인을 추모하는 한 방법인 것이다.

사실, 이처럼 자신에게 고통을 주며 고인을 추모하는 방식은 과거를 더 그리워하게 만들고 과거에서 벗어날 수 없게 한다. 결국, 문제가 해결되지 못할뿐더러 자신의 인생도 구속당한다. 진정으로 고인을 추모하는 길은 자신의 생활을 더욱 풍요롭게 꾸려나가는 것이다. 고인의 영혼을 위로하는 일은 좋은 것이다. 그러나 세상만사가 그렇듯, 이 또한 과하면 문제가 된다. 분명 고인은 행복한 당신의 모습이 보고 싶을 것이다.

자기 징벌의 논리 (위 : 사고와 정서, 아래 : 습관)

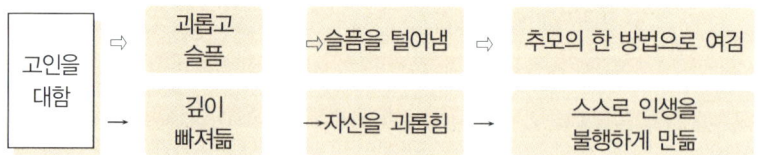

쉽고 단순한 '호통식 교육'

심리적으로 문제가 있는 꼬마 고객이 찾아왔다. 나는 상담을 시작한 첫날부터 문제의 책임을 부모에게 돌려야 했다. 성인의 경우, 어떤 문제가 있든 결국 자신의 책임이다. 그러나 아이 문제는 다르다. 아이에게 문제가 생겼다면 그 근본 원인은 모두 부모에게 있다. 예컨대 불안감이 크고 성격이 소심한 아이들에게는 그 이면에 공통점이 하나 숨어 있다. 그것은 부모의 교육 방식이 유난히 단순하고 거칠다는 것이다. 어떤 말로 표현하면 적절할까. 그렇다. '호통식 교육'이라고 하면 적절하지 싶다. 나는 도무지 이해가 되지 않아 부모에게 물어봤다.

"왜 아이를 그토록 거칠게 대하세요? 무턱대고 소리만 지른다고 될까요? 그럴 거면 왜 저를 찾아오셨어요?"

하지만 이런 질문으로는 어리석은 부모를 절대 깨우칠 수 없다. 그들은 자신의 교육 방식이 옳다고 믿고 있기 때문이다.

교육 방식은 참 다양하다. 버스에서 흔히 목격하는 상황이다. 한 아이가 무심코 휴지를 차창 밖으로 버렸다. 아이의 엄마는 당장 손을 올려 아이의 등을 후려치며 야단쳤다.

"휴지를 함부로 버리면 안 된다고 몇 번이나 얘기했니? 잊어버렸어? 왜 또 창밖에 종이를 버리는 거야? 좀 맞아야겠다!"

나는 이것을 교육이라고 생각하지 않는다. 이것은 그저 분노의 배설에 지나지 않는다. 굳이 교육이라고 우긴다면? 이것은 가장 게으른 교육이다. 교육의 목적은 아이가 올바른 방식으로 살면서 좋은 사람이 되게 하는 것이다. 이런 측면에서 이 사례가 올바른 교육 방식이라고 할 수 있겠는가? 휴지를 창밖에 버리면 안 된다고 했다. 그럼 어디에 버려야 하는지를 가르쳐주었는가? 아이 엄마는 자기 분노를 쏟아내고 겁주고자 체벌하는 데만 급급해서 정작 아이에게 가르치는 일은 까맣게 잊었다. 정말 교육할 생각이었다면 아이가 손에 쥔 휴지를 어디에 버려야 하는지, 계속 손에 쥐고 있을 것인지, 아니면 엄마에게 주어야 하는지를 가르쳐야 했다.

비슷한 사례의 고등학생 고객도 있었다. 학습 문제를 상담하는데, 옆에 있던 아버지가 아들의 공부 방법이 잘못되었다며 계속 끼어들었다. 자꾸 간섭을 받다 보니 나도 슬슬 짜증이 나서 그에게 물었다.

"아이에 대한 이해도가 높으시군요. 계속 공부 방법이 틀렸다고 말씀하시는데, 그럼 아버님께서 생각하시는 옳은 방법은 뭔가요?"

아버지는 갑작스런 질문을 받고 잠시 멍하니 허공을 바라보더니 이렇게 대답했다.

"저는…… 저야 잘 모르죠."

교육은 문제를 발견하고 피교육자가 문제 해결 방식을 찾도록 돕는 데서 시작된다. 하지만 우리는 문제에 부딪혔을 때 종종 자기감정을 억제하지 못하고 밖으로 쏟아낸다. 이런 나쁜 감정을 직접 피교육자에게 배설하는 것이 교육이라고 생각한다면, 교육을 너무 쉽게 생각하는 것이다. 이런 생각을 하는 부모들이 세상에 얼마나 더 있을지는 모르겠다. 한 가지 분명한 것은, 이들은 늘 아이에게 이렇게 말하고 있는 것이나 다름없다.

"네가 잘못한 건 확실하지만, 구체적으로 어떻게 고칠 건지는 네가 알아서 할 일이야. 그러니까 날 귀찮게 하지 마. 나도 잘 모르니까!"

호통식 교육의 논리 (위 : 사고와 정서, 아래 : 습관)

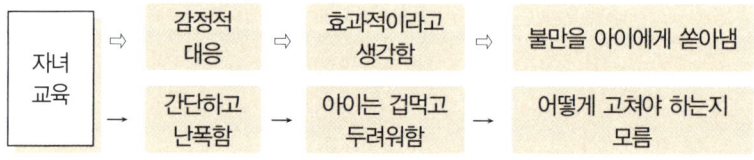

04
잘못된 방식을 끊어라
다이어트는 습관과의 전쟁이다

> 다이어트의 핵심은 꾸준한 운동이 아닌,
> 적절한 운동법과 새로운 습관이다.

　다이어트는 참 고된 일이다. 음식 섭취를 줄이고, 땀을 흘리며 운동을 하고, 경우에 따라 다이어트 약도 복용해야 한다. 가까스로 몇 킬로그램 뺐을지라도 조금만 방심하면 게걸스러운 입 때문에 다시 제자리로 돌아가기 십상이다. 다이어트 심리학에서 밝힌 비밀 한 가지가 있다. 그것은 다이어트를 하는 동안 힘들다고 느끼면 군살이 단단해져서 쉽게 빠지지 않는다는 사실이다. 그런데 다이어트는 단순히 살을 빼고 체지방을 줄이기 위한 것이 아니다. 갖가지 방법을 동원하면 살은 빠지지만, 요요현상이 빠른 속도로 나타난다. 그러므로 다이어트를 하는 데에서 좋은 생활 습관을 형성하는 게 무엇보다 중요하다.
　좋은 습관은 평생 체형을 알맞게 유지해주고 살도 저절로 빠지게 해준다. 요즘에는 다이어트에 관한 잘못된 정보가 넘쳐나다 보니 다이어트에 실패한 사람의 핑계도 이러쿵저러쿵 다양하다. 다이어트 약이 효과가 없었다느니, 운동할 시간이 없었다느니, 음식 조절 때문에 몸이 상했다느니 등등……. 하지만 이런 이유들은 사실 다이어트 실패의 근본 원인이 아니다. 진짜 원인은 다이어트 속도에 연연해서 효과가 빠르다는 방법을 맹신하는 데 있다. 이는 당장 눈앞만 보고 뒷날은 생각하지 못하는 어리석은 행동이다.

나는 2011년에 5킬로그램을 감량했고, 2012년 또 5킬로그램을 감량했다. 약물의 도움 없이 약간의 운동과 음식 조절을 적절히 안배한 결과였다. 다이어트를 하는 동안 나는 정신적으로 매우 편안하고 좋았다. 체중은 한 달에 1킬로그램씩 꾸준히 안정적으로 내려갔다. 명절 기간에는 요요현상이 와서 1킬로그램 정도 늘었지만, 지금은 다시 원래대로 돌아왔다. 나는 이렇게 다이어트 조절 방법을 익히고 나서야 비로소 진실을 깨달았다. 다이어트 실패의 진짜 원인은 우리의 잘못된 생각에 있었다. 이제 내가 깨달은 것을 함께 살펴보자.

체지방을 줄이기는 쉽지만 생성을 억제하기란 어렵다

'부자병'이라는 말을 한 번쯤 들어봤을 것이다. 여기서 '부자'는 잘 먹고 운동은 적게 하며 한가롭고 편안하게 생활하는 것을 뜻한다. 이를테면 고혈압, 고지혈증, 당뇨병 등이 '부자병'에 속한다. 비만도 편한 생활과 나쁜 생활 습관으로 인해 지방이 축적된 현상이다. 우리가 약물이나 운동으로 다이어트를 할 때 반드시 체지방을 줄여야 한다고 지적받는 것도 바로 이 때문이다. 물론 약물에 의지하면 체지방이 일시적으로 줄어든다. 하지만 체지방이 체내에 다시 쌓이는 것을 막지 못한다. 다시 말해 일시적 효과는 있지만, 근본적 해결책은 아니다. 모든 약에는 부작용이 있기 마련이다. 약물로 다이어트를 하는 사람은 빨리 효과를 보는 데 안달한다. 그래서 효과가 생기면 당장 약을 끊는다. 선천적으로 보통 사람보다 체지방이 많아서 비만이 되는 것은 아니다. 소아비만 역시 그렇다(나는 소아비만이었는데 지금도 여전히 체중을 줄이고 있다). 체지방은 나쁜 생활 습관으로 장기간 몸에 축적된 '지방생산체인'에 의해 생긴 산물이다. 그래서 현재 체내에 축적된 지방을 줄이더라도 새로운 지방은 계속 생산된다. 그렇다면 계속 생기는 새로운 지방을 없애려면 어떻게 해야 할까?

TV 광고가 대개 그렇지만, 특히 다이어트 약 광고는 상당히 과장되어 있다. 약만 먹으면 음식을 가릴 필요 없이 평소대로 고기나 생선을 마음껏 먹어도 체지방이 저절로 배출된다고 광고한다. 약물 덕분에 체지방이 몸 밖으로 빠져나왔다고 치자. 그래서 날씬해졌다면 그 후에는 단호하게 약을 끊을 수 있겠는가? 식습관을 바꾸지 않는 한 우리 몸속의 '지방생산체인'은 여전히 많은 양의 지방을 열심히 생산해낼 것이다. 이는 바꾸어 말해, 우리 몸이 '대형 생산 공장'처럼 가동하면서 체지방을 끊임없이 축적하고 있다는 뜻이다. 그렇다면 평생 약으로 날씬한 몸을 유지해야 한다는 말인가?

이렇게 생각하면 된다. 약물은 분명 체내에 장기간 축적된 지방들을 줄여준다. 하지만 그 이후에 지방이 새로 생산되어 축적되는 것을 막지는 못한다. 요컨대 약을 복용하면 살은 빠지지만, 체형을 바꿀 수는 없고 이내 요요현상이 나타난다. 요요현상은 약물이 체지방을 완전히 없애지 못하기 때문에 새로 생긴 지방들이 다시 쌓이기 시작하면서 나타나는 현상이다.

다이어트의 목표는 평생 날씬한 몸을 유지하는 것인 만큼 그에 걸맞은 방법으로 다이어트를 실행해야 한다. 다음은 그 효과적인 방법 두 가지다.

첫째, 현재 가지고 있는 지방을 줄인다.

둘째, 장기 계획으로 체형을 교정하고 유지한다.

이 두 가지를 동시에 실천해야 한다. 약물에만 의지한다면 첫 번째 방법에는 효과가 있을지 몰라도 약물의 영향으로 신체 운동 능력에 문제가 생길 수도 있다. 두 번째 방법은 약물과는 무관한 방법이다.

거듭 강조하지만 우리의 다이어트 목표는 평생 균형 잡힌 몸매를 유지하는 것이다. 그런데 많은 이가 체지방을 줄이는 데만 신경을 집중하고 체지방 생성을 억제하는 방법에는 관심을 두지 않는다. 다이어트에 성공하길 바라는 간절한 마음은 충분히 이해하지만, 다이어트약이 요요현상에 효과가 없어서 실패했다는 얘기는 하지 말라.

체지방을 줄이는 다이어트 논리 (위 : 사고와 정서, 아래 : 습관)

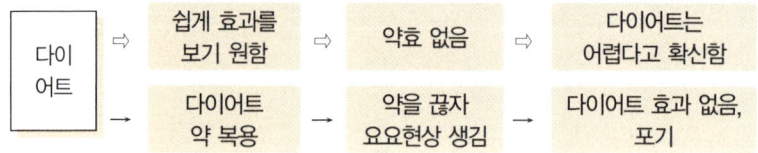

'뚱뚱이 균형' 깨기

건강한 상태에서 사람의 몸은 체중을 포함한 체내 균형이 유지된다. 매일 정상적으로 흡수해야 하는 영양분 외에 여분의 영양이 공급되지 않을 때, 새로운 지방 생산이 중지되어 체중이 늘지 않는다.

그렇기에 뚱뚱한 사람은 뚱뚱한 몸매를 유지하는 게 균형이고, 마른 사람은 마른 몸매를 유지하는 게 균형이다. 이 둘의 다른 점은 무엇일까? 뚱뚱한 사람과 마른 사람의 간단한 차이점을 몇 가지 알아보자.

마른 사람은 움직이기를 좋아하는 반면, 뚱뚱한 사람은 정적인 채로 잠자기를 좋아한다. 마른 사람은 소식하는 데 반해 뚱뚱한 사람은 식탐이 많은 만큼 과식한다. 이 둘에게도 공통점은 있다. 마른 사람은 하루 식사량과 운동량의 균형을 맞춰 지속적으로 체중을 그대로 유지하는데, 이런 메커니즘은 뚱뚱한 사람에게도 적용된다. 이를 역으로 생각해볼 때, 만약 뚱뚱한 사람이 마른 사람의 식사량과 운동량을 따라간다면 균형이 깨지면서 점차 생활 습관이 개선될 것이다. 그러면 언젠가는 체내의 불필요한 지방이 완전히 소모되어 체중 감량의 목표를 달성할 수 있을 것이다. 나아가, 표준체중에 도달한 뒤에도 그 표준체중에 준한 식사량과 운동량으로 몸을 관리한다면 항상 일정한 체중을 유지할 수 있을 것이다. 더 이상 체중이 줄지도 않을 것이고, 요요현상도 생기지 않을 것이다. 그렇게 새로운 균형으로 몸을 유지하면 성공적인 체중 조절을 할 수 있을 것이다.

요컨대 다이어트는 '뚱뚱이 균형'을 깨는 것이 우선이다. 그다음, '홀쭉이 균형'을 과학적으로 만들어가야 한다. 생활 습관이 건강하면 뇌를 많이 사용하는 것만으로도 체중이 자연스럽게 감소된다. 음식을 조절하고 운동량을 늘리는 것! 이 두 가지 방법을 동시에 진행해야 다이어트 효과가 있다. 다만, 이 두 방법에도 다이어트에 대한 잘못된 인식이 숨어 있음을 염두에 두어야 한다.

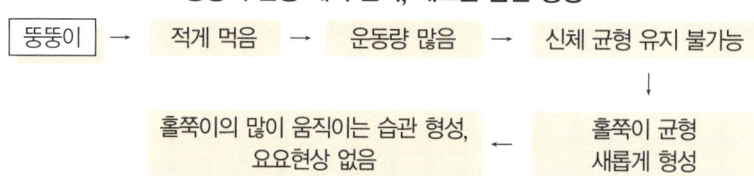

운동이 힘들다면? 평소 몸을 자주 움직여라

앞서 기술한 것의 핵심 키워드 두 가지는 '음식 조절'과 '운동량 증가'이다. 날마다 많은 사람이 헬스클럽에 드나들지만 실제로 다이어트에 성공한 사람은 드물다. 이는 단순히 다이어트만을 목표로 운동하기 때문이다. 다이어트를 결심할 때마다 적지 않은 돈을 들여 헬스클럽 회원권을 사는데, 사실 그런 것보다는 올바른 다이어트 습관을 기르는 편이 더 낫다. 그러면 체중이 자연스럽게 조절된다.

운동을 하는 가장 큰 이유가 다이어트라면 운동을 통해 에너지를 완전히 소모하겠다는 전제가 있어야 한다. 그런데 대부분의 사람은 차로 이동하여 운동을 하고, 운동 후 공복감을 느끼면 즉시 양껏 먹는다. 이렇게 하면 소비한 열량을 다시 채우는 격이 된다. 운동을 하면 에너지가 대량으로 소모되기 때문에 식욕이 왕성해져서 식사량이 늘어난다. 이때 체중이 더 늘지 않으면 그나마 다행이다.

물론 다이어트의 목표는 체중 감량이지만 그보다 더 중요한 것은 체중 조절이다. 어느 날 불현듯 마음먹고 운동을 한순간 열심히 하면 그에 따른 효과는 당연히 나타난다. 그러나 지속적이지 않은 운동의 효과는 그때뿐이다. 그만큼 운동은 꾸준히 지속하기가 어렵고 시간도 많이 할애해야 한다. 요컨대 운동으로 다이어트를 하려면 시간 투자가 매우 중요하다. 다른 일이나 휴식할 시간도 전부 운동에 양보해야 한다. 그러다 보면 운동하는 것 자체가 스트레스가 되어 계속 해나가기 어려워진다. 따라서 운동을 시작하기 전에 큰 효과를 보고 말겠다는 다짐보다 지속적으로 할 수 있을지를 먼저 염두에 둬야 한다. 다이어트 실패의 주범은 야심차게 시작했다가 중간에 그만두는 사람, 즉 자기 자신이다. 다이어트를 생활의 일부로 받아들이지 못하는 한 실패하기 마련이다.

운동은 분명 에너지를 소모하는 한 방법이지만 그렇다고 유일한 방법은 아니다. 에너지가 소모되면 다이어트 효과와 체지방 조절의 효과를 얻을 수 있다. 앞서 거론한 마른 사람과 뚱뚱한 사람의 차이를 다시 돌아보자. 마른 사람은 한 번에 많은 양의 운동을 하지 않고 일상에서 운동량을 고르게 분산시켜 에너지를 서서히 소모한다. 예컨대 마른 사람은 오래 앉아 있지 못한다. 30분 정도 TV를 보자면 일어나서 왔다갔다 움직여야 한다. 그들은 부지런한 편이어서 늘 방을 정리하거나 발품이 드는 일을 한다. 반면, 뚱뚱한 사람은 앉아서 TV만 보고 꼼짝도 하지 않는다. 한 번 앉으면 몇 시간은 그냥 보낸다.

생활 속의 소소한 운동을 얕봐서는 안 된다. 하루하루 쌓이면 그 차이는 매우 크다. 생각해보자. 우리에게는 하루 세 끼의 식사가 있다. 매번 식사를 하고 나서 식사량에 맞는 일정량의 운동을 한다면 어떨까? 예컨대 설거지나 집안 정리를 한다든지, 업무 틈틈이 휴식 시간

중 물 마시러 가면서 몇 걸음 더 움직인다든지, 퇴근 후 한 정거장 미리 내려서 걷는다든지……. 이런 식의 에너지 분산 소모 방법은 한 번에 많은 양의 운동을 하는 것보다 훨씬 효과적이다. 신체는 동적 평형 상태를 유지하기 때문에 평소 소화와 흡수의 균형만 유지된다면 체중이 크게 늘어날 일은 없다. 그러므로 몸을 자주 움직여서 과량의 에너지를 충분히 소모해야 한다.

운동 다이어트는 오래 지속하기가 어렵다고 생각하는 사람이 있다면 나는 이렇게 말하겠다.

"운동을 꾸준히 하기 어렵다면 몸을 자주 움직여라. 홀쭉이처럼 몸을 자주 움직여야 홀쭉이가 될 수 있다는 걸 명심하라."

절식은 고통이 아니다

다이어트에 성공한 한 여성이 TV에 출연했다. 그녀는 절식(節食)에 관한 경험을 이야기하면서 눈물을 펑펑 쏟아냈다. 하지만 스스로 견디기 힘들 만큼 고통스러운 절식은 빠른 효과를 보려는 욕심 때문에 저지르는 실수다. 이렇듯 단시간에 빠른 효과를 얻기 위해 절식하면 오히려 몸에 해롭다. 과학적으로 영양을 고려한 식사를 하면서 스스로 즐기는 선에서 음식물의 양을 줄여나가야 절식의 효과를 볼 수 있다.

먼저 식욕을 억제하는 다이어트 방법을 살펴보자. 살이 빠지려면 인풋(input)과 아웃풋(output)이 맞지 않아야 한다. 즉, 하루에 섭취한 열량이 소비한 열량보다 적으면 체내에 축적된 지방을 태우게 되므로 그럴 때 다이어트 효과가 생긴다는 뜻이다. 뚱뚱한 사람과 마른 사람의 식사량은 다르다. 아마 전자는 많고 후자는 적을 것이다. 뚱뚱한 사람은 보통 위가 커서 한 번에 들어가는 음식물의 양도 많기 때문에 포만감을 느끼려면 위를 가득 채워야 한다.

다이어트를 하려면 적게 자주 먹어야 한다는 얘기를 들어본 적이 있을 것이다. 사실, 마른 사람은 대부분 적게 자주 먹는다. 위가 작아서 한 번에 먹을 수 있는 양이 적고 식사량이 적으니 또 쉽게 배고프다. 식사 시간이 되지 않아도 배고프기 때문에 식사 횟수가 늘어날 수밖에 없다. 그래서 간식을 좋아하는 사람들은 대개 날씬하고, 제대로 된 식사를 많이 먹는 사람은 대부분 뚱뚱하다.

앞서 마른 사람의 식사량에 맞춰 식욕을 억제해야 한다고 했는데, 이를 단번에 따라 하기 힘들다면 천천히 줄여가는 것도 좋다. 예전에 나는 배가 빵빵하게 부를 때까지 먹는 걸 좋아했지만, 다이어트 기간에는 80퍼센트 정도로 줄였다. 지금은 식사 때마다 배가 70퍼센트 정도 부르면 그만 먹는다. 그러면 속이 편할뿐더러 영양 섭취도 충분히 할 수 있다. 식사량을 줄여가는 동안 배고프다는 느낌이 강하게 들 때가 있는데, 바로 이때 요요현상이 나타난다. 그러므로 하루 한 끼를 줄여서 공복감을 강하게 느끼기보다는 한 끼 식사량을 절반으로 줄이는 게 좋다.

지나치게 절식하면 공복 상태가 길어진 탓에 참지 못하고 음식을 먹게 된다. 이때 보충된 음식은 그 효과가 어마어마하다. 인체에는 자가 보호 기능이 있어서 장기간 공복 상태에서 갑자기 음식물이 공급되면 필사적으로 그 영양을 흡수한다. 그래서 이때 섭취한 밥 한 공기는 두세 그릇 먹은 효과를 낸다. 결국 한순간 대재앙을 초래해 공든 탑을 무너뜨리게 되는 것이다. 그뿐만 아니라 위장에 부담을 주어 건

강도 해치고 절식 다이어트에 대한 믿음도 깨진다.

따라서 단기간에 지나친 절식은 하지 않는 게 좋다. 절식은 기존의 평형을 깨고 새로운 평형을 유지하는 방법이므로 식사량은 서서히 줄여야 한다. 처음에는 분명 허기를 많이 느낄 것이다. 그럴 때 소화가 잘되는 채소나 과일로 허기를 달래면 좋다. 이는 뇌를 속이면서 위를 만족시키는 방법인데, 식사량을 꾸준히 줄여가는 데 큰 도움이 된다. 이렇게 하면 위는 차츰 새로운 식사량에 적응하고 인체의 자가 조절 기능이 발휘되어 각 기관의 기능이 정상적으로 작동될 것이다. 이 과정에서 장기간 충분한 음식을 받아들이지 못했던 위가 점점 줄어드는데, 이렇게 위의 크기가 축소되면 식욕도 사라진다. 마른 사람의 위 크기만큼 작아지면 그만큼 식사량이 줄고, 무엇보다 식탐을 부리지 않게 될 것이다. 나는 지금도 70퍼센트 정도 포만감이 들면 식사를 중단하지만, 전혀 배고프지 않다. 이미 습관이 몸에 배었기 때문이다.

수치화하면 엄격하게 관리할 수 있다

다이어트를 할 때 체중은 수시로 측정하지만 일일 운동량과 식사량을 확인하는 경우는 드문데, 이런 식은 모순이 아닐 수 없다. 포만감이 70퍼센트 정도일 때 식사를 중단하는 것이 좋다고 얘기했지만, 체력을 많이 소모하는 운동을 하고 나면 아무래도 식사량이 늘어나기 마련이다. 그러면 운동량은 어떨까? 과연 운동을 얼마나 해야 '잘했다'고 할 수 있을까? 전문 기기로 정확히 측정하지 않고 직관적 판단으로 운동량을 조절하기란 쉽지 않을 것이다.

만보계(萬步計)로 운동량을 측정하는 것도 좋은 방법이다. 매일 운동량을 기록하여 비교하면 일일 목표 운동량 달성 여부도 파악할 수 있다. 만보 걷기는 신체 밸런스 유지에 적절한 운동으로, 매일 만 보씩 걸으면 열량이 과다하게 축적되지 않아서 숙면할 수 있다.

어떤 이는 사무실 업무 시간이 길다는 이유로 욕심을 부려 첫날부터 만 보 걷기를 시도하는데, 이는 현실적으로 감당하기 힘든 욕심이다. 나도 지금 2년째 다이어트를 하고 있지만, 처음 시작할 때 하루 만 보를 걷지 못했다. 매일 스스로 생각하기에 충분할 만큼 걸으면서 운동량을 꾸준히 늘려야 운동을 즐기는 습관을 기를 수 있다.

이런 맥락에서 만보계는 운동량을 측정하고 운동을 즐기는 습관을 기르는 도구로 손색이 없다. 운동량을 수치화하여 비교하면 '오늘은 목표량을 못 채웠지만, 내일 더 많이 걸으면 돼'라고 스스로 마음을 다잡을 수 있기 때문이다. 평소보다 한 끼만 더 먹어도 금방 살이 찐다는 사람이 있는데, 이는 사실이 아니다. 만약 정말로 그렇다면 금방 찐 살은 금방 빠질 것이다. 다이어트는 하루 이틀 사이에 효과를 볼 수 있는 게 아니므로 장기 계획을 세워 실천해야 한다. 오늘 운동량이

천 보 부족했다면 내일 이천 보 걸어야 몸매를 유지할 수 있다. 또 오늘 기름진 음식을 먹었다면 내일부터 며칠 동안 담백한 음식을 먹어야 살찌지 않는다.

체중을 잴 때는 반드시 소수점 아래까지 정확히 나오는 전자체중계를 이용하는 것이 좋다. 체중을 자주 재면서 수시로 자기암시를 해야 한다.

'지금 살이 빠지고 있으니까 음식도 가리고 운동도 열심히 해야 해.'

특히 식사량은 정확히 재기 어려우므로 식사 전후의 체중을 측정, 비교하면 식사량을 대충 가늠할 수 있다. 식사의 적정량을 정하여 장기간 꾸준히 유지하면 식욕을 자제할 수 없을 만큼 맛있는 음식을 보더라도 과식하지 않을 수 있다. 아무리 효과적인 다이어트 방법일지라도 현실적으로 재미없고 힘든 건 매한가지이다. 따라서 끊임없이 스스로를 채찍질해야 한다. 이때 체중의 소수점 아랫자리가 매우 중요한 역할을 한다. 비록 소수점 이하의 미미한 수치지만 감량에 성공하면 다이어트 도전자는 큰 기쁨을 느끼고 더 열심히 할 수 있다. 요컨대 체중을 자주 측정하면 긍정적인 자기암시를 하고 의지도 다질 수 있어서 다이어트에 도움이 된다.

다이어트를 수치화하여 지표로 삼으면 스스로 자극이 되고 자신에게 부족한 점이 무엇인지, 그 결핍 영역은 어떻게 채울 것인지를 더 쉽게 파악할 수 있다. 마치 다음 단계의 지침을 알려주는 개인 트레이너처럼 활용하는 것이다. 혹여 다이어트에 실패했다면 다른 데서 변명거리를 찾지 말라. 다이어트 실패의 진짜 원인은 최선을 다하지도, 끝까지 해보지도 않은 자기 자신, 새로운 습관을 형성하는 것을 포기한 바로 당신 자신에게 있다.

05
상대방 일까지 도맡아 하는 것은 상대의 미래를 망치는 길이다
'도움'은 성장을 돕고, '대리'는 미래를 망친다

> 자립할 수 있게 만드는 것이 진정한 도움이다.
> 대신 해주지 말고 스스로 자기 길을 가도록 이끌라.

자식 이야기를 자주 하는 한 친구가 내게 고민을 털어놓았다.

"아이 수학 성적이 낮아서 실력 있는 과외 선생을 붙였는데도 성적이 시원찮아. 어찌 해야 할지 모르겠네."

그의 말에 나는 물었다.

"아이 성적이 안 좋으면 너와 네 아이 중 누가 더 마음을 졸이는 것 같아?"

"당연히 부모가 더 애타지."

친구의 대답에 나는 이렇게 덧붙였다.

"그래, 바로 그거야. 너만 애간장이 녹지, 아이는 아마 천하태평일 거야. 성적이 안 오르면 부모만 속이 타지, 애들은 관심도 없을걸?"

주변에서 성장을 도우려는 명분으로 시작한 일이 오히려 성장을 가로막는 경우를 우리는 종종 목격한다. 과연 어디까지 도와야 성장과 발전에 도움이 될까? 대신 해주지 말아야 할 일에는 어떤 것이 있을까? 이에 관하여 한번 살펴보자.

정서적 경험은 대신할 수 없다

타인의 성장을 도우려면 '대리'가 아닌 '도움'의 자세가 필요하다. 도움은 방법·수단·사고방식 등을 알려주는 것이지, 구체적인 실행과 더불어 다양한 정서적 경험을 대신 책임지는 것이 아니다. 성장 욕구가 강한 사람조차도 스스로 내적 힘을 갖춘 다음 외부의 도움을 빌릴 때 빠르게 성장할 수 있다. 스스로 내적 힘을 갖추지 못하면 주변 환경이 아무리 좋아도 소용없다. 높이 오르고자 하는 사람은 옆에서 한 뼘만 끌어 당겨주면 스스로 더 높이 올라간다. 그러나 욕심이 없는 사람은 옆에서 아무리 도와준들 달라지지 않는다.

이러한 내적 힘은 정서적 경험에서 비롯된다. 그런데 다른 사람이 이런 정서적 경험을 대신한다면 성장할 수 있겠는가? 외부의 도움은 내적 힘을 기르고 그 힘을 이용할 수 있게 된 다음에야 필요한 것이다. 이 단계에 도달하면 스스로 외부의 도움을 이용하여 자신의 부족한 점을 채울 수 있다. 반면, 내적 힘이 없는 사람을 무조건 돕기만 하면 발전은커녕 오히려 퇴보하여 결과적으로 해를 끼치는 꼴이 된다. 남의 도움으로 성장하는 아이들은 참 가엾다. 그런 아이들은 대개 아래의 두 유형 중 하나로 성장하기 마련이다.

첫 번째, 평생 자기 삶의 주인이 될 수 없고 모든 것을 부모의 뜻대로 한다. 성인이 되어서도 독립적 사고를 할 수 없을뿐더러 영원히 부모 그늘에서 나약한 인간으로 살아간다. 결국 평생을 남에게 의지한 채 주관 없는 삶을 이어간다. 그러니 큰 뜻을 이루지 못함은 물론이다.

두 번째, 성장하면서 생각조차 속박당한다고 느끼기에 부모의 영향력에서 벗어나고 싶어 한다. 이때 부모가 간섭을 중단하지 않으면 아이는 불만을 쏟아내며 강하게 항의하고 도움을 거부한다. 그리고 자기만의 사고방식을 구축하려고 노력하는데, 이 과정에서 부모와 다툼이 생겨 결국 사이가 틀어지고 원수가 되기도 한다.

첫 번째 아이의 경우에는 어른이 되어 스스로 아무것도 할 수 없음을 깨닫고 평생 무능하게 살아갈 수 있으며, 두 번째 아이의 경우에는 어른이 되고 나서도 답답하고 숨 막히는 상황에서 벗어나려고 안간힘을 쓸 것이다. 부모는 아이의 성장을 도우려는 좋은 마음에서 한 일이지만, 부모가 모든 것을 대신함으로써 아이들이 얻는 것은 '부정적 경험'뿐이다. 이는 부모의 과욕으로 빚어진 자업자득의 결과다.

'대리'는 부모 자신을 위한 것이다

아이를 너무 사랑한 나머지 아이의 손을 놓지 못하는 부모가 있다. 이는 아이의 성장에 전혀 도움이 되지 않을뿐더러 오히려 무능한 아이로 만들 뿐이다. 부모가 아이를 위하는 길이라고 생각하여 '대리 결정'을 하면 겉으로는 문제가 해결된 듯 보이지만 실제로는 그렇지 않다. 아이 스스로 해결해야 할 다음 문제가 여전히 남아 있기 때문이다. 물론 한 번쯤 아이를 대신할 수 있지만, 매번 그렇게 해서는 안 된다. 부모가 아이의 모든 걸 떠맡으면 부모 자신도 힘들뿐더러 아이의

미래에 전혀 도움이 되지 않는다. 사실, 이 점은 부모 스스로도 잘 알고 있다.

    그런데도 사랑이라는 이름으로 대신하고 싶은 충동은 좀처럼 자제하기 어렵다. 이러한 충동은 왜 일어나는 것일까? 인간은 심리적으로 기쁨보다 슬픔을 더 잘 기억하고 마음에 담아둔다. 그래서 한 번 경험한 슬픔은 자신은 물론 자녀 역시 다시 겪지 않기를 바란다. 물론 아이는 부모의 생각처럼 그렇게 나약하지 않지만 말이다. 이러한 부모는 쓸데없이 상상을 부풀려 아이를 걱정하고, 그 때문에 아이를 대신하는 것이라고 나름대로 합리적인 이유를 댄다. 그런데 사실 이는 부모 자신의 능력을 보여주기 위한 명분일 뿐이다.

    본래 부모는 아이를 대신함으로써 자신의 가치를 입증하고 부모로서의 역량과 가치를 인정받고자 하는 경향이 있다. 결과적으로 아이를 대신한 정서적 경험의 최대 수혜자는 아이가 아니라 부모 자신이다. 아이를 대신하자면 고되고 힘든 점이 많겠지만 속으로 큰 만족감을 느낄 것이기 때문이다. 문제는 정작 주인공인 아이는 만족감을 느끼지 못한다는 사실이다. 맹세컨대 나는 부모의 위대함과 크나큰 사랑을 깎아내리려는 게 아니다. 다만, 자기가 만족하면 남도 그럴 것이라고 착각하고, 잠깐의 고통이 사라지면 평생 어려움이 없을 거라는 믿음은 잘못이라는 말이다.

성공한 사람들은 자신의 경험을 토대로 하나같이 부단히 노력해야만 능력을 키울 수 있다고 말한다. 부모가 사사건건 아이를 대신해서 문제를 해결해주면 훗날 아이는 갖가지 문제에 부딪혔을 때 스스로 해결하지 못한다. 주도적으로 문제를 처리하는 정서적 경험을 빼앗겼기 때문이다. 부모가 오랫동안 중요한 것들을 대신하면 아이는 스스로 문제를 해결하려는 의지를 잃고 남에게 기대는 버릇이 몸에 밴다. 세월이 흘러 부모가 나이가 들고 무능력해지면, 그때는 어떻게 할 것인가? 나이 들어 늙는 건 거스를 수 없는 자연의 규칙이니 언젠가는 분명 그런 날이 올 것이다. 그때가 되면 스스로 문제를 해결해본 적 없는 아이는 부모의 도움 없이 어떻게 살아갈까? 간단한 문제조차 혼자서 해결하지 못하는 아이는 울면서 이렇게 말할 것이다.

"엄마, 아빠가 날 이렇게 망쳤어!"

아이가 평생 어려움을 겪지 않고 행복하게 살기를 바라는가? 그렇다면 반드시 아이를 독립적으로 키워야 한다. 그것이 부모로서 아이의 성장을 돕는 가장 현명한 방법이다.

부모가 매사 아이를 대신해서 문제를 해결하는 것은 사실 부모 자신의 걱정을 덜기 위한 것이다. 아이가 못할까 봐, 혹은 아이가 다칠까 봐, 직접 나서는 것은 부모로서 할 수 있는 가장 단순하고 손쉬운 교육이다. 앞서 가장 단순한 자녀 교육 방법은 화내고 때리고 야단치고 거칠게 다루는 것이라고 했다. 자신의 화풀이도 할 수 있고 언뜻 교육에 신경 쓰는 것처럼 보이기도 하니까 말이다. 하지만 아이들이 실수를 되풀이하지 않도록 가르치려면 교육에 대해 많이 고민하고 곁에서 지켜봐야 한다. 이런 교육 방식은 대단히 번거롭고 힘들뿐더러 인내심 또한 상당히 필요한 일이다.

좋은 부모가 되고자 하는가? 그렇다면 아이가 좌절과 실패를 통해 임기응변을 배우고 서서히 성장해가는 모습을 그저 옆에서 잠자코 지켜볼 줄도 알아야 한다. 요컨대 부모가 대신하는 방법은 아이를 걱정할 필요도 없고 직접 데리고 가르칠 필요도 없는 너무 단순한 교육 방법에 지나지 않는다.

아이가 부모 그늘을 벗어날 수 있도록 서서히 손을 놓아라. 그리고 아이가 조금씩 자랄 때마다 독립적으로 잘 커가고 있는지, 또 부모는 얼마나 더 멀리 떨어져야 하는지, 도움 없이 잘하고 있는지 지켜보라. 그렇게 아이가 부모의 그늘에서 차츰 벗어나면 비로소 부모 역할을 훌륭히 했다고 할 수 있다.

"큰일에 힘을 써야지, 작은 일에 힘쓰면 안 된다"며 사소한 일을 도와주는 부모가 있다. 그런 부모에게 묻고 싶다. 작은 일도 못하는 사람이 어떻게 큰일을 할 수 있단 말인가. 부모가 아이의 작은 일을 도맡으면 아이는 작은 일을 해본 경험이 없는 탓에 덩달아 큰일도 제대로 해내지 못한다. 지금은 부모가 대신하겠지만, 훗날 홀로 서야 할 때는 누가 그 일을 대신하겠는가? 그런 부모들도 인생에는 사소한 일이 없다는 이치를 분명히 알고 있을 것이다. 손을 놓아야 할 때는 과감히 놓아야 한다. 특히 작은 일에 도움을 주는 부모라면 더 그렇게 해야 한다. 아이는 부모의 도움을 조금 받을수록 튼튼한 디딤돌을 갖게 되어 훗날 큰일을 해낼 수 있다.

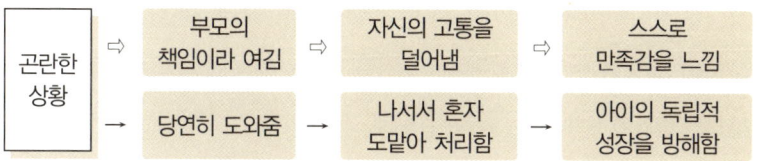

대리와 도움의 논리 (위 : 사고와 정서, 아래 : 습관)

내버려두는 게 도와주는 것이다

내버려두라는 건 아예 손을 떼라는 의미가 아니다. 한 살배기 아기에게 온 식구가 먹을 식사를 차리게 하는 등의 불가능한 요구를 하라는 말도 아니다. 말하자면 아이가 스스로 옷을 입을 수 있도록 그 방법을 가르치라는 뜻이다. 이렇게 자기 나이에 걸맞은 일을 스스로 하도록 가르치고, 또 조금 더 자라야 할 수 있는 일도 미리 경험시켜야 한다. 그러면서 차츰 아이의 손을 놓아야 아이 스스로 성공을 위해 노력하고 어려움도 헤쳐나갈 수 있다. 이렇게 성공한 아이는 장차 성취감과 자부심을 만끽할 것이다. 스스로 노력해서 얻은 것이야말로 가장 가치 있는 귀한 보물이다. 우리는 늘 이런 정서적 경험을 통해 많은 것을 배운다.

처음에는 아이와 어느 정도 거리를 두고 보호해야 한다. 앞에서 끌어주고 뒤에서 따라가며 조심조심 나아간다. '앞에서 끌어주기'는 아이가 모방하고 따라 할 수 있게 보여주는 것이다. 예컨대 신발 끈 묶는 방법을 가르칠 때 부모가 먼저 시범을 보이고 아이가 따라 하도록 시키는 것이다. '뒤에서 따라가기'는 아이가 모방 없이 스스로 할 수 있는 경우, 혼자 물건을 사 오게 하는 식으로 처음 하는 일을 주도적으로 해볼 기회를 주는 것이다. 이때 부모는 아이의 눈에 띄지 않도록 멀찍이 뒤따라가며 지켜본다. '앞에서 끌어주기'는 갓 학교에 입학한 아이나 어린 아이에게 알맞은 방법으로, 아이가 시범을 보여 스스로 올바른 행동을 하게 유도하는 것이다. 이때 부모의 역할은 위험 요소를 최대한 줄여주어 아이가 실패로 좌절해서 자신감을 잃지 않도록 도와주는 것이다. '뒤에서 따라가기'는 기초적 경험과 능력이 있는 아이에게 적합한 방법으로, 아이는 이를 통해 자신만의 방식으로 구조화하고 내재된 잠재력을 발현한다. 예컨대 탁구를 가르칠 때, 아이의 손을 함께 잡고 치면서 연습하면 배드민턴도 금방 따라서 배운다. 탁구와 배드민턴처럼 기본 방식이 비슷한 경우, 한 가지를 배우며 공통된 기초 능력을 익히면 다른 한 가지는 스스로 응용하여 완성할 수 있다.

독립적 성장은 성숙을 의미한다

아이만의 특별한 성장 단계를 설정하고, 아이의 능력에 맞는 훈련 내용을 선별하여, 앞에서 끌어주고 뒤에서 따라가는 방식으로 교육하면 계단식 성장을 이끌 수 있다. 이런 교육 방식은 아이가 스스로 성장하도록 자주성을 길러준다는 점에 큰 의의가 있다. 즉, 부모는 아이의 '독립적인 성장'에 필요한 새로운 습관을 길러주는 조력자가 되어야 한다. 그러면 아이는 부모의 보살핌 속에서 스스로 자신의 부족함을 발견하고 적극적으로 계획을 세워 자신을 발전시킬 수 있다. 이렇게 해야만 훗날 부모가 늙어 능력이 없어지더라도 아이 스스로 홀로 서기를 할 수 있다. 이런 아이는 스스로 인생 목표를 세워 혼자 공부하고 성장하기에 부모는 더 이상 애태울 필요가 없다. 이것이 아마 부모들이 자녀에게 바라는 가장 이상적인 모습일 것이다.

아이에게 독립성을 길러주면 아이가 성장했다는 기쁨도 느낄 수 있다. 아이의 독립은 그만큼 성숙해졌고 타인에게 인정받게 되었다는 의미이기도 하지만, 동시에 책임져야 할 일이 많아졌다는 의미이기도 하다. 부모가 가만히 지켜볼 때, 아이는 어려움도 겪고 자부심도 느끼는 등 다양한 정서적 경험을 통해 내적 힘을 기른다.

성장을 위해 '젖을 떼는 것'은 모든 부모가 아이에게 가르쳐야 할 중요한 딘게다. 물론 갓 태어나 아무것도 할 수 없을 때는 부모가 아이의 모든 것을 대신해야 한다. 하지만 아이가 자라면 부모는 서서히 아이의 손을 놓아야 한다. 그다음부터는 아이 스스로 노력하고 어려움에 부딪히고 또 성취감을 느끼면서 여러 방면에서 성장하도록 돕기만 하면 된다. 또 아이가 성장 계획을 세우고 실행하는 동안 곁에서 지켜봐야 한다. 그러면 언젠가는 아이가 이미 어른이 된 것처럼 독립적이면서 이성적 사고를 하게 될 날이 올 것이다.

아이 스스로 인생 계획도 세우고 자신의 의지대로 꿋꿋하게 독립적으로 살아갈 때가 되면 부모는 미련 없이 손을 떼고 더 이상 간섭하지 말아야 한다. 그리고 아이가 스스로 설계한 미래를 향해 씩씩하게 걸어 나아갈 것이라고 믿어야 한다. 무슨 일이든 혼자서 잘하던 아이는 반드시 성숙한 어른이 될 것이다. 이런 날이 오면 정말 기쁘고 뿌듯할 것이다. 물론 아이의 미래에 힘든 날은 또 찾아오겠지만, 아이가 스스로 대처할 수 있다고 믿어라.

요컨대 진정으로 아이의 성장을 위하는 길은 대신하는 것이 아닌, 뒤에서 도와주는 것이다. 자녀 교육의 궁극적 목표는 아이를 독립적으로 키우는 것임을 잊지 말라.

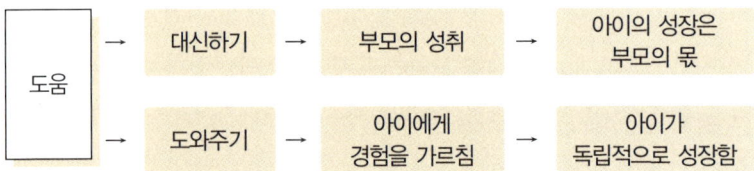

성장을 돕는 논리 (위 : 옛 습관, 아래 : 새로운 습관)

06
대체의 법칙
완벽한 것보다 효과적인 게 유용하다

> ❝ 완벽하진 않아도 성공률이 높은 방법으로 어려움을 해결하라. ❞

고객과 상담을 하다 보면 간혹 해결의 실마리가 떠오르지 않을 때가 있다. 그러다가 문득 좋은 방법이 떠오르면 그것으로 즉석에서 문제를 해결한다. 다음은 이에 관한 사례다.

속 깊은 얘기를 남에게 털어놓지 못해서 근심하는 고객이 있었다. 나는 그에게 참지 말고 마음의 문을 열고자 노력하라고, 그렇게 표현하는 연습을 꾸준히 하라고 일렀다. 고객은 얼마간 내 말대로 실천했다. 그러나 나에게 다시 찾아온 그는 노력한 만큼 성과가 나오지 않았다고 했다.

"걱정거리가 있어서 친구한테 하소연했는데 달라진 게 없었어요."

내가 물었다.

"그렇다고 노력하지 않으면 앞으로 그런 일이 더 많이 생길 수도 있어요. 마음을 터놓아 근심이 해결된 경우가 많은가요, 그렇지 않은 경우가 많은가요? 해결되지 않은 경우가 적었겠죠? 그럴 때는 다시 새로운 방법을 찾으면 돼요. 지금은 어려운 상황을 많이 해결했던 방법으로 꾸준히 노력해야 해요. 그게 가장 효과적인 방법입니다."

명확히 판단하기 어려운 문제는 다양한 방법을 적용해봐야 한다. 과연 단점 하나 없는 완벽한 방법이 있을까? 당연히 없다. 그러니 실패할 확률이 낮고 위험률이 낮으며 성공률이 높은 방법을 찾아야 한다. '대체의 법칙(The Law of Substitution)'에 입각하여, 대개 성공률이 높고 효과가 좋았던 방법이 가장 합리적인 방법이다. 그런데도 우리는 방법의 단점을 발견하면 시도조차 하지 않고 다른 완벽한 방법을 찾는다. 그러다가 결국 완벽한 방법은 찾지도 못한 채 흐지부지 다 포기하고 원점으로 돌아간다.

이처럼 방법이라는 것에는 허점이 있기 마련이므로 좋은 방법이 아니라든가 변화를 포기하겠다는 말은 하지 말라.

완벽한 치료법이란 없다

너나없이 누구나 스스로 완벽해지기를 꿈꾼다. 사람들은 가장 단순하고 직접적이며 효과적인 방법으로 문제를 해결하려고 한다. 만약 스스로 생각해낸 방법이 현실적으로 불가능한 안(案)이라면 그것을 계속 고집할 수 있을까? 상식적으로 대부분의 사람은 그냥 포기하고 다른 완벽한 방법을 찾을 것이다. 이렇게 완벽을 추구하려는 욕망은 인간이 본디 가지고 태어난 것이다. 그런데 시간이 지나도록 완벽한 것을 찾지 못했다면, 그럼에도 기적을 바라며 계속 기다리겠는가? 나라면 그만두고 차선책을 찾을 것이다. 더 좋은 방법이 없다는 것을 안 이상 환상을 갖지 말고 차선을 선택하는 것이 옳다. 그런데 간혹 완벽한 방법을 찾지 못해서 자신을 바꿀 수 없었다고 아무렇지도 않게 핑계를 대는 사람이 있다. 그들은 허점이 있거나 신통한 효과가 없는 방법은 쓸모가 없을뿐더러 시도할 가치도 없다고 여긴다.

거꾸로 한번 생각해보자. 현재의 문제를 해결하지 않고 그대로 두면 불완전한 방법을 시도하는 것보다 상황이 더 나빠지지 않을까? 문제 해결 방법은 매우 다양하다. 흔히 생각하는 것처럼 '완벽한 해결' 방법과 '미흡한 해결' 방법으로 나뉘지 않는다. 사실, 어떤 방법을 선택하더라도 완벽한 것은 없다.

예컨대 위장병이 생겼을 때, 통증을 없애려고 약을 복용하지만 아무런 효과가 없는 경우도 있다. 그럴지라도 치료를 포기하는 사람은 없다. 먹던 약을 꾸준히 먹으면서 더 효과적인 약이 없는지 계속 찾아야 한다. 만약에 효과가 없다고 해서 약을 복용하지 않으면 치료도 중단된다. 하지만 사람들은 자기 몸을 아끼기에 어지간해서는 약 복용을 중단하지 않는다. 그런데 마음의 치료는 어떤가? 왜 마음의 병은 빨리 치료하지 않고 완벽한 치료법만 기다리다가 때를 놓치고 마는 걸까?

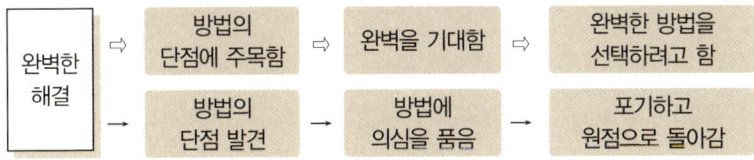

완벽한 해결을 바라는 논리 (위 : 사고와 정서, 아래 : 습관)

완치를 기대하지 말고, 변화를 기대하라

마음 치료와 몸 치료의 가장 큰 차이점은 효과를 예측할 수 없다는 것이다. 몸의 질병은 대개 증상에 맞는 치료약이 있어서 기본적인 약효로 치료의 성공 여부를 예상할 수 있다. 그러나 마음의 병은 증상보다 개인의 성격에 따라 치료 방법이 달라진다. 변화를 기꺼이 수용하는 자세를 갖춘 사람은 치료 효과가 좋지만 자기 생각을 고집하는 사람은 그 효과가 떨어진다. 자신의 생각을 고집하기보다 새로운 방법을 적극적으로 찾아야 달라질 수 있다.

우리가 과거에 무의식적으로 선택한 방법은 대부분 자기 습관적 사고 패턴에 따라 선택한 것이다. 그러므로 어떤 문제에서 벗어나지 못하고 있다면 필시 잘못된 사고 패턴에 빠져 있는 것이다. 잘못된 사고 패턴을 바로잡으려면 새로운 방법을 시도해야 한다. 물론 낯선 방법을 새로 받아들이기란 쉽지 않다.

단순히 효과만 보고 방법의 좋고 나쁨을 판단하는 것은 지나치게 독단적인 생각이다. 완벽한 치료법이 없다는 걸 알았으니 효과만 따져서 방법을 선택해서는 안 된다. 수년간 심리 치료를 해온 내 경험에 비추어볼 때, 문제 해결의 열쇠는 종전의 사고방식에서 벗어나 새로운 사고를 하는 것이다. 요컨대 방법은 생각을 새로운 방향으로 돌리는 데 필요한 수단일 뿐이지, 문제를 완벽하게 해결해주는 만능열쇠가 아니라는 뜻이다. 따라서 새로운 방법을 선택할 때는 시작하기에 어렵지 않은지, 적용하기에 쉬운지, 오래 지속할 수 있는지, 작지만 분명한 변화를 기대할 수 있는지 등을 기준으로 삼아야지, 즉각적인 효과를 선택 기준으로 삼아서는 안 된다.

만약 자신의 앞길에 미래가 보인다면 그쪽으로 계속 걸어가라. 성공이 눈앞에 보이고 소소한 기쁨도 느낄 수 있다면 그것이 바로 가장 좋은 방법이다. 일단 성공으로 가는 길에 들어섰다면 그다음, 스스로 방법을 바꿔보고 새로 만들기도 하며 혼자서 끌고 가야 한다. 완벽한 치료 효과는 완벽해지기 위해 스스로 부단히 노력할 때 나타난다. 반대로, 한 번 효험이 없었다고 해서 곧바로 해오던 방법을 뒤집는 것은 당연히 낭비이자 퇴보이다.

다른 사례를 더 살펴보자. 고객 중에 피해망상 환자가 있었다. 그는 늘 누군가 자신을 해치려 한다고 걱정했다. 나는 그와 여러 차례 상담한 후 그의 망상을 깨뜨릴 결정적인 말 한마디를 일러주었다.

"내 힘으론 막을 수 없으니 차라리 내버려두겠어."

이 말은 그 자신의 관성적 사고에 대항하는 것이었다. 나는 그에게 피해를 당하고 있다는 생각이 들 때마다 이 말을 떠올려서 스스로 더

깊은 고통에 빠지지 않게 생각을 전환하라고 당부했다. 그는 의심 가득한 표정으로 물었다.

"그게 효과가 있을까요?"

나는 대답했다.

"우선 시도해봅시다. 쉽게 결론 내리지 말고요."

그는 이 방법을 시험해봤는데, 열 번 중 세 번은 효과가 있었고 나머지 일곱 번은 효과가 없었다고 했다.

이런 경우 효과가 없었던 일곱 번은 잠시 미뤄두고 성공한 세 번의 경우에 어떤 효과가 있었는지 주목해야 한다. 고객은 곰곰이 생각한 끝에 이렇게 말했다.

"세 번의 경우, 피해를 입는다는 생각이 들자마자 이내 그 말을 떠올렸어요. 그리고 나쁜 생각이 깊어지기 전에 계속 마음속으로 되뇌었죠."

바라던 훌륭한 결과였다. 나는 이렇게 제안했다.

"앞으로는 이 방법을 좀 다르게 바꿔서 시도해보면 좋겠어요."

그는 세 차례의 성공 경험을 통해 방법을 어떻게 개선해야 하는지 이미 알고 있었다. 그 결과, 그는 또다시 망상을 깨뜨리는 데 성공하여 성공률을 60퍼센트까지 높였다. 이후 그는 마음속으로 말을 되뇌면서 주의력을 다른 곳으로 옮기는 방법을 스스로 발견해냈다. 이렇게 해서 성공률을 80~90퍼센트까지 끌어올렸고, 마침내 피해망상을 멈출 수 있게 되었다. 주의력을 다른 곳으로 옮기는 방법은 온전히 그 혼자서 발견하고 적용하여 성공한 것이다(이는 사실 심리 치료에서 자주 사용하는 효과적 방법 중 하나다).

이 일화는 환자가 성공 확률이 30퍼센트에 지나지 않는 불완전한 방법을 스스로 개선하고 적용한 끝에 고질병을 치료한 대표적 사례다. 8년 동안 자신을 괴롭혔던 피해망상증을 혼자 힘으로 완치한 그는 현재 스페인에서 유학생활을 하고 있다.

완벽하지 않아도 성공률이 높은 방법을 꾸준히 시도하고 조금씩 개선해나가면 훌륭한 효과를 기대할 수 있다. 반면, 완벽한 방법이 하늘에서 떨어지기를 기다리기만 한다면 문제는 점점 더 심각해져서 때를 놓치게 될 것이다.

자신을 변화시키지 못하는 사람은 세상에 존재하지 않는 완벽한 해결책만 찾다가 결국 찾지 못한 채 그 자리에 머무른다. 물론 성공은 쉽지 않지만 성공할 가능성이 큰 방법을 이용하면 성공할 수 있다. 작은 성공이라고 쉽게 포기하거나 내팽개치지 말라. 작은 성공은 다가올 미래에 이룰 큰 성공의 싹이다. 그러니 지금 당장 시작하고 움직여라.

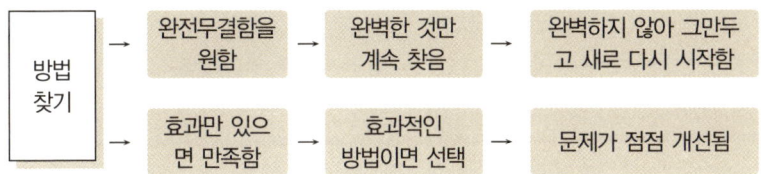

효과적 방법의 선택 논리 (위 : 옛 습관, 아래 : 새로운 습관)

PART 2

이기고 싶다면 실패를 두려워하지 말라
- 완벽한 성공을 위한 마음가짐

▼

아직 일어나지 않은 일에 대해 주저하며 선택을 망설이지 말라. 실패를 두려워할 필요도 없다. 두렵다고 뒷걸음질을 치면, 아무것도 할 수 없고 아무것도 얻을 수 없다. 도전과 실패를 겪으며 이를 발판 삼아 차근차근 성공을 향해 나아가라. 작은 성공이 큰 성공으로 당신 앞에 나타날 것이다.

01
시간에 인색하지 말라
시간은 쓸수록 절약된다

> 66
> 시간에 인색하면 오히려 더 많은 시간이 낭비될 것이다.
> 99

여자 친구가 없어서 고민인 청년 고객이 찾아와 자신의 생활에 대해 이야기했다.

"영화 보는 걸 좋아해요. 회사에서 직원들에게 무료 티켓을 주니까 혼자서도 영화관에 자주 가요. 쇼핑을 좋아하다 보니 대형 쇼핑몰에서 혼자 쇼핑도 하고 타오바오(중국 최대 인터넷 경매 사이트)에서 이것저것 구경도 해요. 또 여자들처럼 며칠에 한 번씩 미용실에서 헤어스타일을 바꾸기도 하고요. 늦잠도 자고 책도 읽고 게임도 하고……."

나는 그의 풍요로운 일상을 전해 듣고 감탄했다. 여자 친구는 없지만 적어도 외로워 보이지는 않았다. 나의 이런 반응에 그가 의아스럽다는 듯 물었다.

"왜 안 외로워 보인다는 거죠?"

내가 대답했다.

"함께할 여자 친구는 없지만 혼자 영화도 보고, 쇼핑도 하고, 심심할 때는 기분 전환 삼아 헤어스타일도 바꾸고…… 전혀 외로워 보이지 않는걸요."

사실, 나는 왜 그에게 여자 친구가 없는지 의아했다. 데이트할 시간도 많고 뭐 하나 빠지는 것 없는 이른바 '엄친아'인데 말이다. 무료 티켓이 남으면 이성 친구를 불러 함께 봐도 되고, 쇼핑이나 헤어관리에 반감이 없으니 여자들과 대화가 잘 통할 것이고, 영락없이 여성들이 좋아할 만한 취향을 가진 '일등 남친' 아닌가. 그가 말했다.

"여자 친구를 찾고 있지만, 딱히 특별한 조건은 없어요. 애초에 독신생활에 이미 적응했다고 생각했는데도 외롭네요. 그렇지만 헤어질지도 모르는 상대한테 시간을 낭비하고 싶지는 않아요. 또 여자 친구가 생기면 둘이서 살고 싶지만 각자 습관이 다를 테니 걱정이 되기도 해요. 적응하기 어려울까 봐……."

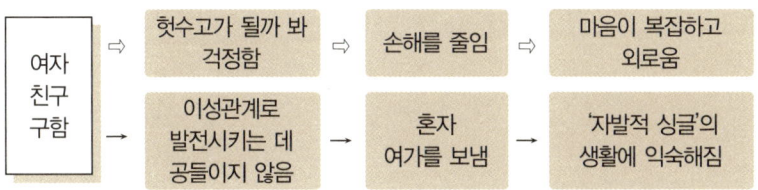

노총각의 논리 (위 : 사고와 정서, 아래 : 습관)

당신이 자기감정에만 신경 쓴다면?

그의 알 수 없는 두려움 뒤에는 무엇이 있을까? 사랑은 서로 맞춰

가기 위해 노력하는 것이고, 손에 쉽게 잡히는 행복이 아니라는 사실쯤은 이미 알고 있을 것이다. 공짜로 이득을 바라고 행운이 제 발로 찾아와주길 바란다면 '자기중심적' 사고방식에 빠질 수밖에 없다.

심리학에서 하나의 관념으로 보는 '에고(Ego, 자아)'는 자기 삶의 방식을 사랑하고 만족감을 느끼는 것을 말한다. 자기중심적인 사람은 남들 앞에서 잘난 체하고 스스로를 합리적으로 판단하지 못하며 자신이 누구보다 완벽하다고 생각한다. 이런 사람은 대개 대중의 환영을 받지 못하는데, 그 까다로운 성격 탓에 자신에게 어울리는 사람을 찾지 못해 외롭다(자신이 완벽하다고 생각하는 사람은 상대방도 완벽하기를 바라기 때문에 성격이 까다로워진다).

사람의 성격은 타고난 부분보다 후천적으로 형성된 부분이 훨씬 의미 있다. 에고는 비교할 '참조 체계'가 없으면 가치관이 어긋나서 방향을 잃는다. 여기서 참조 체계란 사회일 수도 있고 타인일 수도 있다. 또 타인의 일하는 방식일 수도 있고 타인이 정서와 감정을 다루는

방식일 수도 있다. 그래서 사람은 타인과 함께 생활해야 심리적 건강을 유지할 수 있다. 반면, 자신을 가두고 지나친 자기 감상에 빠지면 비현실적인 에고를 갖게 된다. 에고가 강한 사람은 다른 사람에게 무시당할까 봐 성과 없거나 실패할 가능성이 있는 일은 시도조차 하지 않는다. 그래서 사람들과의 왕래도 기피하고 희생도 모면한다. 이렇게 자기중심적인 사람이 고립되는 까닭은 본인이 다른 사람을 무시한다는 인상을 주기 때문이다. 다른 이유는 전부 변명에 불과하다.

'에고'라는 원인은 '외로움'이라는 결과를 낳는다. 마음을 다스리는 방법은 여러 가지다. 자신을 변화시켜 외로움에서 벗어날 수도 있고, 외로움에서 벗어남으로써 자신이 변화할 수도 있다. 나라면 후자를 선택하겠다. 외로움에서 벗어나는 방법을 알고 마음을 열면 비현실적인 에고를 피할 수 있으니 말이다.

고독은 적당히 즐기는 게 좋다

실패가 두렵고, 거절당하는 게 두렵고, 성과가 없을까 봐 두려워 사람들을 피하다 보면 외로워진다. 그러다 보면 어느새 이 고독을 즐기게 된다. 고독을 즐기는 동안 근심 걱정이 해소된다고 핑계를 대는 사람도 있다. 그렇게 시간이 흐르고 사람들과의 왕래가 점점 뜸해지면 어느덧 홀로 지내는 생활에 익숙해진다. 재능은 선천적으로 타고나는 것이지만, 사람과의 소통 능력은 훈련하지 않으면 빠르게 퇴화한다. 소통 능력이 떨어지면 인간관계에서 점점 공포감을 느끼고, 그런 만큼 왕래를 기피하게 될 것이다. 그러면 결국 옛 친구는 물론 새 친구도 없는 진정한 외톨이가 될 것이다.

고독은 다른 사람과 함께 지내야 하는 시간에 홀로 있을 때 찾아온다. 스스로 사람들과의 왕래를 단절하고 고독을 즐기는 모습이 멋져 보일 수도 있다. 그러나 그렇게만 하다가는 주변에 아무도 남지 않게 되고 결국 '외톨이'라는 이름만 남을 것이다. 이쯤 되면 다시 돌이키려 해도 쉽지 않다.

인간은 사회적 동물의 속성상 서로 많은 것을 나누며 살아야 한다. 타인과의 교류 욕구가 오랫동안 충족되지 않으면 우울해진다. 그러므로 사람들과의 왕래를 단절하면서까지 고독을 즐기는 것은 좋은 방법이 아니다. 오랫동안 혼자 지낸 사람은 쉽게 외로움에 빠지고 그 깊이 또한 꽤 깊다. 그래서 정상적인 정서 상태를 회복하기가 어렵다. 그러나 일단 사람들과 왕래를 시작하고 사회로 돌아가면 외로움을 치료할 수 있다. 사람은 마음이 맞는 사람을 찾아 함께 즐거움을 나누고 조화를 이루며 살아야 한다. 마음이 통하는 사람을 만나고 그 사람과 함께 시간을 보내는 것이야말로 고독을 치료하는 명약이다.

더 사실적으로 이야기하면, 사람들과 함께 생활하고, 교류하고, 신나는 일을 하고, 즐거움을 나누고…… 그렇게 할 때 외로움에 빠지지 않고 마음을 열 수 있다. 자기 자신에게만 몰두하면 친구들은 멀리 떠나고 혼자만 남기 마련이다.

자신에게만 몰두하는 논리 (위 : 사고와 정서, 아래 : 습관)

시간은 고독의 병을 치료한다

친구관계에 영향을 주는 요인은 많지만, 그중 하나만 꼽는다면 친구와 함께하는 시간이다. 함께 시간을 보내는 기회를 가져야 관계에 도움이 된다. 만약 그럴 기회가 없다면 친구끼리 서로 마음을 터놓고 우정을 나눌 수 없을 것이다. 어떻게든 함께할 기회를 만들면 분명 좋은 시간을 보낼 수 있다.

'시간이 모든 걸 해결해준다'는 말이 있다. 모든 것이라는 전제에는 동의할 수 없지만, 우리는 이 '시간'을 통해 다른 사람과 관계를 형성한다. 시간이 지나면 정이 쌓이는 것도 이런 이치다. 그렇기에 다른 사람에게 자신의 시간을 내주지 않으면 친밀한 사이가 되기 어렵다.

친구를 사귀는 데만 초점을 두면 목표를 설정하는 선에서 더 나아가시 못한다. 친구를 사귄 뒤 무엇을 하며 시간을 보내고 어떻게 관계를 발전시켜 나아갈 것인가가 중요하다. 상대를 잘못 선택하면 문제가 발생하겠지만, 사실 그보다 더 중요한 것은 두 사람의 관계 형성 과정이다. 이 과정에는 시간 투자가 필수 요소다.

실패를 두려워하는 사람은 대부분 상대를 잘못 선택해서 관계를 발전시킬 의미가 없는 이에게 시간을 낭비할까 봐 미리 걱정한다. 과연 상대를 겪어보지도 않고 제대로 골랐는지, 잘못 골랐는지 확신할 수 있을까?

시간이라는 것은 참 재미있다. 앞서 말했지만, 시간을 투자해야 상대방을 판단할 수 있다. 시간을 아끼면 관계가 소원해진다. 좋은 관계로 발전할 상대 또한 놓칠 수도 있다. 결과가 안 좋을까 봐 시간을 투자하지 않는 건 사실 상대를 거절하는 것이다. 그러면 두 사람의 관계가 발전할 가능성은 희박해진다. 인간관계에 소극적이면 그것에서 파

생되는 일부 난감한 상황은 피할 수 있다. 그러나 친구를 통해 얻는 기쁨은 평생 맛볼 수 없다.

'에고'와 '시간'의 관계는 친구 사귀기와 같다. 친구와 함께 있는 시간이 많으면 관계가 더 친밀해지고 혼자 있는 시간이 많으면 자기 세계에 빠지게 된다. 더 가까이 들여다보면 자신을 유난히 아끼는 사람은 혼자서도 잘 놀고 친구가 없다. 이들은 자기 스스로를 즐거움을 주는 유일한 존재라고 생각하는 탓에 다른 사람이 주는 행복을 많이 놓쳐버린다.

어느 한쪽에 시간을 많이 소비하면 다른 한쪽에는 적게 소비할 수밖에 없고, 그에 상응하는 능력 또한 감소된다. 즉, 자신에게 많은 시간을 투자하면 남에게 투자할 시간이 적어지고 나아가 다른 사람과의 소통에 적응하지 못한다. 그래서 다른 사람에게 투자하는 시간을 아낄수록 사람들과 교류할 용기가 나지 않는 것이다.

자신에게만 시간을 투자하고 혼자 지내는 생활이 익숙해지면 어느새 자기만의 세계에 갇힌다. 이는 시간 투자에 인색해서 사람들과 교류할 용기와 재주를 잃어버린 자신의 탓이므로 다른 사람을 원망해서는 안 된다.

시간은 쓸수록 절약된다

사냥꾼이 사냥감을 재빠르게 포착할 수 있는 건 실패를 거듭하면서 다양한 사냥법을 꾸준히 시도해보았기 때문이다. 같은 맥락이다. 사람을 보는 혜안(慧眼)을 기르려면 '사냥감'을 자주 접하면서 경험을 축적해야 한다. 누군가의 성공적인 연애도 모두 연습을 통해 이뤄낸 결과다. 시간을 투자하고 경험한 이성을 분석하고 만남의 실패를 줄이는 과정을 통해 마침내 사랑을 쟁취하는 것이다.

솜씨 좋은 사냥꾼도 처음에는 모두 신출내기였다. 그때는 자신이 정말 사냥감을 잡을 수 있는지 의심스러울 정도로 우둔했을 것이다. 사냥하지 않으면 사냥감을 놓칠 일도 없으니 한 치의 실수도 없는 완벽한 사냥꾼이라고 할 수도 있겠지만, 정말 그렇다면 아마 그는 세상에서 가장 멍청한 사냥꾼일 것이다. 베테랑 사냥꾼도 때로는 실수를 범하여 사냥감을 놓치기도 한다. 포획 연습을 꾸준히 할 때 포획할 기회도, 엉겁결에 사냥감을 잡는 기회도 온다.

혜안은 사냥감을 여러 번 놓치는 실패 과정에서, 그 실수를 줄여가는 과정에서 길러진다. 또 사냥감을 찾는 데 시간을 길게 투자할수록 혜안이 길러져서 그 포착 시간을 효과적으로 단축할 수 있다. 한마디로 말해, 혜안을 기르고 나면 시간을 쓸수록 오히려 시간이 절약된다. 혹시 지금 마음에 드는 이성을 찾고 있다면 아마 이전보다 빨리 사랑을 얻을 수 있을 것이다.

요컨대 성공하는 습관은 연습을 통해 실패할 확률을 줄이면서 길러진다. 따라서 실패를 피하겠다고 연습 시간을 아끼는 우를 범해선 안 된다.

시간 절약의 논리 (위 : 옛 습관, 아래 : 새로운 습관)

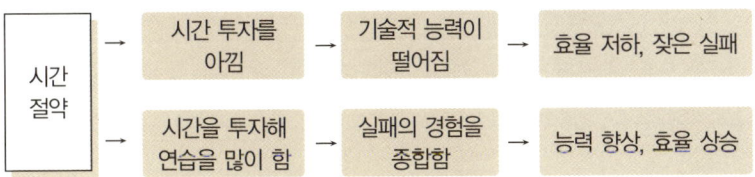

02

결과는 선택에 영향을 주지 않는다
선택하지 않고 실패를 면할 수 있을까?

> 옳고 그름은 선택하고 난 후에 판단하라.
> 선택하기도 전에 옳고 그름을 단정해서는 안 된다.

한번은 친구에게 내가 자주 이용하는 인터넷 쇼핑몰을 추천해준 적이 있다. 저렴한 가격에 물건도 좋았기 때문이다. 친구는 쇼핑몰에 접속하여 한참을 둘러보더니 이렇게 말했다.

"여기 사기 정보가 많은 것 같아. 불만을 토로하는 네티즌들이 굉장히 많은걸? 넌 못 봤어?"

순간 나는 멍해졌다.

"사기라고? 어째서? 어디 봐봐."

친구는 손가락으로 가리켜 보여줬다. 두 명의 네티즌이 불만을 가득 담아 써 내려간 댓글이었다. 빽빽한 칭찬 댓글들 속에서 유독 시선을 끌었다.

"봤어?"

친구가 다시 물었다.

"봤어. 하지만 내 선택은 변함없어."

내가 이렇게 대답하니 친구가 또 한 번 물었다.

"그러다가 사기당하면? 겁 안 나?"

내가 대답했다.

"넌 좋은 평은 안 봐? 다들 좋다고 하잖아. 한번 써볼 만하다고. 나쁘다는 평도 사실일지 아닐지 어떻게 알아?"

"대부분 다 좋다고 하지만 그중에 가짜 댓글이 있을지도 모르잖아. 사기당하면 어떡해? 여기서 물건 사지 마."

친구의 생각은 단호했다. 처음에는 나 역시 이 '핫(hot)'한 인터넷 쇼핑몰을 발견하고 의심이 들기도 했다. 그러나 부정적인 정보 몇 가지 때문에 이 쇼핑몰 전체에 문제가 있다고 단정할 수는 없지 않은가. 그래서 나는 직접 경험해보기로 했다. 다른 사람들의 평가보다 내 경험을 믿기로 한 것이다. 설렘으로 구매를 시작했고 약 반년의 경험을 통해 결과를 증명했다. 내 선택은 옳았다. 그동안 사소한 문제 하나 발생하지 않았으니 말이다.

왜 같은 현상을 보고도 두 사람이 상반된 관점을 드러내는 것일까? 심지어 선택의 결과조차도 완전히 다르지 않은가. 당신도 아마 이와 비슷한 경험을 했을 것이다. 과연 친구의 걱정은 합당한 것일까?

당신의 선택에 영향을 주는 것은?

우리는 어떤 일을 선택하기 전에 그 일에 대한 확신이 있는지를 먼저 따져본다. 쉽게 말해 속으로 저울질을 하는 것이다. 장점만 있고 단점이 없으면 마음 놓고 선택한다. 물론 세상에 완벽한 일은 없으니 완벽하지 않다고 해서 안 할 수는 없다. 또 완벽하지 않아도 상상으로 완벽하게 만들 수 있다. 과거에 내렸던 결정을 돌이켜보라. 완벽하다는 자신감에 차서 기대했는가? 아니면 부족한 점이 있었는가? 마지막에 자신의 결정이 옳았다는 것이 증명된 경우라도, 사실 처음부터 완벽하지는 않았을 것이다. 그저 실망하지 않으려고 큰 문제가 없다고 생각했을 뿐이다.

하지만 누구에게나 자신이 내린 모든 결정이 최선이고 가장 완벽한 선택이라고 믿고 싶어 하는 심리가 있다. 설령 번번이 완벽하지 못해도 상상의 나래를 펼쳐 완벽하다고 생각한다. 이러한 습관에는 장점도 있다. 주변으로부터 쉽게 휘둘리는 일 없이 자기 생각을 고집하며 부담 없이 자기 결정을 추진할 수 있다. 만일 자기가 결정하고도 대충 얼버무리거나 이도 저도 아니게 행동하면 어떻게 일이 진행되겠는가. 시작도 못한 채 끝내야 할지도 모른다.

완벽주의는 모든 일에서 완벽한 방법을 적용하려고 하는 것으로, 많은 이가 공통으로 보이는 심리다. 하지만 사람은 어설프고 성급해서 모든 이익을 꼼꼼히 따져 결정을 내릴 수 없다. 게다가 그런 식으로 일을 처리하기엔 시간이 부족하다.

그래서 성격이 느긋한 사람 외에는 대부분 일을 결정하는 속도가 빠르다. 어떤 일인지 모르는 상태에서 사실을 따져 가려낼 수 없으니 경험에 의지하여 결정할 수밖에 없다. 이때 결정은 개인의 가치관이나 지식 등의 영향을 받기 때문에 상당히 제한적이다.

세상 만물은 양면성을 가지고 있다. 어떤 일에 대해 단점이 없다고 느꼈다면 아마 단점을 발견하지 못했거나 장점만 봤을 확률이 높다.

완벽한 결정을 하려면 그 일의 모든 면을 알고 이해해야 하지만, 실제로 우리는 여러 방면을 분석하고 비교하는 데 시간을 많이 쓰지 않는다. 그렇게 심사숙고하지도 않고 어떻게 자신의 결정이 완벽하다고 확신하는가?

사실, 우리는 완벽한 분석에 근거하지 않고 마음속 저울에 따라 결정을 내린다. 자신의 결정에 부정적인 면보다 긍정적인 면이 더 많다면 충분히 만족스럽게 실행할 수 있으니까 말이다. 이렇게 생각하니, 만족감을 완벽함으로 오해하고 있었던 것은 아닌지 모르겠다. 하지만 안 하는 것만 못하거나 지금보다 더 엉망이 될 것 같은 일이라면 다시 생각하거나 포기하는 게 낫다. 그동안 심사숙고해서 결정했다고 믿었던 일이 사실, 자기 가치관과 취향에 따라 선택한 것일 수도 있다.

이런 이치를 알고 나면 한 가지 일을 두고 선택이 갈리는 상황을 쉽게 이해할 수 있다. 예를 들어, 선택하는 사람은 자기에게 올 이익이 많다고 여기기 때문이고, 선택하지 않는 사람은 불이익이 더 많다고 여기기 때문이다. 이런 선택의 차이는 바로 인지적 차이다.

앞서 말한 사례가 가장 좋은 실례가 될 것이다. 다양한 평가가 쏟아지는 인기 쇼핑몰에서 어떤 사람은 경험해보겠다고 하고, 어떤 사람은 사기당할까 봐 외면한다. 전자는 '경험'을 '사기에 대한 걱정'보다 우선했고, 후자는 '사기에 대한 걱정'을 '경험'보다 우선했다. 두 사람의 가치관이 다르기 때문에 위험인지, 기회인지를 다르게 판단하고 그에 따라 결정을 내리는 것이다.

취향에 따른 선택 논리 (위, 아래 : 자기 취향에 치우친 선택 방식)

같은 지구, 다른 세상

한 가지 일을 두고 어떤 이는 위험이라고, 어떤 이는 기회라고 판단한다. 그럼 이렇게 판단하는 요인은 무엇일까? 아래의 두 가지가 이 물음의 실마리다.

① 우리는 세상의 모든 면을 보지 못하고 자신이 보고 싶은 면만 본다.
② 우리가 본 바깥세상과 기존의 인지 구조 사이에 공감이 형성되어 깨닫는다.

이 두 가지의 핵심은 '마음'에 바탕을 두고 있다. 일에는 안전과 위험 두 가지 측면이 다 있다. 위험해서 뒷걸음치는 사람은 원래 겁이 많고 안전한 것을 선호한다. 인간은 본디 겁이 많지만, 그보다 자신감이 강한 사람은 위험을 보면 안전보다 모험을 감행한다. 앞서 말한 것처럼 사람은 결정하기 전에 우선 저울질부터 한다. 무이든 배추이든 자신이 좋아하는 게 따로 있기 때문이다. 그래서 기회로 여기는 사람도, 위험으로 여기는 사람도 있는 것이다.

최선의 결정은 저울질한 결과를 종합한 것이다

2012년 초, 영국의 한 은행에서 현금자동입출금기(ATM) 고장 사고가 일어났다. 다량의 지폐를 자동으로 토해내는 기기 덕분에 행인들은 앞다투어 돈을 주워 담았다. 이 때문에 기기 주변은 그야말로 아수라장이 되었다. 이 사건 직후 영국 정부는 돈을 주워 불로소득을 취한 사람들을 질책하지 않았다. 오히려 기기 고장을 일으킨 은행에 책임을 돌리고 해당 기기의 신속한 수리를 지시했다. 이로 인한 손실은 모두 은행이 떠안았다. 이는 국가 공신력을 높이고 각종 시설을 제때에 정비하여 국민에게 편의를 제공하겠다는 영국 정부의 의도였다.

이와 비슷한 사건은 다른 나라에서도 있었는데 사후 처리 방식은 영국과 달랐다. 정부는 앞다퉈 돈을 챙겨 간 사람들을 비난했고 그들에게 자발적으로 돈을 돌려줄 것을 강요했다. 돌려주지 않으면 강도 사안으로 처리하겠다고 했다. 이 같은 방식은 국민의 도덕성을 고양시키는 데 의의가 있다.

영국처럼 책임을 은행에 돌리면 국가 공신력이 높아지고 공공시설 정비는 강화되지만, 국민은 차츰 도덕성을 잃어갈 것이다. 반대로 국민 개개인에게 책임을 물으면 도덕성은 고양되지만 빈발하는 국가 시설 노후화에 대처하기는 어려울 것이다. 그래서 유사한 사고가 또 발생할지도 모른다. 이 두 가지 처리 방법에는 장단점이 있다. 사실 대부분의 경우, 단점은 어떤 결정에 영향을 주지 않는다. 그러나 수용할 수 없는 단점이라면 결정적 영향을 미칠 것이며, 향후의 성과도 결정에 영향을 줄 것이다.

돈을 가져간 사람을 용서할 수 없으면 벌하면 되고, 국가 공신력을 높이는 게 중요하면 시설 정비를 강화하면 된다. 어떤 선택을 하든지 자신의 결정에 스스로 만족하고 부정적 일면도 감수할 수 있다면 그게 바로 가장 완벽한 결정이다.

두 가지 핵심 내용을 다시 정리해보자.

① 자신이 얻게 될 이익과 성과에 만족한다.

② 만족스러운 결과를 얻기 위해 부정적 일면도 기꺼이 수용할 수 있다.

최종 결정을 내릴 때 이 두 가지를 반드시 고려해야 한다.

요컨대 부정적인 면만 보는 사람은 도전의 즐거움을 맛볼 수 없다. 반면, 모험과 자극을 원하는 사람은 부정적 일면의 간과로 발생하는 손실을 감수해야 한다.

결과는 선택에 영향을 주지 않는다

택일(擇一)의 선택 상황에서 득실의 합일점인 '중용(中庸)'을 고려하기도 한다. 중용은 가장 적절한 방법이자 가장 어려운 방법이다. 그래서 중용은 고수가 되어야 그 경지에 이를 수 있다. 우리는 보통 일을 처리할 때 한쪽으로 편향되는 경향이 있는데, 숙련되면 중용에 가까워지기도 한다. 물론 끊임없이 많이 노력하고 경험을 쌓아야 가능한 일이다. 이 과정에서 어떤 사람은 중용을 바라면서도 혹시 모를 불이익을 걱정하여 적당히 안전한 선택을 한다. 그런데 이는 가만히 일의 진전만 기다리겠다는 의미다.

이런 식이라면 운명을 수동적으로 받아들일 수밖에 없다. 지는 게 두려운 사람은 이길 수 없다. 출발하지 않으면 목적지 근처에도 다다를 수 없다. 어떤 선택을 하더라도 지금의 선택은 다음 선택을 잘하기 위한 준비 과정이다. 세상에는 좋았던 게 나빠지고 나빴던 게 좋아지는 경우가 비일비재하다. 이는 만사(萬事)의 당연한 이치다. 한걸음에 중용이라는 최적의 상태에 다다를 순 없다. 중용에 다가가려면 과감한 선택을 해야 한다. 선택 후에는 결과를 정리, 수정하는 단계를 거치고 또 다시 선택과 수정을 거듭하며 꾸준히 최적의 상태에 근접해야 한다.

공을 칠 때를 생각해보자. 치는 힘이 너무 세면 공이 라인 밖으로 나가고 힘이 약하면 네트 밑으로 떨어진다. 공이 밖으로 나가도 걱정, 네트 밑으로 떨어져도 걱정이라면 라켓을 내려놓을 수밖에 없다. 그러면 공이 상대방 공간 안에 떨어지도록 치는 방법은 영원히 알 수 없을 것이다. 일도 마찬가지다. 경험이 부족하든 충분하든 언젠가는 적절한 수준에 다다른다. 이는 모든 방면에 다 적용되는 이치다. 그러니 한 번 쳐서 안 되면 또 한 번 쳐라. 그러면 결국 공이 잘 맞을 것이다. 적어도 세 번은 쳐라. 최소한 두 번쯤은 실수해야 그다음에 원하는 결과를 얻을 수 있다.

용감해져라. 선택에는 옳고 그름이 없다. 결과로 옳고 그름을 판단할 따름이다. 앞으로 무슨 일이 일어날지 모르는데 옳고 그름을 어떻게 미리 알고 선택하겠는가? 매 순간 선택은 다음 선택에서 성공하기 위한 경험을 쌓는 것이다. 끊임없이, 그리고 정확한 선택을 하고자 노력하면 성공은 저절로 우리 곁에 올 것이다.

최상의 선택 논리 (위, 아래 : 자기 취향에 치우친 선택 방식)

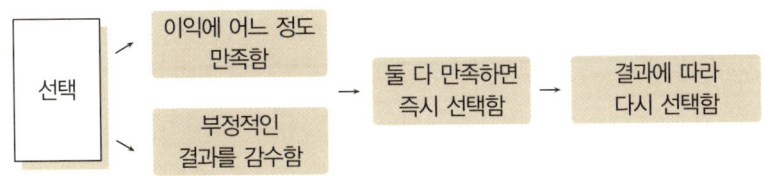

03

당신은 부자인가?
현재를 즐기며 살되, 마음은 미래에 두어라

> 오늘 충실하게 살면 내일 부유해지고,
> 오늘 정신이 풍요로우면 내일 재물이 넉넉해진다.

    어떤 가난한 사람이 일순간 많은 돈을 벌었다. 그는 돈이 많다는 걸 증명하려는 듯 아름다운 별장을 한 채 사서 그곳으로 이사를 갔다. 그는 별장을 살 수 있을 만큼 돈이 많았지만, 여전히 가난했다. 주머니는 두둑했지만, 마음이 가난했던 것이다.

    '사람이 가난하면 뜻도 초라해진다'라는 말이 있다. 정말 그렇다. 가난한 사람 중에는 마음도 가난하고 시야도 좁아서 자신을 가난 속에 방치하는 사람이 있다. 확실히 부자는 다르다. 돈이 많아야 부자인 것은 아니다. 마음이 넉넉하고, 진보적이고, 융통성이 있고, 세련된 사고방식과 주도적인 생각을 가졌다면 그 사람은 부자다.

빈자는 내일을 기다리고, 부자는 오늘을 기대한다

빈자(貧者)들은 내일의 즐거움과 행복을 꿈꾸며 오늘의 고된 하루를 힘들게 버틴다. 그들은 일단 부유해지면 아등바등 일하지 않고 한가로이 여유를 즐기겠노라고 생각한다. 반면, 부자들은 오늘 힘들게 일하면서도 행복감을 느낀다. 그들은 오직 행복을 위해 노력을 게을리하지 않는데, 노력조차도 행복으로 여기기에 매사 노력하기를 포기하지 않는다.

빈자 대부분은 현재 상태에서 벗어나려고 노력하는데, 이는 현재의 자신을 하찮게 여기기 때문이다. 일종의 자기 멸시라고도 할 수 있다. 빈자에게 아름다운 내일이란 필사적인 노력을 접고 가진 것을 맘껏 누리는 날이다. 그러나 어떤가? 아무것도 하지 않는 게 꼭 좋은 것만은 아니다. 오히려 지루하다 못해 숨 막힐 정도로 갑갑하다. 만약 이것이 그토록 바라던 좋은 세월이라면, 당신은 현재의 자신을 하찮게 여기며 지루하고 답답한 내일을 향해 걸어가고 있는 것이다. 이런 인생을 위해 진정으로 노력할 가치가 있을까?

부자라고 해서 오늘이 빈자보다 더 즐겁지는 않을 것이다. 똑같이 부단하게 노력을 해야 한다. 하지만 부자는 이런 노력을 성공의 기반, 큰일을 이루기 위한 바탕, 더 큰 경험을 위해 거쳐야 하는 단계로 해석한다. 그렇다. 이는 내일로 가는 첫걸음이고, 인생에서 반드시 거쳐야 할 길이며, 누구나 마땅히 해야 하는 숙제다. 이 작은 길을 지나야 넓은 길에 발을 디딜 수 있다. 착실하게 길을 걸어가면 마음은 점점 먼 곳을 향하고, 인생의 길은 갈수록 넓어진다. 대가를 치르고도 영원히 제자리에 머무르는 경우는 없다. 제자리에 머물러 있다면 충분한 대가를 치르지 않았다는 의미다.

오늘도 행복이 있고 내일도 행복이 있지만, 오늘의 행복과 내일의 행복은 다르다. 오늘은 직접 체험하는 기쁨이 있다면 내일은 성공을 통해 얻는 만족감이 있다. 내일이 지나면 또 경험을 쌓고 새로운 수확이 생기고 새로운 만족감을 느낀다. 일상생활은 산을 넘는 일과 다르지 않다. 하나를 넘으면 또 하나가 기다린다. 산을 하나씩 넘을 때마다 더 아름다운 풍경이 나타나는 것은 아니다. 우리가 넘는 산의 모든 풍경이 아름다운 것이다. 직접 산을 넘어본 사람만이 그 아름다움을 알 것이다. 나는 현재의 모든 감정을 느끼려고 한다. 그 감정은 모두 아름다운 것이므로 하나도 놓칠 수 없다.

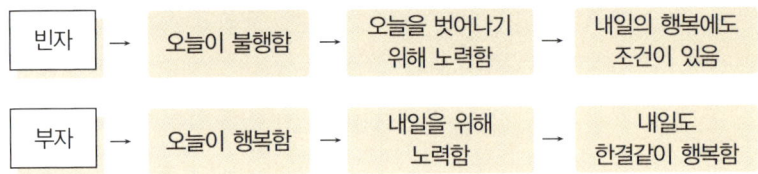

빈자의 조건적 행복과 부자의 무조건적 행복 논리

충분한 활용이 가장 좋은 절약법이다

　필요한 물건을 사서 바로 사용했다면 그 물건의 효용성은 충분히 발휘되었다고 볼 수 있다. 이것이 부자들의 절약 관념이다. 가격이 싸다는 이유만으로 당장 사용하지 않을 물건을 사는 것은 그야말로 낭비다. 부자들은 쓰지도 않을 물건을 사는 사람을 이해하지 못한다. 그들은 필요할 때 물건을 사서 사용해야 물건의 효용성이 제대로 발휘될뿐더러 그렇게 해야 돈을 가치 있게 썼다고 생각한다. 물론 비축해둔다는 개념으로 볼 수도 있지만, 그 물건을 정말 쓰게 될지는 모를 일이다. 꼭 필요한 물건 혹은 선호하는 한정판 제품은 조만간 유용하게 쓰일 것이므로 비축해도 괜찮다. 하지만 반드시 사용할 것이라는 확신 없이 싼 가격만 보고 사는 건 관리 비용, 보관 비용, 유행이 지날 가능성, 한 번도 안 쓰고 버릴 가능성을 따져봤을 때 엄청난 지출을 해버리는 낭비 행위다.

싼 물건을 사는 것이 절약하는 길은 아니다. 가격과 효용이 정비례한다고 보면 싼 물건은 상대적으로 수명이 짧다. 가격이 두 배나 비싼 물건은 싼 물건을 두 개 사서 쓰는 것보다 수명이 훨씬 길다. 그러므로 단순히 가격만 따져서 절약했다고 단정할 수는 없다. 원래 있던 물건이 아직 쓸 만한데도 유행이 지났다고 치워버리면 그게 바로 낭비다. 요컨대 절약은 효용의 문제일 뿐 가격과는 무관하다.

문제를 볼 때, 핵심을 먼저 파악해야 전체를 정확히 간파할 수 있다. 전혀 상관없는 요소가 한데 뒤섞여 있으면 판단력이 흐려진다. 구매의 목적은 물건이 저마다 효용을 충분히 발휘하는 데 있으므로 효용과 상관없는 요소는 우선 고려 대상이 아니다. 다른 것을 만족시키려다가 본말이 전도되면 그야말로 가치 없는 일이다.

마음이 부자인 사람은 자신감이 넘친다

고급 차는 물론이거니와 멋진 별장을 거리낌 없이 사는 이들……. 그렇게 돈이 많은 것이 부자일까? 이런 정형화된 부(富)는 빛 좋은 개살구에 불과하다. 그들은 남들의 입에 발린 칭찬에만 만족하는 사람들이다. 진짜 부자는 겉모습보다 과정을 즐기는 것을 더 중요시한다.

그리고 노력의 결과는 모두 훌륭하다고 믿고 내실을 기하는 데 집중한다.

실제로 좋은 결과를 얻는 것보다 결과가 좋을 거라고 믿는 태도가 인생에 도움이 된다. 부자는 자신의 미래를 믿고 이를 위해 노력한다. 설령 결과가 만족스럽지 않아도 그 과정에서 얻은 경험 자체를 평가한다. 미래를 믿는 사람들은 현재 가진 것에 목매지 않는다. 자신의 삶을 새롭게 만들면 최고의 부자가 될 수 있다는 믿음이 있기 때문이다.

반면, 지금 자신이 가진 것으로 자기가 부자인지 가난한지 판단하는 사람들은 미래를 걸고 과감히 승부하지 못한다. 바꾸어 말해 그들은 미래에 부자가 될 자신이 없는 사람이다.

남들의 칭찬을 통해 얻은 만족감은 뜬구름처럼 금방 사라진다. 자신의 별장보다 더 큰 별장을 가진 사람, 혹은 최신형 고급 세단을 가진 사람을 본다면 아마 자신의 부를 확신하지 못할 것이다. 남에게 보여주기 위한 물건은 자기 소유가 아니라고 봐도 무방하다. 즉, 이들은 자신의 부에 권리를 행사할 수 없는 '허수아비 부자'라는 뜻이다.

내적인 만족감은 우리를 부지런히 행동하게 만든다. 스스로 행동하면 많은 돈을 들이지 않고도 충분히 만족감을 느낄 수 있으며 이러한 만족감은 영원히 지속된다. 그래서 마침내 자신의 부를 스스로 다스릴 수 있는 부자가 된다. 지혜로운 사람은 자신을 믿으며 타인의 평가 따위는 마음에 두지 않는다. 어떤 사람이 부자인지 아닌지는 그 자신이 가장 잘 안다.

용감하게 경험하라

부자는 새로운 일과 새로운 물건을 좋아하는 만큼 바깥세상에 대해 더 많이 알려고 한다. 반면, 빈자는 자신이 과거에 좋아했던 것과 익숙한 것을 고집하고 새로운 일에는 흥미를 느끼지 못한다. 경험은 즐거운 것이므로 패배와 승리, 득과 실은 중요하지 않다. 하지만 빈자는 이길 승산이 없으면 아예 시작도 하지 않는다. 과거에 대한 고집과 미래에 대한 불확실함 때문에 실패가 두려운 것이다. 그러나 부자는 두려움이 없고 패배의 가능성을 인정하기 때문에 새로운 것을 받아들이는 데 적극적이다. 부자에게는 도전하지 못할 일이 없다. 그들은 '지면 어때? 또 도전하면 되지. 그러다 보면 언젠가 이기겠지'라고 생각한다.

한 번도 해보지 않은 일에 과감하게 도전한 경험이 있다면 그 사람은 부자다. 쉽게 말해 용감한 사람이 부자라는 뜻이다. 이 용감함이 바로 부자의 요건이다. 즉, 진정한 부자는 마음이 부유한 사람이다.

부는 바로 우리 눈앞에 있다. 현재를 즐기는 사람은 현재의 모든 일을 충실히 대한다. 내일에 대한 확신과 기대를 가지고 매사 만족하기 때문에 내일을 향해 용감히 도전한다. 요컨대 오늘 마음이 부자일 때, 내일 진짜 부자가 될 수 있다.

04

져야 이길 수 있다
성공하려면 실패를 철저히 분석해야 한다

> 실패를 많이 할수록 성공은 빠르게 다가온다.

우연한 기회에 농구를 굉장히 좋아하는 고등학교 2학년 남학생을 알게 되었다. 그와의 아주 유쾌한 대화를 통해 '스포츠맨'이라는 단어를 새삼 돌아보게 되었다.

'승리를 위해 용감하게 도전하고, 전력을 다해 뛰고, 땀 흘리는 고생도 마다하지 않고, 매 순간 최선을 다하고, 팀워크를 중시한다.'

이것이 그가 내게 일깨워준 '스포츠맨십'이다. 그의 말을 일일이 받아 적지는 않았지만, 그의 설명을 통해 스포츠 정신을 지키기 위해 각고의 노력을 하고 정정당당하게 임하는 사람이 스포츠맨이라는 건 확실히 알 수 있었다. 나는 이런 정신을 좋아한다. 그의 말과 행동에서도 같은 정신이 느껴졌다.

그런데 그는 승리에 도전하는 걸 즐기면서도 경기에 지는 게 두렵다고 했다. 특히 경기장을 가득 메운 관중에게 좋은 모습을 보여주고 싶다는 마음이 클수록 질까 봐 더 겁난다고 했다. 나는 그에게 이런 말을 해주었다.

"네가 말한 '스포츠맨십'에는 중요한 점이 한 가지 있어. 바로 패배를 두려워하지 않는 마음이지."

지는 게 두렵지 않아야 더 많이 이길 수 있다. 이기고 싶으면 패배도 받아들이고 인정할 줄 알아야 한다.

성공을 위해 실패를 분석하라

실패는 성공을 위해 거쳐야 할 필수 과정이다. 여러 번 실패를 겪어야 마지막에 성공할 수 있다. 하지만 대부분의 사람은 실패가 있어야 성공도 있다는 걸 잘 알면서도 막상 실패를 겪고 나면 다양한 반응을 보인다. 이러한 반응은 대략 아래와 같이 세 가지 유형으로 나눌 수 있다.

① 연속적 실패 : 실패의 원인을 외부에서 찾을 뿐, 새로운 대책을 마련하지 않는다. 그래서 실패가 계속된다.
② 실패 후 포기 : 실패 후 용기를 잃는다. 성공할 수 있는데도 다시 도전하지 않고 힘들어하며 자신을 방치한다.
③ 실패 후 성공 : 한 번의 실패는 다가올 승리를 위한 것일 뿐이라고 생각한다. 성공을 위해 경험을 꾸준히 쌓고 머지않아 실패에서 벗어난다.

　어쩌다 찾아온 성공은 우연한 성공일 뿐, 이내 실패를 경험한다. 얼떨결에 한 번 성공했다고 또 성공하라는 법은 없다. 오직 실패의 경험을 발판 삼아 전심전력으로 노력했을 때 비로소 진정 성공할 수 있다. 이 성공을 유지하려면 '실패'에 대한 철저한 분석이 필요하다.
　예컨대 승마 기술을 생각해보자. 훌륭한 승마 선수가 되려면 말이 온순할 때보다 제어하기 어려울 때 쓰는 기술을 먼저 배워야 한다. 이를테면 낙마 예방법을 익히고 말이 기분이 안 좋거나 소란을 피울 때 다루는 법을 익히는 식이다. 만일의 실패 가능성을 생각해서 반복적으로 연습하고 각종 통제 불능 상황에 대한 시뮬레이션도 해야 한다. 그래야 실패에 의연히 대처하며 패배를 수용할 수 있다. 모든 패배를 자연스럽게 받아들일 때 승리도 자연스레 찾아온다.
　만약 선수가 말에서 떨어지는 것이 어떤 느낌인지도 모르고 패배에 관한 이야기나 패배가 가져올 결과를 억지로 외면한다면, 그건 패배를 두려워하고 있다는 뜻이다. 패배의 쓴맛을 경험해야 승리의 달콤함도 느낄 수 있다. 코치는 이런 점을 잘 알기에 훈련할 때 선수들에게 먼저 실패를 경험하게 하여 패배의 충격을 완화시킨다. 이렇게 하면 선수들이 예상치 못한 좌절감에 빠지는 일이 없다.

우리는 자신이 모르는 세상에 대해 막연한 두려움을 느끼고, 자기 자신에 대해서도 잘 모를 때 두려움을 느낀다. '좌절'과 '실패'는 마음의 상처를 대신하는 말이 아니다. 이는 실패할 준비가 되어 있지 않은 사람과 실패에 대해 아무것도 모르는 사람이 입게 될 상처. 실패가 두렵다는 것은 실패에 대해 알고 싶지 않다는 뜻이다. 이런 게 흔히 말하는 '가상의 공포'다. 여기서 벗어나는 가장 좋은 방법은 헛된 상상을 밖으로 끄집어내어 구체화하는 것이다.

예컨대 다른 사람이 당신에게 실망할까 봐 실패가 두렵다고 가정해보자. 정말 당신이 실패했을 때 주변 사람들이 실망했는가? 그렇다면 구체적으로 당신이 잃은 것은 무엇인가? 목숨인가? 아니면 체면인가? 다른 사람이 평생 당신을 우습게 여길까? 아니면 금방 잊을까?

이렇게 상세히 구체화하고 형상화해보면 자신이 실제로 일어난 일보다 더 많은 것을 상상하고 두려워한다는 사실을 깨달을 것이다. 두려움의 근원은 바로 근거 없는 상상에 있다. 수치도, 실망도, 어두운 기억도 딱 한 번으로 그친다면 실패를 받아들이겠는가? 하찮은 체면 때문에 자신에 대한 도전을 여전히 포기하겠는가? 실패할 가능성을 염두에 두어야 상상 속의 공포와 근심을 없앨 수 있다.

사람은 영리한 동물이라서 자신에게 가장 안전하고 알맞은 방법을 직관적으로 찾아낸다. 실패의 두려움을 성공보다 우위에 두는 사람은 실패하면 모든 것을 잃고 지금의 따뜻하고 배부른 생활도 끝날 것이라고 생각한다. 그리고 성공은 그저 자신을 좀 더 발전시키고 물질적으로 풍요롭게 살도록 해줄 뿐이라고 여긴다. 미래의 물질적 풍요로움보다 따뜻하고 배부른 현재가 더 절실한 것은 틀림없는 사실이다. 물질적 풍요는 훗날 누릴 수 있지만, 지금의 안정된 생활을 포기하기란 쉽지 않기 때문이다. 그래서 보통 사람들은 실패하지 않는 것이 성공하는 것보다 안정적이라고 생각한다.

이런 논리대로라면, 앞서 언급했듯이 실패에 대한 두려움을 없애면 실패하지 않을 것 아닌가? 즉, 실패에 대한 두려움이 사라지면 실패하지 않을 가능성이 커지고, 결국 성공에 한 걸음 다가가게 된다. 요컨대 실패를 분석하여 실패하지 않으려고 노력하는 것이 곧 다가올 성공을 준비하는 길이다.

성공하면 웃고, 실패하면 울어라

실패가 두렵지 않다면 실패를 교훈 삼아 역전승을 거두고 성공의 문을 빨리 찾는 게 중요하다. 보통 사람들의 성공 과정은 다음과 같다.

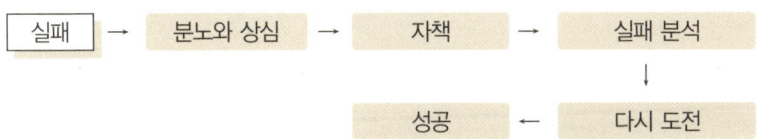

나는 실패하고 나서 억지로 괜찮은 듯 표정을 꾸미는 걸 싫어한다. 이는 사람의 솔직한 감정을 거스르는 행동이다. 실패하면 슬프고 고통스러운 게 당연하다. 이때 감정을 솔직하게 표출해야 부정적인 감정을 해소할 수 있다. 부정적인 감정이 빨리 해소되어야 이성적 판단도 가능해진다. 면밀한 이성적 판단으로 부족한 점을 개선할 때 성공을 보장할 수 있다.

나에게 아끼는 제자가 한 명 있다. 그녀는 실연을 하고도 슬픈 모습을 보인 적이 없고 아무 내색조차 하지 않았다. 그녀의 평소 성격과는 참 다른 모습이었다. 그로부터 한 달이 지났는데도 그녀는 여전히 실연의 상처에서 벗어나지 못했다. 게다가 실연 사실을 받아들이지 못하고 언젠가 남자 친구가 마음을 돌릴 거라는 환상을 품고 있었다. 나는 그녀에게 '마음의 상처와 헤어지는 법'을 알려주었다. 마음속에 켜켜이 쌓인 우울한 감정들을 깨끗이 털어내라고 했다. 그렇게 짧은 일주일이 지나고 나서야 그녀는 차츰 원래의 모습으로 돌아와 정상적인 생활을 할 수 있게 되었다.

실패 후에는 분노, 상심, 자책의 감정이 자연스럽게 따라온다. 모두 부정적인 감정이지만 마음을 편히 하고 적극적으로 부딪쳐 문제를 해결하면 더 빨리 이성적이고 정상적인 상태를 회복할 수 있다. 반대로 그냥 넘기거나 감추려고 하면 오히려 자신에게 더 큰 상처를 남긴다. 사람의 마음은 한 번 우울한 감정이 생기면 갖가지 해로운 감정이 계속 생긴다. 그 감정들을 밖으로 배설하지 않으면 건강한 감정이 들어설 자리가 없다. 그러니 해로운 감정은 가능한 한 빨리 털어내야 한다. 이를 위해, 실패 때문에 상처받지 않는 사람은 없다고 자신을 다독여라. 그러면 무난히 해로운 감정은 사라지고 건강한 감정이 다시 생길 것이다. 사실, 이는 그리 대단한 일이 아니다.

또 한 가지 중요한 점이 있다. 부정적인 감정을 털어내지 못하면 2

차 상처를 입게 된다는 사실이다. 2차 상처는 부정적 감정이 기존과 다른 방식으로 남는 것을 말한다. 즉, 부정적 감정이 인위적으로 확대되고 과장되어 밖으로 표출된 결과, 원래의 감정보다 훨씬 심해져서 2차 상처가 되는 것이다. 중국 문학가 루쉰[魯迅]의 소설 《축복(祝福)》에 나오는 인물 '샹린[祥林]댁(봉건제도 아래에서 마비된 정신세계를 가진 일반 민중의 전형을 표현한 인물. 소설에서 샹린댁이 자신의 비참한 이야기를 하면 마을 사람들이 처음에는 들어주고 공감했다. 하지만 그녀가 늘 똑같은 이야기를 되풀이하자 사람들은 결국 샹린댁을 외면했고 그녀는 더 큰 상처를 입었다)'이 바로 부정적인 감정으로 말미암아 2차 상처를 입은 전형적인 예다. 부정적 감정을 다른 사람에게 한 번쯤 털어놓는 것은 도움이 되지만 계속 반복하면 오히려 감정이 깊어져서 과장된다. 그렇게 부정적 감정에 과도하게 집중하면 다음 단계로 나아갈 수 없다. 이는 실패가 두려워서 움츠러드는 이치와 같다.

'울음'은 실패 후 감정을 해소하기에 좋은 방법이다. 하지만 부정적 감정을 해소하기 위해 울어야지, 작정하고 울고 또 우는 것은 도움이 안 된다. 오늘 우는 것은 내일 울지 않기 위해서다. 아무 때나 울음으로 문제를 해결하려는 습관을 길러서는 안 된다. 단, 감정을 해소하는 행위는 뇌를 맑게 하는 중요한 방법이므로 적절한 감정 해소법을 익혀두면 실패 대처 시 요긴하게 쓸 수 있다.

때로는 실패를 통해 수집한 정보가 성공을 통해 얻은 정보보다 훨씬 많다. 앞서 이야기했듯이 다양한 실패의 가능성을 알고 실패와 관련된 문제들을 미리 해결하면 그다음은 당연히 성공할 일만 남는다.

05
충동은 성공의 원동력이다
충동이 없으면 큰 뜻을 이룰 수 없다

> 머뭇거리면 기회는 날아간다. 행동해야 성공한다.

일상생활에서 충동적으로 행동했다가 실패하는 경우가 많다. 그 이유는 생각이 깊지 못하고, 계획이 엉성하며, 남의 충고를 무시한 채 자기 고집대로만 했기 때문이다. 하지만 항상 평정심을 유지하고 감정의 기복이 없으며 풍랑 한 번 겪지 않은 사람은 없다. 사실, 충동을 합리적으로 활용하면 엉성한 계획이 완벽해지고 단숨에 해낼 수 있는 의지도 생긴다. 이 경우 충동은 패기가 되며 나쁜 습관을 개선할 때 충동을 더하면 좋은 효과를 기대할 수 있다.

성공 복제

한 고등학생의 문제 행동에 대한 상담 사례가 있다. 이 학생은 다섯 명의 친구와 함께 기숙사에서 생활하는데, 그의 문제 행동은 생전 발을 씻지 않는 것이었다. 다섯 친구들은 그의 버릇을 절대 용납할 수 없다고 나에게 상담을 요청해왔다. 나는 이 문제를 받아든 다음 줄곧 그를 따라다니며 설득했고 마침내 그는 발을 씻기 시작했다. 원래 이 사례는 해결하기 어려운 건이 아니었다. 그래서 나도 처음에는 큰 관심을 두지 않았고 그냥 그렇게 마무리를 지었다. 그런데 이 사례의 진짜 성과는 그다음부터 시작되었다.

날마다 발을 씻게 되자 이 학생은 신체의 다른 부위의 청결에도 관심을 갖기 시작했다. 자연히 샤워하고 머리 감는 횟수도 크게 늘어났고, 뒤이어 빨래에도 관심을 보이기 시작했다. 예전에는 주말에 빨래를 집으로 가져가서 어머니에게 맡겼는데, 그 후로는 평일에도 직접 빨래하고 양말이나 트레이닝복이 더러워지면 그때그때 세탁했다. 그리고 어머니에게 갈아입을 옷과 양말을 몇 벌 더 준비해달라고 부탁했다. 즉, 그에게는 발 씻는 것 외에 더러워진 옷을 금방 세탁하는 습관도 생긴 것이다.

최근 한 달 동안 사람들의 시선을 집중시킨 엄청난 변화가 있었다. 이제 그는 룸메이트의 청결 상태까지 체크하기 시작한 것이다. 수시로 친구들에게 개인위생을 청결히 하라고 지적하면서 그는 기숙사 내부를 항상 깨끗하게 정리 정돈했다. 그렇게 그의 방은 남학생 기숙사에서 가장 깨끗한 방으로 등극했다.

마지막에 줄줄이 변화가 일어나 상황이 빠른 속도로 발전하자 나는 놀랍기도 하고 기쁘기도 했다. 이에 비공개적으로 그 학생의 특질에 대해 연구를 진행했는데, 그 결과 '성공 복제' 능력을 갖춘 특별한 아이라는 사실을 밝혀냈다.

청결한 습관을 갖게 된 논리

발 씻기 → 머리 감기 → 샤워하기 → 타인의 위생에 관심 → 환경위생에 관심

충동은 성공의 원동력이다

그의 행동을 자세히 분석하면 이렇다. 발을 씻기 시작하면서부터 머리를 감고 목욕하는 데까지 생각이 미쳤고, 신체위생에만 보였던 관심의 범위가 옷을 깨끗하게 입는 방향으로 확장되었다. 또 자신의 위생에만 신경 쓰다가 나중에는 타인의 위생 상태까지 점검했다. 개인 한 사람의 위생 문제에서 출발하여 환경위생 문제로 관심을 넓혀 간 것이다. 이는 언뜻 별 관계가 없어 보이지만, 환경과 타인이 위생적이면 자신도 위생적인 습관을 유지할 수 있다는 생각에서 비롯된 것이다. 즉, 이는 모두 일맥상통하는 변화이며, 문제를 한층 정교화하고 위생 관념을 철저하게 받아들인 결과다.

사람이 이 정도로 발전할 수 있다면, 이를 관련 영역으로 확대하여 해당 영역뿐만 아니라 더 넓은 영역에서 긍정적인 효과를 기대할 수 있을 것이다. 나는 그가 이렇게 발전할 수 있었던 원인이 '충동'에 있다고 생각한다. 그가 발을 씻기 시작한 순간, 이 문제는 종결될 예정이었고, 룸메이트들도 더는 그에게 아무 말도 하지 않았다. 하지만 그는 잔소리를 듣지 않아도 되는 기본적인 변화에 만족할 수 없었던 것이다. 그래서 더 잘할 방법을 고민했고 사람들에게 외면당하지 않고 오히려 많은 사람에게 호감을 얻고 싶어 했다. 이것이 바로 그를 변화시킨 원동력, '충동'이다.

그는 자신이 더 깨끗해져야 한다고 생각했다. 발 냄새 때문에 청결 문제가 불거졌으니 사람들에게 호감을 얻으려면 발은 물론이고 몸 구석구석을 다 청결하게 관리해야 한다고 생각했던 것이다. 이런 충동적 생각이 자신을 점점 완벽하게 관리하도록 자극했고 마침내 성공적으로 변화했다. 그리고 이 성공은 계속 복제되었다.

자발적 발전 요소

나는 원래 역사를 좋아하지 않았다. 그런데 아내가 늘 역사 일화를 들려주는 바람에 나도 덩달아 역사 공부를 하고 싶다는 생각이 들었다. 어느 여름 휴가 때 집에서 당시 인기리에 방영 중이던 드라마 〈견환전〉을 봤다. '궁중 암투'를 다채롭게 그린 이 드라마를 보며 나는 청(淸)나라 옹정(雍正)황제와 그 후궁에 관한 역사적 사실이 몹시 궁금해졌다. 사극 드라마는 역사적 사실을 제재로 삼아 가공한 것이므로 역사를 사실 그대로 100퍼센트 반영하지는 않는다. 심지어 이 드라마의 주인공 견환도 실존 인물이 아니다. 하지만 그것과 상관없이 나는 당시 역사를 자세히 알고 싶은 충동을 느꼈다. 매번 드라마가 끝나자마자 인터넷으로 옹정황제의 생애를 검색했고 서점에 가서 관련 역사책들을 사 왔다. 책을 다 읽고 나서는 청나라의 다른 황제들에 대해서도 관심을 갖게 되었다. 그다음엔 또 다른 왕조의 이야기가 궁금해졌다. 그리고 최근에는 세계 역사에 관한 책을 읽기 시작했다.

역사를 좋아하게 된 논리

견환전 → 옹정황제 → 청나라 역사 → 다른 왕조 역사 → 세계 역사

이렇게 역사에 단순한 흥미를 느끼기 시작하면서부터 나는 역사를 좋아하게 되었다. 흥미는 나의 내적 충동에 불을 붙였고, 이 불씨는 빠르게 타올랐다. 불씨는 아주 작고 약하기 때문에 빨리 키우는 게 관건이다. 불씨를 신속히 넓게 번지도록 하지 않으면 금방 꺼져버린다. 그런 식으로 하나의 흥미는 여러 개의 흥미로 바뀌었다.

자신의 흥미를 여러 영역으로 확산하고 관련지어 생각하면 연결되는 부분이 반드시 있다. 작은 것이라도 관련이 있다면 그것이 곧 자신이 흥미를 느끼는 방향이다. 이런 식으로 흥미를 키운 다음, 적당한 충동으로 자신의 흥미를 자극해야 한다. 이 과정에서 자신이 이미 흥미에 흠뻑 빠져 있으며 새로운 관심이 어느새 새로운 습관이 되었음을 발견할 수 있을 것이다. 이렇게 습관이 들었다면 더 이상 애쓰지 않아도 된다. 습관이 우리를 발전하게 할 테니까 말이다. 우리는 그 가운데서 끊임없이 즐거움을 찾고 이것이 자신에게 유익한 일이라는 사실을 염두에 두어야 한다. 그렇게 스스로를 지속적으로 독려하면 더 멀리 더 높이 나아갈 수 있다.

자발적으로 행동을 발전시키기 위한 중요한 요소를 정리하면 다음과 같다.

① 어떤 대상에 흥미를 느꼈다면 즉시 거기에 감정을 투입하고 집중하라.
② 흥미를 여러 영역으로 확산하여 하나라도 관련되는 것이 있다면

과감하게 경험하라.
③ 흥미를 여러 영역으로 확산시키면 하나의 흥미는 여러 개의 흥미가 되어 그물 체계를 형성한다.
④ 체계가 완성된 후에 다시 체계화하여 정리하면 흥미가 발전하여 새로운 습관이 된다.
⑤ 습관이 형성되고 나서는 실행에 옮겨야 한다. 실행할수록 스스로 원하는 것을 더 많이 얻을 수 있다.

충동이 습관이 되는 논리

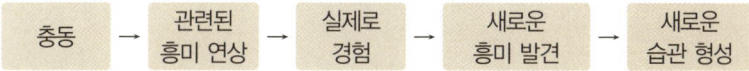

심리적 요소

나쁜 습관을 고치고 싶다면 나쁜 습관을 버리면서 서서히 좋은 습관을 형성해야 한다. 흥미를 가지면 취미가 될 수도 있고, 전공이 될 수도 있고, 미래의 직업이 될 수도 있다.

살다 보면 충동을 느끼는 순간이 몇 차례 온다. 이때 흥미와 충동의 방향이 일치하면 자신이 충동을 느끼는 방향으로 가도 좋다. 앞선 사례에서 학생이 나쁜 습관을 고치려다가 좋은 습관을 더 많이 길렀던 것처럼 말이다. 충동은 악마가 아니다. 우리에게 유익한 요소로 충동을 활용할 수 있다.

충동은 순식간에 사라져 놓치기 일쑤인 영감을 유지해준다. 영감은 인간의 본성 중 가장 안정적이고 귀한 것으로, 잘 간직하면 화가·

음악가 등의 예술가가 될 수 있다. 무엇보다 자신에게 유익한 영감을 계속 유지하면 나쁜 습관을 떼어내고 좋은 습관을 기를 수 있다. 그래서 충동 덕분에 내적으로 더 많은 것을 깨닫게 된다.

영감은 조금만 부주의해도 놓치고 말지만, 충동은 자신의 확신에 힘을 실어주고 만족감을 느끼게 한다. 그래서 스스로를 안정적으로 변화할 수 있게 도와준다. 단, 충동은 언젠가는 가라앉으므로 충동이 일어날 때 부지런히 자신에게 이득이 되는 것을 찾아야 한다. 이득은 행동에 자극제가 되므로 이렇게 하면 과정도 지루하게 느껴지지 않는다. 처음에 발을 안 씻어서 친구들의 반감을 샀다가 행동이 개선된 후에 친구들의 호감을 얻자 자진해서 기숙사를 청소하고 큰 관심을 얻은 것과 같은 논리다.

행동 과정에서 겪는 고생은 이득으로 상쇄된다. 앞선 사례에서 학생은 행동 과정에서 고생보다 이득이 많았기 때문에 계속 해나갈 수 있었다. 반대로 이득보다 고생이 더 심했다면 아마 노력을 중단했을 것이다.

행동 과정에서 많은 이득을 취하고 끊임없이 자신을 설득하여 자신의 목표가 있는 방향으로 다가가야 한다. 나는 역사 지식을 습득하면서 이를 유용하게 쓸 곳이 있으리라 생각했다. 즉, '역사 관심이 새로운 취미가 되고 그래서 박식해지면 새로운 기회들이 오지 않을까' 하는 계산이 있었다. 이는 내가 나 자신에게 보내는 응원이었다.

이처럼 외적으로 직접적인 이득이 없어도 내적으로 꼿꼿한 심지를 지녀야 한다. 사람들의 칭찬은 행동에 대한 결과로 얻게 되는 축복일 뿐이다. 누구보다 자신이 행동 과정이 분명 도움이 될 것이라고 믿어야 한다.

앞으로 얻게 될 낳은 이늑을 상상해보라. 비록 짧은 상상이지만 모든 게 상상에서 출발하여 현실이 되는 것 아니겠는가? 요컨대 상상은 기대를 현실로 만드는 필수 단계다.

PART 3
지금 무엇이
당신의 마음을 흔들고 있는가?
– 근심은 자신을 깨우는 최고의 명약

▼

'절친'과의 이별, 잔병치레, 업무 스트레스, 신변 비관 등등 주변에서 일어나는 사소한 일들에 당당히 맞서며 그것들을 어떻게 다뤄야 할지 배워가자. 우리는 누구나 성장통을 겪는다. 이 성장통을 현명하게 극복해낸다면 삶의 즐거움을 느낄 수 있을 것이다. 성장은 언제나 근심을 수반한다. 그 근심을 털어내면 결국 훌쩍 자라난 자신을 발견하게 될 것이다.

▲

01
신경 쓰이는 일은
아무리 사소해도 큰일이다
사소한 일이라고 우습게 여기지 말라

> 근심을 떨쳐내고 자신을 이해하라.

나에게 상담을 의뢰한 어느 고객의 고백이다.

"저는 가끔 사소한 일 때문에 며칠씩 고민해요. 저번에는 마음에 쏙 드는 명품 셔츠 한 벌을 새로 샀는데, 우연히 셔츠 안쪽에 작은 흠집이 있는 걸 발견했어요. 사실, 입기에 별 문제는 없었지만 찜찜한 생각이 계속 나서 자꾸만 들여다보게 되더군요. 이런 식이에요. 이 일 말고도 일상생활에서 자질구레한 것들로 마음이 안 좋을 때가 많아요."

당신은 어떤가? 별것 아닌 일로 몇 날 며칠 괴로워했던 경험이 있는가? 있었다면, 당신은 분명 그 일을 사소하게 여기지 않았기에 대단한 일인 양 문제를 증폭했을 것이다. 하지만 또 어떤가? 시간이 지난 후 다시 생각해보거나 남들이 별것 아닌 일을 크게 만들지 말라고 충고하면 이내 사소한 일로 내팽개치지 않았는가?

사소한 일인지, 큰일인지 직접 판단하라

이런 문제는 어떻게 접근해야 할까? 이런 일은 어떻게 처리해야 할까? 사소한 일인지 아닌지를 사회나 타인의 관점에 따라 판단해선 안 된다. 다른 사람에겐 사소한 일일지라도 당사자가 큰일이라고 생각하고 머릿속에서 떠나보내지 못한다면 확실하게 매듭을 지어야 한다. 모든 것은 자기 마음에 달렸다. 일의 크고 작음을 판단하는 명확한 기준은 없다. 자기 마음이 가장 잘 알 뿐이다.

온종일 근심하고도 잊지 못해서 무심결에 그 일이 계속 생각난다면 그것은 큰일이다. 앞선 사례처럼 눈에 띄지도 않고 자신에게만 보이는 작은 구멍이 계속 생각난다면 끝장을 봐야 한다. 이런 큰일은 명확하게 식별되므로 이럴까 저럴까 심각하게 고민하지도 않는다. '이건 도저히 내려놓을 수 없다'라고 생각된다면 그것은 분명 자신에게 큰 의미가 있는 일이다.

'사소한 일'을 정의하는 것은 일 자체의 크고 작음이 아니다. 일을 대하는 태도가 어설프고, 대충대충 하고, 소홀히 해도 괜찮고, 득실이 많은지 적은지 따질 필요도 없는 일이 바로 사소한 일이다. 득실을 따지는 것은 마음이 한다. 입는 데 전혀 지장이 없는 흠집도 득실이 있다면 그것은 결코 사소한 일이 아니다. 즉, 마음이 많이 쓰일수록 당신에게 중요한 일이므로 그것은 사소한 일이 아닌, 큰일이다.

왜 눈에 띄지도 않는 사소한 일을 중요시하는가?

그렇다면 무엇 때문에 남들은 신경도 쓰지 않는 사소한 일을 중요시하는 것일까? 사실, 일반적으로 신경 쓰이는 요소는 일 자체와는 무관하다. 나는 나중에서야 옷의 작은 흠집 때문에 근심에 휩싸였던 고객을 이해할 수 있었다. 그의 고민은 옷의 흠집이 아니었다. 남들이 명품 셔츠에 난 흠집을 보고 짝퉁이라 오해하면서 자신을 우습게 여길까 봐 걱정했던 것이다. 설령 흠집이 보이지 않는 안쪽에 있을지라도 만일 다른 사람 눈에 띠어서 짝퉁을 입었다는 오해를 받으면 창피할 거라는 의미다. 이처럼 작은 흠집을 남이 볼까 봐 두려워하는 사람은 열등감이 있는 인물이다. 실제로 돋보기를 들고 셔츠 안쪽을 들여다볼 이는 아무도 없다. 스스로 흠집에 돋보기를 댄 채 확대해서 보는 것일 뿐이다.

모든 사람이 이 고객처럼 예민하지는 않다. 그는 자신의 진심을 솔직히 드러내지 못했기 때문에 예민해진 것이다. 그가 이 일을 '큰일'이라고 여기는 까닭도 바로 이 때문이다. 자세한 이야기를 들어보니 그 내막을 알 수 있었다. 그는 또 이런 말을 했다.

"무슨 옷을 입든지 자꾸만 다른 사람의 시선을 의식하게 돼요. 사람들의 시선에서 나를 무시하는 게 느껴지면 옷을 제대로 못 입어서 그런 건지 계속 신경 쓰여요."

솔직히 말해 바삐 오가는 행인들이 힐끗 한번 본 것으로 얼마나 무시하겠는가. 또 무시할 시간이 얼마나 있겠는가. 당사자만 예민하게 느끼는 상황임을 누구나 다 알 것이다.

그는 무시당하는 게 두려워서 지나치게 겉모습에 신경 쓴다고 했다. 그토록 무시당하는 게 두려운데 고작 옷 한 벌로 자신을 평가받아도 괜찮단 말인가? 문제는 옷이 아니다. 옷과 상관없이 그저 남의 눈에 부족한 면을 보이는 게 싫은 것이다. 그래서 명품을 원했고 작은 흠집도 신경을 썼던 것이다. 이것은 모두 그의 열등감에서 비롯되었다. 나는 상담을 수차례 더 진행한 후에야 비로소 그가 유년 시절에 당했던 모욕을 들여다볼 수 있었다. 그는 어렸을 때 주변 사람들로부터 크게 무시를 당한 후 평생 다시는 무시당하지 않겠노라 다짐했다고 한다. 능력에서부터 외모, 직업, 됨됨이까지 전부 다 말이다.

사실, 누구에게나 마음속에 자기만의 큰일이 있다. 아무것도 아닌 사소한 일에서 자신의 부족한 점을 찾아내는 것은 바람직한 일이다. 떨쳐버릴 수 없는 근심이 있다면 자신이 지나치게 염려하는 것은 아닌지 잘 생각해보고 무엇 때문에 고민하는지 그 근원을 찾아라. 사람은 완벽한 성장을 기대하기에 지나친 염려를 하는 것이다.

작은 일에 신경 쓰는 논리 (위 : 사고와 정서, 아래 : 습관)

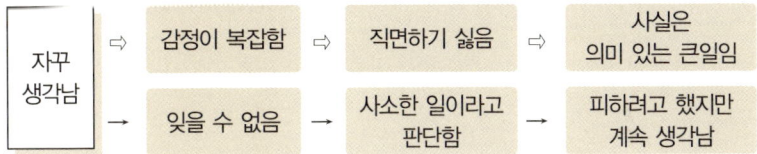

마음이 끌리는 일에 관심을 가져라

자주 꿈에 나오고, 연이어 며칠 동안 마음에서 떠나지 않고, 잊은 듯했으나 무심결에 자꾸 생각나고……. 그렇다면 이는 관심이 필요한 일이기에 적극적으로 주의를 기울여야 한다. 이런 일을 심리학 용어로 '미해결 과제(Unfinished Business)'라고 하는데, 이는 말 그대로 해결되지 않아서 끝나지 않은 일을 의미한다. 어떤 일은 능력의 한계 때문에 당장 해결할 수 없을지라도 차후에 반드시 완료해야 한다. 그렇게 하지 않으면 능력이 없어서 못한다는 생각이 내내 마음을 불편하게 해서 결국 자기 몸과 마음에 영향을 준다.

예를 들어보자. 반에서 1등을 하고 싶지만, 기초가 부족하면 단시간에 이룰 수 없으니 포기해야 한다. 포기하지 못하면 이 비현실적 바람이 계속 꽁무니를 따라다녀서 에너지가 소모되고 부담만 커진다. 이 경우 '매일 한 걸음씩 앞으로 나가고 있어. 당장 한 걸음에 다다를 수 없을 뿐이야'라고 자신을 다독이며 작은 목표부터 세우는 것이 좋다. 반에서 10등 정도로 목표를 세우면 아마 성공할 수 있을 것이다. 그다음엔 5등, 그리고 3등, 마지막에 1등, 이렇게 나아가는 것이다.

계속 신경 쓰이는 일은 반드시 마무리를 지어야 한다. 해결할 수 있는 문제는 방치하지 말고 해답을 찾아 풀어버려라. 그다음엔 깨끗이 잊어라. 당장 어떻게 할 수 있는 일이 아니더라도 속히 끝맺고 신경을 꺼야 한다. 특히 부정적인 일들은 감정을 교란시키므로 반드시 제때에 처리해야 한다. 거듭 말하지만 마음에 둔 일은 아무리 사소해도 자신에게는 큰일이다.

나 자신을 발견하는 과정에서 성장한다

사소한 일에 신경을 쓰다 보면 지난 일도, 성장을 요하는 부분도 떠오른다. 곤혹스럽고 복잡한 일은 생각을 일깨워주기도 하지만, 그 생각을 명확하게 정리할 수 없기에 문제의 원인은 물론 적절한 해결책 또한 찾기 어렵다. 하지만 이런 문제를 완벽히 해결한다면 인생에서 한 단계 더 성장할 수 있다. 생각해보라. 근심은 사소한 일들이 한데 얽혀서 생긴다. 그 작은 일들 중 하나를 떼어내면 우울한 근심도 한 가지 줄어드는 셈이다. 심각한 문제도 사소한 문제들이 쌓여서 생긴

결과다. 따라서 수시로 생기는 작은 문제를 하나씩 해결하면 문제가 산더미처럼 커지는 걸 예방할 수 있다. 스스로 상처를 입지 않게 됨은 물론이다.

이렇게 작은 문제를 해결하자면 당장 변화가 생기기도 한다. 물론 당장 변화가 없더라도 장기적으로 볼 때 효과적이므로 지금 눈앞에 있는 사소한 일에 관심을 갖고 해결해야 한다. 사실, 해결 방법은 매우 간단하다.

우리는 항상 사회의 잣대로 자신의 생각과 행동을 저울질하고 조정한다. 그래서 자신과 주변 사람들의 행동이 어떻게 다른지, 때때로 비교하면 자신에게 맞는 고민 해결책을 찾을 수 있다. 마음이 건강한 사람은 즐겁고 설레는 감정 상태를 가지고 있기에 상대적으로 두려움과 공포를 느끼는 일이 적다.

우리가 화두로 삼은 부정적 정서에 대해 타인도 같은 생각을 하는지 비교해보라. 스스로는 마음을 졸이는 일인데 남들은 다른 태도로 대처한다면 자신도 그의 행동 방식을 배워서 의연하게 대처할 수 있다. 대담하게 하라. 두려울 것 없다. 대다수의 사람이 할 수 있는 일이므로 절대 어렵지 않다. 나는 이 방법을 '대세 따르기'라고 부른다.

또 한 가지 방법은 '꼬치꼬치 따지기'다. 앞의 사례에 이 방법을 적용하면 이렇게 진행된다.

고민의 원인 : 옷의 구멍이 다른 사람 눈에 띌까 봐 날마다 고민함.

자문 : "구멍을 발견하고 왜 고민했니?"
자답 : "명품인데 구멍이 있으면 안 되지."
(계속 스스로 질문하고 답한다.)
자문 : "그게 왜 널 두렵게 하지?"
자답 : "남들이 짝퉁이라고 오해할까 봐."
자문 : "짝퉁을 입으면 어때서?"
자답 : "나를 우습게 여길까 봐 겁나."
자문 : "우습게 보는 게 두려워?"
자답 : "그러면 사람들한테 웃음거리가 될 거 아냐."
자문 : "웃음거리가 되면 뭐가 두려운 거야?"
자답 : "어릴 때 모욕당했던 일이 생각나. 정말 수치스러웠거든. 사람들한테 비웃음당하기 싫어."

이는 심리학의 기초 지식조차 필요 없는 매우 유용한 방법이다. 끊

임없이 자문자답을 반복하기만 하면 쉽게 고민의 근원을 찾을 수 있다. 근원을 찾으면 위안도 되고 치료도 된다. 대개는 그 근원이 아픔이고 성장을 요하는 부분이기 때문이다. 모욕과 비웃음을 당하지 않는 방법은 하자 없는 명품 옷을 입는 것이 아니라 자신과 타인에게 존중받는 사람이 되는 것이다. 그러므로 문제의 중심을 옷 자체에서 자기 자신으로 옮겨 옷차림이 자신에게 부정적 영향을 준다는 생각을 떨쳐내야 한다. 아무리 잘 차려입어도 문제를 해결할 수 없다는 것을 알면 구멍 난 옷도 자신에게 아무런 영향을 미치지 않는다는 사실을 깨달을 것이다. 이러한 깨달음에 따라 스스로 인생 계획을 세워 하나하나 이루어 나아가면 훗날 자신감 넘치는 사람이 되어 허리를 곧게 펴고 다닐 수 있을 것이다.

02

만남이 있기에
이별도 있는 법이다
언젠가는 떠나게 될 일시적 친구들

> 친구는 일시적 관계로부터 영원한 친구가 된다.
> 그중 영영 이별하는 친구도 있다.

 우리는 유치원에서 처음 사회를 접하고 초등학교, 중학교, 고등학교, 대학교, 직장을 거치면서 수많은 친구를 사귄다. 그중에는 서서히 왕래가 끊어진 친구도 있고 시간이 맞지 않아 못 만나는 친구도 있다. 오랫동안 만나지 못한 친구와 소원해지면 만남은 물론 전화나 문자메시지도 뜸해져 결국 친구 목록에서 자연스럽게 빠진다.
 우리는 친구를 사귈 때 함께 걸어갈 수 있고 평생을 함께할 친구를 동경한다. 하지만 대부분은 나그네처럼 인생의 어느 한 시기를 함께 보내고 그 시기가 지나면 영원히 헤어진다는 걸 차츰 알게 된다. 이런 친구를 '일시적 친구'라고 한다.

둘이서 하는 놀이는 한 명이 떠나면 끝난다

'일시적 친구'라니! 어딘가 처연하게 들린다. 사실, 우리 인생에서 중요한 친구는 모두 이 일시적 친구 단계에서 시작했다. 그래서 일시적 친구의 수도 매우 많다. 일시적 친구는 인생 여정의 한 시기를 함께 겪어온 사이지만 여러 이유로 언젠가는 헤어진다. 가끔 아쉬운 마음도 든다. 왜 친구의 손을 잡고 영원히 함께 걸어갈 수 없는 것일까? 아마도 당신의 잘못이 아니라 상대 스스로 당신의 손을 놓았기 때문일 것이다. 사실, 누가 옳다 그르다 할 수 없다. 이는 인간의 생로병사처럼 자연스러운 규칙이다. 상대가 친구로 남기를 원하지 않으면 그렇게 내버려두라. 친구 사이는 '서로 주고받는' 관계이므로 일방적 관계가 되면 결국 거기서 끝나는 것이다.

친구관계는 두 사람이 함께 쌓아가는 놀이다. 설령 자신이 바라는 게 있더라도 참고 자제할 줄 알아야 한다. 상대에게 자신과 똑같이 생각하고 행동하기를 요구해서는 안 된다. 이러한 마인드로 상호 평등하게 왕래하며 관계를 발전시켜 나아가야 한다. 가기만 하고 오지 않으면 두 사람의 관계에는 틈이 생길 수밖에 없다. 이런 상태가 계속되면 결국 사이는 멀어지기 마련이다.

한번 생각해보자. 나 자신과 연관이 없거나 절교한 친구 말고 나에게 호감을 표현하는 친구를 뿌리칠 수 있을까?

중학교 때의 일이다. 둘도 없이 친한 친구가 있었는데 이사로 인해 전학을 가는 바람에 친구와 헤어지게 되었다. 곧 친구와 연락도 끊어졌다. 대학 입학 후 친구가 사방팔방으로 수소문하여 가까스로 나와 연락이 닿았고, 우리는 금방 중학교 때처럼 다시 왕래를 시작했다. 그는 만나자고 하지는 않았지만 수시로 전화해서 자신의 근황을 들려주었다. 그런데 나는 예전에 그에게 가졌던 감정이 좀처럼 살아나지 않았다. 그가 변했다는 느낌이 들었다. 그는 쓸데없는 얘기를 이러쿵저러쿵 계속하고 항상 자신의 기분이 어떤지 나에게 말해주었다. 나는 원래 좋은 청자가 아니어서 솔직히 얘기를 듣고 있자니 불편했다. 그래서 서서히 친구의 전화를 거절하기 시작했다. 이렇게 반년 남짓 지나니 친구도 더는 전화하지 않았다. 지금 생각해보면, 그때 친구가 자신의 속 깊은 얘기를 들려준 까닭은 그저 나에게 말을 하고 싶었던 것이었으리라. 그는 늘 옛 친구인 나를 걱정했고 나와 계속 좋은 인연을 이어가고 싶어 했다. 그런데 나는 친구의 호의를 거절해버렸다.

사람이 변한 것일까, 화젯거리가 바뀐 것일까? 일시적 친구관계는 상대방이 지속하길 원하지 않는 경우도 있고 자신이 연락을 끊는 경우도 있는데, 이러한 관계가 이어지려면 인연이 있어야 한다.

오래전부터 알고 지내던 친구가 있다. 처음에는 가끔 왕래만 있을 뿐 서로 그다지 신경 쓰지 않는 사이였다. 한동안 연락이 끊겼는데 우연히 다시 만나게 되었다. 그런데 뜻밖에도 우리 둘 다 원래 전공을 바꿔 심리학을 연구하고 있었다. 솔직히 나는 그와의 관계에 별 기대가 없었다. 그러나 만날 때마다 일과 사생활에서 공통점을 발견하였고 그 공통점을 매개로 계속 왕래하게 되었다. 시간이 꽤 흐르자 자연히 서로 감정의 온도가 상승했고 우정도 깊어졌다. 지금은 흉금을 털어놓는 인생의 동반자가 되었다.

사실, 옛 인연에서 새로운 공감대를 발견하고 무덤덤하던 사이가 친밀해져서 감정이 깊어지는 경우는 참 드물다. 이는 친구끼리 시대의 변화에 걸맞은 화제를 공유하는 것이 얼마나 중요한지 보여주는 난석인 예다. 내가 친구와 이런 관계를 형성할 수 있었던 건 처음부터 끝까지 서로 취미에 걸맞은 화젯거리가 있었기 때문이다. 만약 새로운 화제로 관계를 발전시키지 않았다면 우리 관계도 이미 끝났을 것이다. 이렇듯 공통 취미가 있으면 서로에게 유익한 대화를 나눌 수 있고, 둘 중 한 사람이 상대의 흥미에 맞추느라 난처해하지 않아도 된다. 만일 이런 일이 부담으로 느껴지면 결국 그 관계에서 빠져나오기 마련이다.

공통 화제는 관계를 긴밀하게 엮어주는 친교(親交)의 좋은 수단이다. 요즘 나와 내 친구는 대화의 주제를 심리학에서 다른 영역으로 확장시켰다. 우리가 처음 만났을 때는 연결고리가 될 만한 공통 취미가 없었기에 관계가 지속되지 못하고 연락이 끊겼다. 그러니 친구와 관계를 계속 유지해나가고 싶다면 평생 한 가지 이야기로 우려먹으려고 해서는 안 된다. 보통 동창회에서 그런 현상이 두드러진다.

동창회는 원래 지난 일을 회상하는 모임이기 때문에 화제가 함께 보냈던 아름다운 그 시절에 영원히 머물러 있다. 겉으로는 전우애 같은 감정이 깊어 보이지만 새로운 이야깃거리가 없기 때문에 관계가 더 진전되기란 어렵다. 그래서 동창회는 모임을 거듭할수록 형식적으로 변할 뿐이다. 감정도 깊어지지 않고 추억에 대한 관심도 떨어진다. 이렇게 되는 까닭은 상호 공통의 새로운 화젯거리를 찾지 못하고 계속 과거 시점에만 머물러 있기 때문이다. 그래서 동창들은 단지 그때 그 시절의 친구들일 뿐인 것이다.

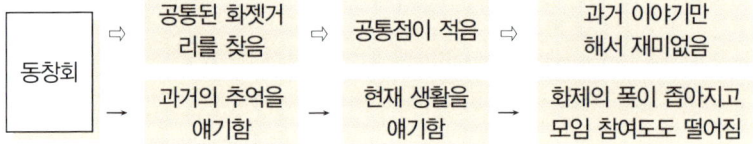

동창회의 대화 논리 (위 : 사고와 정서, 아래 : 습관)

친구, 서로 이익을 주는 관계

학교 다닐 때부터 함께 놀면서 자란 친구들은 나이가 다 비슷한 반면, 사회에서 만난 친구들은 연령대가 다양하다. 예전에 알았던 한 친구가 있다. 처음 만났을 때 그 친구와 나는 서로 존경하는 사이였다. 나보다 여덟 살이나 많은 큰 형님뻘이었지만 나는 그가 무척 좋았다. 그래서 친구라는 이름으로 왕래하며 지냈다. 그런데 얼마 지나지 않아서 그에 대한 감정이 변하기 시작했다. 그는 항상 경험이 뚝뚝 묻어나는 말투로 진지하게 나를 즐겨 가르쳤다. 내 인생 계획도 세워주고 나의 부족한 점도 지적해줬다. 그의 열정적인 모습이 무척 감사했지만 나는 원래 독립적인 사람이라서 적응하기 힘들었다. 나중에 생각해보니, 나는 그를 만족시키지도 못하고, 하고 싶은 얘기도 제대로 못하면서, 그의 호의를 거절하지도 않았다. 결국 우리 둘의 관계는 그렇게 일단락되었다.

친구관계는 양측이 모두 원할 때 성립된다. 형이 되고 싶은 사람이 있으면 동생이 되고 싶은 사람도 있어야 서로 주고받으며 조화롭게 발전할 수 있다. 감정은 서로에게 도움이 될 때 생기는 것이다. 우정 역시 정신적으로 상호 만족감을 느낄 때 더욱 깊어진다.

나에게도 젊은 친구들이 많다(이렇게 말하니 내가 꼭 늙은이 같다). 나보다 네댓 살 어린 친구들과 사귈 때는 양쪽 모두 이득이 있는지를 따져본다. 만약 나는 주기만 하고 상대방은 받기만 하는 관계라면 상대는 언젠가 이 관계에서 스스로 발을 뺄 것이다. 이는 친구관계에서 '상호 이익의 원칙'을 위반한 것이므로 내가 불이익을 감수할 수밖에 없다. 단, 받기만 한 사람이 상대를 위해 아무것도 해주지 못한 걸 부끄럽게 여긴다면 멋쩍긴 해도 관계를 계속 유지할 수는 있다.

친구관계의 상호 이익에 대한 논리 (위 : 사고와 정서, 아래 : 습관)

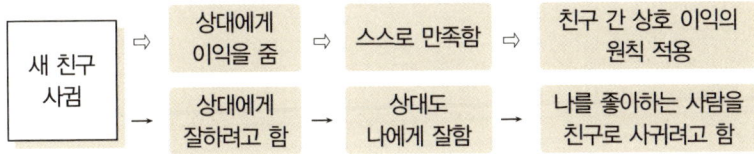

당신의 의도는 결국 들킨다

한 친구는 자신이 새 친구를 잘 사귄다고 말하곤 한다. 그런데 그만큼 등 돌리고 떠나는 친구도 많아서 따져보면 친구의 수는 항상 그대로다. 참 이해하기 어렵다. 계속 이렇게 한다면 친구를 유지하기는커녕 오히려 친구를 잃을까 봐 걱정이다. 아무래도 쉽게 얻은 것은 귀히 여기지 않기 마련이니, 상대가 이를 알아차리면 떠날 것이기 때문이다.

새 친구를 사귀는 데만 신경 쓰다 보면 옛 친구에게 소홀할 수밖에 없다. 한번 잘 생각해보라. 서로 잘 아는 옛 친구에게 잘하는 게 어려운지, 새 친구를 사귀는 게 어려운지를 말이다. 당연히 낯선 사람과 아무런 정보도 없이 시작해서 친구가 되는 게 훨씬 어렵다. 그렇다면 선택은 일시적 친구와 평생 왕래하며 지내는 것이다. 그러자면 시간과 노력을 투자해서 양자 사이의 공통 관심사를 많이 찾아야 한다. 그리고 취미를 오랫동안 공유하며 영향을 서로 주고받아야 한다. 그렇게 할 때 상호 간 신선한 매력이 계속 생겨서 새로운 느낌으로 서로를 대할 수 있다.

물론 당신의 이런 선택에 상대도 동의하고 함께 노력할지는 알 수 없다. 그건 상대가 결정할 일이다. 당신은 지금처럼 자기 일을 열심히 하면서 자신의 호의를 알아주고 진심으로 보답하려는 친구와 왕래하면 된다. 이렇게 하면 '일시적 친구'는 '영원한 동반자'로 업그레이드 될 것이다. 호의를 고맙게 여기지 않는 친구들을 책망할 필요는 없다. 당신은 여전히 그들에게 잘 대해주되, 그들도 당신에게 잘 대해주기를 기대하지는 말라. 사람은 누구나 선택의 권리가 있는 법이니까. 당신은 눈치껏 그를 놓아주고 새로운 대상을 다시 찾으면 된다.

인생은 절친한 친구와 일시적 친구가 함께 길동무가 되어 늙어가는 것이다. 그러다가 이별의 슬픔도 겪는 것이다. 친구를 사귀고 좋은 관계를 유지하려면 평생 노력해야 한다. 일시적 친구를 사귈 때 평생 친구를 만들겠다는 목표를 가지고 노력해보라. 헛수고라고 말하는 사람도 있을 테고 함께 걸어줄 사람도 있을 것이다. 그렇게 시간이 흘러 행운이 찾아온다면 당신이 함께 있어주길 원했던 친구 한두 명쯤은 옆에 남아 있을 것이다. 축하한다. 그들이 바로 당신의 평생 친구다. 평생 그들을 아껴주길 바란다.

03
신체적 습관을 파악하라
질병은 어느 날 갑자기 찾아오는 손님이 아니다

> 잔병을 이기지 못하는 것은 자기 책임이다.
> 당연히 올 것이 왔을 뿐이다.

 더운 날씨가 계속되면 구강궤양을 앓는 사람들이 속출한다. 내 지인도 5년째 구강궤양으로 고생하고 있다. 그는 크고 작은 병원을 돌며 각종 약을 다 써봤는데도 해마다 발병하고 낫기를 반복한다고 했다. 항상 병은 이처럼 갑자기 심하게 찾아온다. 그래서 그는 자신이 감당할 수 없다는 의미로 '폭발'이라는 표현을 쓴다. 구강 질환은 감기처럼 주기적으로 온다. 짧게는 일주일, 길게는 한 달 가는데, 궤양이 한창일 때는 통증이 심해서 음식도 못 먹고 밤에 잠도 잘 못 잔다.
 원래 주기적인 구강 질환은 심리적 증상과 잘 맞는 면이 있어서 내가 치료를 도와주기로 했다. 주변에서 스트레스를 받으면 바로 증상이 나타나는 '심인성(心因性) 구강궤양'을 앓는 사람들을 자주 봐서 잘 안다. 신체적 병변은 일종의 경고다. 쉴 때가 되었음을 일깨워주는 것이므로 일을 내려놓아야 한다. 일반적으로 이 질환을 앓는 사람은 모두 직업정신이 투철하다. 책임감이 강한 교사도 이에 포함된다. 친구의 구강궤양 역시 성격과 연관되었기에 궤양의 발병 규칙을 알아내면 치료법 또한 찾을 수 있을 것이었다.

폭발에 대한 오해

방송을 전공하는 학생들에게 언론 심리학에 나오는 '돌발성 사건'에 대해 강의를 했다. 그때 학생들에게 이렇게 물었다.

"돌발성 사건을 보도할 때 마음의 준비가 필요한가요? 돌발성 사건은 어떻게 대비하나요?"

나에게 돌발성 사건이란 좁게는 자연재해나 인재 등과 같이 예측할 수 없는 일이고, 넓게는 미리 대비했는데도 뜻밖에 일어난 일이다. 일반 사람은 돌발성 사건이 무엇인지 모르는 게 당연하다.

친구가 말한 '폭발'은, 병이 너무 갑자기 와서 손쓸 틈이 없다는 뜻에서 한 말이다. 왜 손쓸 틈이 없는 것일까? 철저히 대비하지 않은 탓일까? 아니면 돌발성 사건처럼 철저히 대비했는데도 뜻밖에 발병했기 때문일까? 그렇다면 과연 5년 된 구강궤양은 뜻밖의 병일까? 절대 그렇지 않다. 이는 대비를 철저히 하지 못한 것이 아니라 대비를 안 한 것이다.

감기, 가벼운 외상, 주기적인 구강궤양, 불면증 같은 증상이 장기간 반복적으로 나타나는 것은 예방을 가볍게 생각하고 자신의 건강에 주의를 기울이지 않았기 때문이다. 한 번 아팠다가 좋아지면 다음에는 괜찮을 거라고 생각하는데, 이는 자신에 대한 위로일 뿐이다. 이처럼 건강에 주의하지 않고 개인의 나쁜 습관 때문에 생기는 질환은 약을 먹어도 재발한다.

약을 복용하면 증상이 완화되고 회복되지만, 뒤늦은 대처에 불과하다. 어떤 약은 예방약이어서 미리 복용하여 사전에 방지해야 하는데 거기까지 생각이 미치는 사람은 거의 없다.

규칙적으로 폭발하는 일상적 질병을 잔병이라고 생각하는 사람은 병을 대수롭지 않게 여기고 구체적인 예방도 하지 않는다. 그래서 1년 내내 병을 달고 산다. 아무리 아파도 꼭 나아야겠다는 의지가 없고 재발에 대비하지 않는다. 그러다가 병이 나으면 재발에 대한 걱정은 또 뒤로 밀려난다.

폭발은 쌓여 있다가 밖으로 나오는 것이다

병리적 시각에서 볼 때, 질병의 폭발은 두 가지 의미를 내포하고 있다. 하나는 급성 감염에 의한 급성 질환으로, 병세가 위중하고 진행도 빠르다. 다른 하나는 일찍감치 감염되었거나 체내에 계속 잠복해 있다가 자신도 모르는 사이에 병세가 악화되어 병증이 나타나는 것이다. 우리가 여기서 말하는 잔병의 폭발은 후자에 해당한다.

사실, '폭발'이라는 표현은 적절치 않다. 건강에 소홀했던 자신에 대한 변명을 '폭발'이라는 표현으로 대신하는 것일 뿐이다. '쌓여 있다가 밖으로 나오는 것'이라고 바꾸어 말하는 게 더 적절할 듯하다. 주변에 감기를 달고 사는 친구들이 있다. 그들은 원래 체질이 좀 약하기도 하지만 기온 변화에 둔감하고 자신의 건강을 과신하는 게 가장 큰 문제였다. 기온이 떨어졌다는 걸 느끼면서도 대비책은 찾지 않고 지난날 건강하던 때만 생각하여 자신의 건강을 과신하다가 결국 감기에 걸린다.

감기에 걸리기 전에는 보통 여러 전조 증상이 나타난다. 피로감, 재채기, 어지러움, 오한 등등……. 일반적인 감기는 순한 편이고 잠복기도 길다. 폭발은 뚜렷하지 않은 증상들이 사라지지 않고 지속되다가 심한 증상으로 돌변하는 것이다.

이렇게 쌓여 있다가 밖으로 나온 병은 체내에서 이미 발병했지만 '병소(病巢)'에 대한 처치를 하지 않아서 조절 불가능한 상태가 된 다음에야 증상을 느끼게 되는 것이다. 인간관계가 틀어지는 것도 이와 같은 이치다. 두 사람이 헤어지고 절교하는 사태는 아무런 이유 없이 갑작스레 일어나는 게 아니다. 서로 일찍부터 불만이 있었지만 신경 쓰지 않고 내버려두었다가 한순간 터져버린 결과다.

가짜 폭발의 논리 (위 : 사고와 정서, 아래 : 습관)

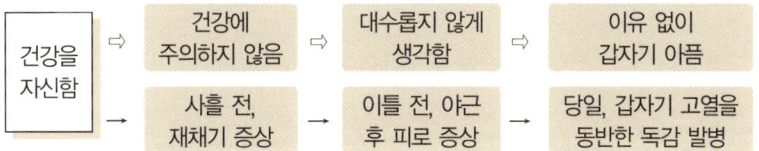

병을 완치하려면 병의 경과를 알아야 한다

감기 초반에 나타나는 다양한 경고 증상을 무시하는 사람은 감기를 다스릴 수 없다. 구강궤양 문제 역시 발병의 원인을 모르면 치료할 수 없다.

나는 만성 구강궤양이 있는 친구에게 궤양이 발병하기 전에 평소와 다른 특별한 일이 없었는지 잘 생각해보라고 했다. 친구는 가만히 생각하더니 주로 습하고 무더운 여름에 발병했다고 했다. 하지만 단순히 날씨 때문만은 아닐 것이었다. 분명 다른 중요한 원인이 숨어 있기 마련이다. 즉, 그는 여름철 열대야 때문에 여러 날 잠을 설친 탓에 궤양이 발병한 것이었다. 그도 이미 잘 알고 있었다. 출장이 있거나 중요한 일로 야근하는 기간에는 잠을 못 자서 며칠이 지나도 체력이 회복되지 않다가 결국 궤양이 생긴다고 했다. 나는 물었다.

"그러면 긴장하고 신경 쓰는 일이 많을 때 체력이 떨어지면 체력관리를 어떻게 해?"

그는 말없이 고개를 저었다. 궤양 발병의 핵심은 바로 이것이다. 일에 문제가 생기면 원인을 파악해야 하듯이, 질병이 생겼을 때도 발병 원인을 알면 원인이 되는 부분을 처치하고 조절하여 재발을 방지할 수 있다. 같은 이치로, 인간관계에서도 두 사람 사이에 갈등과 다툼이 생겼을 때 심각하지 않더라도 그때그때 해결해야 갈등이 깊어지지 않는다.

자기 자신을 알아야 한다

대수롭지 않게 여기는 습관 때문에 매번 같은 문제가 발생하고 잔병이 생긴다. 이러한 문제는 결정적 원인만 찾아내면 바로 해결할 수 있다. 누구나 아는 이치이지만 이를 자신을 변화시키는 수단으로 활용할 줄 아는 사람은 의외로 적다. 감기에 걸렸는데도 옷을 따뜻하게 입지 않고, 피로가 쌓이면 병이 온다는 걸 알면서도 방치하는 사람들이 많다. 이는 자기 자신에 대해 몰라서 저지르는 행동이다.

구강궤양에 걸린 친구와 고기를 먹으러 갔다. 친구는 입 안이 아프다고 징징대면서도 고기를 맛있게 먹었다.

"고기 먹으면 더 안 좋아질지도 모르는데 괜찮겠어?"

내 물음에 친구가 답했다.

"조금 먹는 건 지장 없어."

수시로 발병하는 잔병은 대부분 '생활 습관병'이다. 체질이 좋은 사람 말고 감기에 잘 걸리지 않는 사람은 날씨 변화에 따라 옷을 달리 입는 게 습관화되어 있다. 반대로, 자신의 습관을 모르는 사람은 병에 걸려도 잘못된 습관을 계속 유지하기 때문에 병세가 악화된다. 이것이 바로 자신을 잘 아는 것과 모르는 것의 차이다.

문제를 해결하려면 앞서 언급했듯 문제의 원인을 찾아야 한다. 이보다 더 중요한 것은 자신이 그 문제에서 벗어나지 못하는 원인을 찾는 것이다. 더 확실한 이해를 돕기 위해 예를 들어보자.

감기는 날씨나 온도가 급변할 때 주로 걸린다. 이때 날씨에 따라 옷을 달리 입는 사람은 스스로 병을 예방할 줄 안다. 이런 사람은 자신을 잘 알고 있으므로 날씨와 온도 변화에 따라 옷을 두껍게 입을지 얇게 입을지 신속하게 판단한다. 이 점은 시사하는 바가 크다. 구강궤양의 초기 증상을 느끼고도 별다른 조치를 취하지 않는 사람들, 그들은 소모된 체력을 회복시키지 않거나 잠을 보충하지 않으면 구강궤양에 걸린다는 걸 잘 알고 있다. 그런데도 휴식을 취하지 않아서 결국 예방할 수 있는 병을 키운다. 이는 바로 자신의 신체적 습관을 몰라서 생긴 결과다.

문제 해결의 논리 (위 : 옛 습관, 아래 : 새로운 습관)

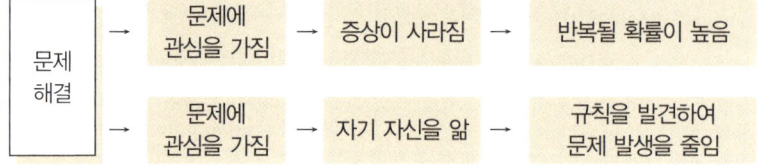

재발이 싫다면 과거를 기억하라

나는 친구에게 구강궤양에 걸리게 된 일련의 과정을 되짚어 적어보라고 했다. 어떤 약을 복용하고 어떤 방식으로 관리했을 때 빨리 회복되었는지도 기록해보라고 했다.

사실, 병을 한 번 앓으면 병이 재발하지 않도록 예방할 수 있다. 그러나 일단 몸이 아프면 동통을 빨리 없애는 게 급선무이기에 당시의 느낌이나 효과적인 예방법 및 치료법을 기록해둘 생각을 미처 하지 못한다. 질병은 대부분 나쁜 생활 습관 때문에 생긴다. 따라서 약물로 치료하더라도 일시적인 효과만 있을 뿐이며 재발할 가능성이 높다. 병에 걸리지 않으려면, 혹은 병에 걸려도 빨리 회복하려면, 과거에 병을 앓았던 과정을 상세히 기록하여 자기 자신을 잘 알아두어야 한다.

문제와 질병 발생의 원인 – 문제 자체를 파악한다

① 질병은 사람의 특질과 어떤 관계가 있는가?
② 질병을 일으키는 특수 환경은 무엇인가? 자연환경과 인문 환경도 포함한다.
③ 문제나 질병의 전조 증상은 무엇인가? 이를 알아야 정확히 식별하고 예방할 수 있다.
④ 일반적인 치료법은 무엇인가?

자기 자신 알기 – 감염의 원인을 파악한다

① 감염의 원인은 무엇인가?
② 증상은 어떠한가? 병세는 어떻게 발전하는가?
③ 자신에게 잘 맞는 치료법은 무엇인가?
④ 건강 회복에 걸림돌은 무엇인가? 어떻게 고쳐나갈 것인가?
⑤ 병의 재발을 방지하려면 어떻게 해야 하는가?

스스로 '문제 자체'와 '자기 자신'에 관한 아홉 가지 질문을 하고 나면 정말로 달라진다. 이는 원래의 나쁜 습관을 고치고 질병과 문제의 원인인 자기 자신을 변화시키는 일이다. 시간이 걸리더라도 새로운 습관을 길러야 문제가 차츰 줄어들뿐더러 문제도 해결된다.

같은 맥락으로, 관계가 소원해졌다면 자신에게서 요인을 찾고 사이를 멀어지게 한 원인을 찾아 위의 방법을 적용해보라. 심리적 문제이든, 심리적 요인으로 발생한 신체적 문제이든, 모두 문제의 발생 원인을 알고 자기 자신을 아는 것이 무엇보다 중요하다.

여기, 참고할 만한 모범 사례를 하나 보여주겠다.

구강궤양에 걸린 친구는 기록해두라는 내 말대로 자신의 궤양에 관한 핵심적인 문제를 다음과 같이 작성했다.

1. 자연환경
습하고 무더운 날씨, 특히 여름철에 구강궤양 발병률이 높다.

2. 자신의 원인
초조, 긴장, 걱정하는 경향이 있고 속을 털어놓지 못한다. 사흘 내내 잠을 설쳐서 수면 부족 상태가 지속되어 구강궤양이 발병했다.

3. 치료 방법
시간에 맞춰 약을 복용하고 충분한 수면을 취한다. 땀을 흘려 체내의 독소를 배출하는 게 중요하다.

4. 어려운 점
체질상 땀이 적고 신경이 예민해서 긴장한 날은 편안한 상태로 잠들기 어렵다.

5. 변화

다양한 시도 끝에 매일 잠자리에 들기 전 간단히 운동하는 방법을 찾아냈다. 운동을 하면 땀도 배출되고 몸에 피로감도 쌓여 금방 잠이 들 수 있다. 땀을 흘린 후에는 따뜻한 물로 샤워한다. 갖가지 방법 중 땀도 나고 잠도 잘 오는 이 방법이 나에게 가장 잘 맞았다. 이렇게 수면의 질을 높여서 구강궤양의 재발을 예방할 수 있었다.

04
일이 정말 재미없는가?
유희성이 필요하다

> 일은 진지한 놀이다. 집중할수록 피로가 사라진다.

친구 집에 들렀는데, 마침 친구가 아이를 꾸짖고 있었다. 게임만 한다고 야단이었다. 그는 어린 녀석이 게임을 너무 진지하게 한다고 우려했다. 아이가 시간 가는 줄도 모른 채 게임에 너무 빠져든다는 것이었다. 어른과는 참 다른 모습이다. 사람들은, 게임은 그저 게임일 뿐이라고 생각한다. 그래서 실제처럼 느끼지도 않고 게임 중에 손해를 봐도 개의치 않는다. 그리고 어른의 세상은 근엄하고 진지해야 한다는 생각에 일찌감치 게임에서 손을 뗀다.

하지만 내 생각은 다르다. 잘 생각해보자. 어른의 세상이 그렇게 진지한 것만은 아니다. 오히려 아이들보다 더 몰입하지 못할 때도 많다. 게임이 스트레스 해소에 도움이 되지 않아서가 아니라, 진지하게 게임을 다룰 수 없고 자신을 잊을 만큼 몰입할 수 없어서 관심 밖에 둔 것이다. 요즘 많은 사람이 내게 이런 말을 한다.

"매일 똑같은 일상에 신선함도 없고 즐거운 일은 더더욱 없어요."

어떤 이는 심지어 예전에 즐겨 찾던 곳도 요즘엔 재미가 없고 자주 참석하던 동호회도 나갈 마음이 안 생긴다고 말한다. 자기가 해보지 않은 새로운 게임을 봐도 재미가 없고, 타인의 게임에 옵서버(observer)로 참여해도 흥미가 없다고 한다. 그러고는 속으로 생각한다.

'그게 뭐가 재미있어? 그냥 다 그렇지, 뭐……'

보편적으로 우리 주변의 성인들은 스트레스가 심해서 쉬는 시간도 즐겁게 보내지 못한다. 어렸을 때 재미있게 하던 게임도 다 잊었고, 새로운 즐거움이나 흥밋거리도 찾지 못한다. 왜 그런가? 설마 어른이 되었다는 이유로 게임도 포기하고 즐거움을 누릴 권리마저 포기한 것일까?

놀이는 스트레스를 해소시킨다

범위를 좀 더 확장하면 모든 것을 다 놀이 방식으로 취할 수 있다. 이렇게 하면 일상에서 놀이가 없어서는 안 되는 것이 되어 더 큰 즐거움을 느낄 수 있다. 소년의 놀이가 컴퓨터 게임이라면 청년의 놀이는 운동과 취미이고, 성인의 놀이는 TV 시청이나 여행 등이 될 것이다. 요컨대 무엇을 놀이로 삼을 것인지는 각자가 정하면 된다. '유희성(遊戲性)'이 있다면 무엇이든 자신의 놀이가 될 수 있다. 흥미, 취미, 오락 등 모두가 포함된다.

유희성은 간단히 말해 자신을 즐겁게 해주는 성질이다. 유희성이 있는 일을 얼마나 했는가에 따라 매일의 즐거움도 달라진다. 모든 일

을 진지하고 융통성 없이 착실하게만 하면 하루가 정말 무미건조하고 지루할 수밖에 없다. 일을 많이 하고도 불안과 초조함에 시달린다. 목표량에 쫓기자면 일을 통해 즐거움을 찾을 수 없다.

  일상생활에서도 이런 경우는 비일비재하다. 우리는 대개 월요일이 시작되자마자 금요일을 기다린다. 한 주의 시작인 월요일 출근이 가장 힘들고 괴롭다. 이 악물고 닷새를 버티면 마침내 기다리고 기다리던 주말이 온다. 그래서 닷새는 고통의 시간이고 주말은 환희의 시간이다. 이렇게 일과 휴식을 명확하게 구분하니 굉장히 현명한 듯 보인다. 놀이가 뭔지, 휴식이 뭔지 잘 아는 것 같다. 하지만 매주 이렇게 천당에서 지옥으로, 또 지옥에서 천당으로 오가기를 반복하는 생활이 과연 우리에게 자극이 될까? 오히려 지옥에서 벗어나려는 욕망과 천당을 그리워하는 마음이 더 강해지지는 않을까?

일하면서 논다

유희성의 정도에 따라 개인의 즐거움 지수가 결정된다. 하지만 일과 놀이를 엄격하게 구분하는 것으로 유희성을 최대한 활용한다고 할 수는 없다. 놀이 시간이 적으면 그만큼 일의 강도가 높아져서 일의 결과에도 영향을 미친다. 일을 정상적으로 하기 위해 놀이를 한다면, 일과 놀이에 필요한 시간을 환산해서 놀이에 쓰는 시간 대비 일하는 시간을 정해야 한다. 일의 강도가 높아지면 놀이에 쓰는 시간도 늘려야 한다. 지인 중 교사가 있는데, 그는 알차게 세운 여행 계획을 방학 때마다 실행하여 충분히 휴식을 취한다. 이 역시 놀이와 일하는 시간을 환산했다면 아마 평소 일의 강도가 일반 사람보다 훨씬 높다고 볼 수 있을 것이다.

하지만 이처럼 일과 놀이를 명확하게 전환하고 있는지 분간할 수 없는 사람들도 있다. 그런 사람들은 일을 놀이처럼 즐겁게 한다. 대체로 게임을 해본 사람들은 알 것이다. 레벨 체제가 없어서 다음 단계에 도전하는 재미가 없으면 좋은 게임이 아니다. 게임이 쉽고 간단하면 플레이어의 신경을 자극할 수 없기 때문이다. 일에서도 마찬가지다. 간단하고 쉬운 일만 하면 레벨이 없는 게임을 하는 것처럼 얼마나 따분하고 지루하겠는가. 일을 일찍 끝내고 상사에게 결과 보고하는 것 외에는 기대할 것이 없다.

어떤 이들은 어려운 일에 도전하기를 좋아하고 신경을 자극하는 게임을 즐긴다. 그들에게는 정복이 즐거움이다. 일에 유희성을 부여해서 놀이처럼 재미있게 할 수 있다면 일 자체는 놀이가 되고 일과 놀이의 경계가 모호해질 것이다.

일을 하면서 놀이의 즐거움을 만끽할 수 있다면 일을 기피하는 태도도 자연스럽게 사라질 것이다. 오히려 일을 즐기며 효율적으로 해낼 것이다. 이렇게만 된다면 일이 얼마나 즐겁겠는가. 굳이 휴가 때 왕창 몰아 쉬면서 스트레스를 해소할 필요도 없을 것이다.

재미있게 놀고, 신 나게 일하는 논리

게임	→	레벨 있음	→	레벨을 통과하여 재미를 느낌
	→	레벨 없음	→	레벨이 없어서 재미가 없음
일	→	난이도 있음	→	목적 달성, 성취감
	→	난이도 없음	→	재미없음

마음속 놀이 세상을 만들다

어른이 되어 유희성도 마비되었다는 핑계는 대지 말라. 사람은 평생 즐거움을 추구해왔고 놀이와 함께해왔다. 그런데 지금 즐거움도 모르고 놀 줄도 모른다? 놀이가 즐겁지 않은 이는 놀이에 관심이 없는 사람일 뿐이다. 놀이의 즐거움은 그 안에 푹 빠져 몰입했을 때 비로소 즐거움을 느낄 수 있다. 겉으로 맴돌기만 하면 진정한 즐거움을 알지 못한다.

다행히 나는 놀 줄도 알고 즐길 줄도 안다. 나에게는 마음도 잘 맞는 친구가 여럿 있다. 그중 역사를 좋아하는 친구는 우리가 무슨 얘기를 하든지 전부 일의 원인과 결과를 하나로 연결시키며 사료를 근거로 현재의 현상을 설명한다. 당차면서도 차분한 말투로 흥미진진하게 얘기를 풀어내는데, 마치 역사학자가 우리와 고금을 논하고 있다는 착각이 들 정도다. 또 심리학을 연구하는 친구는 앞의 친구가 설명하는 역사적 발전 과정에 대해 심리학적 해석을 내놓는다. 그뿐만 아니라 주변의 모든 일이 우리 인간의 본성과 어떤 밀접한 관련이 있는지를 설명해준다.

이렇게 즐길 줄 아는 내 친구들은 사실 모두 비슷한 성향을 가지고 있다. 모든 일에 흥미를 느끼는 것은 아니지만 처음 접하는 것도 자신이 잘하고 좋아하는 것과 연관시킬 줄 안다. 이것도 하나의 능력이다. 고리타분한 것을 재미있는 것으로 바꿀 수 있는 능력 말이다.

사람마다 지식수준이 다르고 인지적 관점이 다르기 때문에 하나의 사물을 보고도 다양한 견해가 나올 수 있다. 자신의 관심 밖 영역에서도 자신만의 즐거움을 찾을 수 있다면 그 안에서 즐겁게 시간을 보낼 것이다. 예컨대 역사를 좋아하는 사람은 딱히 눈길을 끌 만한 풍경이 아니어도 그 풍경의 역사를 생각하다가 이내 그 속에 빠져든다. 또 역사와 심리학을 절묘하게 접목하여 심리학의 재미를 유발하지는 못해도 심리학을 좋아하는 사람이라면 반감 없이 역사에도 흥미를 갖게 만든다. 이런 법칙을 알았다면, 자신이 만든 놀이 세상에서 많은 시간을 보내고, 따분하고 재미없는 세상을 뜻밖의 매력 넘치는 세상으로 바꿀 수 있을 것이다.

그동안 외면했던 놀이에 대한 시각을 바꿔 자신만의 즐거움을 찾도록 시도해보라. 이런 태도로 생활한다면 인생은 더 행복해질 것이다. 어쩌면 다 누릴 수도 없을 만큼 행복한 일이 생길지도 모른다.

05
비관하지 말라
'미래관'으로 치료하자

> 낙관적인 사람도 좌절하면 슬프기 마련이다.
> 그러나 그들은 행복한 미래가 있기에 도전을 멈추지 않는다.

대학을 졸업할 무렵 학우들이 속속 취업을 선택했다. 그런데 유독 한 친구만 진로를 결정하지 않았다. 나는 그 친구에게 말을 건넸다.

"저번에 국영 기업에 채용됐다고 하지 않았어? 그 회사 대우 좋지 않나?"

"국영 기업이라서 좋긴 한데, 직원이 너무 많다 보니 인간관계가 복잡해질 것 같아서 말이야. 난 영 적응하지 못할 것 같아."

그녀의 대답을 듣고서 다시 물었다.

"유망 중소기업에서도 오라고 했다면서?"

"거긴 외근해야 한대. 매일 밖으로 돌아다녀야 할 텐데 나는 고생을 해본 적이 없거든. 흥미로운 곳이긴 하지만 몸이 견딜 수 없을까 봐 못 가겠어."

"그럼 우리 같이 학교에 남자. 교수님들도 다 너를 좋아하는 것 같던데, 교수에 도전해보는 건 어때?"

내 권유에 그녀는 또 죽는소리를 늘어놓았다.

"나는 아직 학부생이잖아. 석박사 대학원생들이랑 공부로 경쟁하라고? 내가 아무리 노력해도 실력 차이가 나서 따라갈 수 없을 거야."

세상에! 도대체 할 수 없는 일이 어찌 그리도 많은지, 힘든 일은 또 뭐가 그리 많은지……. 물론 여러 선택 중에는 어려움도 있고 도전하여 극복해야 할 일도 있다. 그러나 분명한 것은 기회가 많다는 사실이다. 어째서 계속 부정적인 면만 쳐다보면서 무조건 다 힘들다고 하는가? 해보지도 않고 자신감부터 잃는 것은 성공하지 않겠다는 태도와 다름없다.

비관과 낙관

비관적 정서는 매사 우리의 결정을 방해한다. 흔히 볼 수 있는 몇 가지 현상으로 비관적 정서와 낙관적 정서를 비교해보자.

① 사물을 보는 시각
비관적 정서 : 항상 어려운 면부터 보고 실패의 가능성을 생각한다.
낙관적 정서 : 희망적인 면과 긍정적인 결과를 찾는다.

② 문제 대처 방식
비관적 정서 : 피할 수 있는 방법을 생각한다.
낙관적 정서 : 해결할 방법을 생각한다.

③ 난관에 직면했을 때 대응 방식

비관적 정서 : 갑자기 생겨난 두려움을 제어하지 못한 채 작은 문제를 크게 만든다.

낙관적 정서 : 하나씩 극복하여 미래의 어려움을 하나씩 줄여간다. 현재의 작은 문제를 해결하여 미래에는 큰 문제가 없게 만든다.

이처럼 비관적 정서와 낙관적 정서는 그 태도에 따라 전혀 다른 모습으로 상황을 몰고 간다. 비관적인 사람은 늘 하는 일마다 안 된다고 생각하고, 낙관적인 사람은 좋은 일이 끊이지 않는다고 생각한다. 그렇다면 하늘이 낙관적인 사람만 보살피고 있는 것일까?

심리 상담을 하다 보면 고객 대부분에게서 공통적인 사고방식 하나가 포착된다. 내가 현 상황의 개선 방법을 제안할 때, 그들이 보이는 첫 번째 반응은 "이거 너무 어려운데요?"다. 처음에는 이 말이 무슨 뜻인지 잘 몰랐다. 많은 고객과의 상담을 거듭하며 나중에야 알 수 있었다. 그들은 다른 대답을 기다리고 있었던 것이다. 즉, 그들은 더 좋고, 덜 힘들고, 더 편하게 할 수 있는 다른 제안을 해주기를 기대했던 것이다.

그렇다면 혹시 그들이 이런 특별한 사고방식 때문에 심리 상담을 받으러 왔던 건 아닐까? 사실, 이것도 비관적 심리 특질의 한 가지다. 비관적인 사람은 특정 권위자의 방법을 곧이곧대로 믿고, 그대로 따라 하여 자신의 문제를 해결하려고 한다. 그렇게 하면 자신이 직접 방법을 찾는 수고를 덜 수 있기 때문이다. 이렇게 남의 도움을 취하는 데 익숙한 사람은 자기 자신을 믿지 못한다. 또 일에 대한 대가도 치르지 않으려 하고 자신에 대한 기대도 낮다. 설령 자신이 어떤 방법을 발견하더라도 근본적으로 자신을 안 믿기에 그 방법의 유용성을 의심한다. 권위자는 과신하고 자신은 불신하는 이러한 태도는 비관적 사고방식과 궤를 같이한다.

낙관적인 사람은 세상에 완벽한 것은 없다고 믿는다. 그리고 희망을 다른 사람에게 기대지 않는다. 또 시간을 절약하는 것이 최선의 방법이 아니라는 사실도 알고 있다. 당장 몸을 움직여서 자신에게 가장 잘 맞는 방법을 찾는 것이 최선이라고 생각한다. 자신에게 잘 맞는 것인지의 여부는 누구보다 스스로가 가장 잘 알지 않겠는가?

문제에 다가가야 해답을 찾을 수 있다

일상생활에서 문제가 생겼을 때, 우리는 보통 가장 좋은 해결 방법을 찾겠다고 생각한다. 물론 맞는 생각이다. 반면, 어떤 경우에는 아무것도 하지 않은 채 그저 더 나은 방법이 나타나기만 기다리기도 하는데 이는 잘못된 생각이다. 더 나은 방법은 우리가 발전한 시야로 볼 때 비로소 찾을 수 있다.

문제를 문제라고 하는 이유는 당장 해결 방법을 찾지 못한 채 해결 방향을 잃어버렸기 때문이다. 바꾸어 말해, 당신이 찾고자 하는 해결 방법이 기다려도 나타나지 않는 건 지금 당신이 서 있는 위치에 문제가 있다는 뜻이다. 이는 모두 시야가 한정되어 있기 때문이다. 더 나은 방법은 당신에게서 멀리 떨어져 있어서 당신이 움직이지 않으면 찾을 수도, 활용할 수도 없다. 상담사가 한 걸음에 닿을 방법을 알려줘도 당신은 자신에게 맞지 않는 방법이라고 여길 것이다. 아무리 좋은 방법이라도 현재 당신이 문제와 동떨어져 있다면 소용이 없다. 결국 좋은 방법도 잘 활용할 수 있는 사람에게 주어졌을 때 최상의 효과를 거둘 수 있다.

따라서 좋은 방법을 찾으려면 끊임없이 문제에 가까이 접근하여 우선 이용 가능한 방법을 시도해야 한다. 그런 다음 정확한 방향을 따라 계속 나아가야 한다. 그러면 낡은 방법 대신 새로운 방법을 찾고, 약간 효과가 있는 방법 대신 확실한 효과가 있는 방법을 찾을 수 있다. 이렇게 한 걸음 한 걸음 나아가다 보면 발걸음도 점점 가벼워지고 기대하는 효과에도 근접하게 된다.

우리는 어떤 일을 결정할 때 그 일이 가져올 스트레스와 실패할 경우에 받게 되는 고통을 먼저 생각한다. 이런 태도를 버리지 않으면 미해결 문제를 안고 평생 살아가게 될 것이다. 기다린다고 더 좋은 방법이 저절로 눈앞에 나타나지 않는다. 일어나서 행동하는 것만이 좋은

방법을 찾는 유일한 해답이다.

멀리 바라볼수록 낙관적이다

낙관적인 사람과 비관적인 사람을 구별하는 기준은 그들의 기분 상태가 아닌, 문제를 대하는 태도다. 어려운 일이 생겼을 때 기꺼이 문제에 다가가는 사람은 시작하기도 전에 어려울 거라고 생각하는 사람보다 낙관적이다. 닥친 일이 순조롭게 진행되지 않을 때, 강인한 의지로 천천히 문제를 푸는 사람은 무조건 뒷걸음질 치는 사람보다 낙관적이다.

성공한 사람들은 모두 낙관적이다. 지름길 없이 홀로 묵묵히 고난을 감수하고 멀리 보며 걸어가기 때문이다. 이는 반드시 겪어야 할 고통으로, 성공을 위한 필수 과정이다. 자신의 짐을 대신 짊어질 사람은 없다. 성공으로 가는 길에서 비켜주는 사람은 없다. 오직 열심히 쫓아가서 다른 사람을 추월하는 방법 외에 다른 도리는 없다. 그렇게 나아갈 때 타인이 범접할 수 없는 아주 먼 성공의 땅에 이를 수 있다.

사람은 자신이 겪은 경험의 종류가 아닌, 경험에 대한 해석 차이에 따라 부류가 달라진다. 사업가는 사업 초기에 몇 차례 도산하며 충분한 경험을 쌓아야 비로소 성공한다. 그런데 비관적인 사람은 도산을 손해, 좌절, 실패, 인생 낭비라고 생각하여 다시 도전하지도 못한다. 물론 결국에는 후회한다.

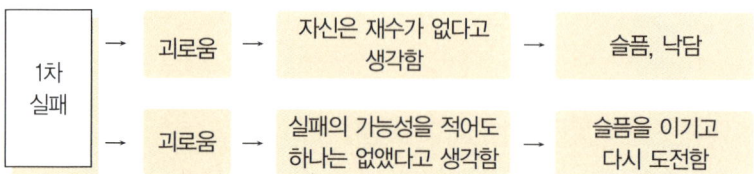

　성공한 사람과 보통 사람의 차이를 분석한 연구 결과를 볼 때, 성공한 사람도 어려움을 많이 겪었으며 오히려 보통 사람보다 고생한 경우가 더 많았다. 두 부류의 차이점은 좌절 후 회복하는 시간에 있었다. 성공한 사람은 회복 시간이 짧았고, 보통 사람은 그보다 훨씬 길었다. 비관적으로 생각하는 경우도 보통 사람이 더 많았다.

　후회한다고 문제가 호전되지는 않는다. 후회는 실패에 대한 막연한 자기 징벌이며 자책감을 달래기 위한 것에 지나지 않는다. 그러나 실패 후에도 오뚝이처럼 다시 일어서는 낙관적인 사람은 지나간 일에서 헤어나지 못하는 것을 시간 낭비라고 생각한다. 낙관적인 사람은 항상 미래를 내다봐야 원하는 것을 얻을 수 있다고 믿는다. 물론 후회를 통해 과거를 매듭짓고 마음을 재정비할 수도 있지만, 이는 미래와는 무관한 일이다.

　후회를 통해 교훈을 얻고 경험을 쌓을 생각이라면 지금 당장 노력을 시작해야 한다. 지금의 노력이 내일의 성공을 가져다주기 때문이다. 후회만 하고 바꾸려고 노력하지 않으면 미래에도 바로 오늘 때문에 후회하고 있을 것이다. 오늘은 바로 미래의 과거이기 때문이다.

　이처럼 후회를 반복하면 진지하게 반성하는 것처럼 보이지만, 사실 악순환이 되풀이되는 것에 불과하다. 그러므로 문제에서 벗어나려면 반성하는 데 쏟을 힘을 당장 미래를 위해 써야 한다. 심지를 미래에 두어야 현재에 열중할 수 있다. 이런 '미래관(未來觀)'은 낙관적인 사람에게만 있는 장점이다.

낙관적인 사람도 좌절하면 슬프기 마련이다. 그러나 그들은, 좌절은 누구나 겪기 마련이고 좌절할수록 용감해진다는 것을 안다. 그래서 잠시 방황도 하지만 이내 마음을 다잡고 새롭게 도전한다. 낙관적인 사람은 이렇게 말한다.

"오늘의 실패는 미래의 실패 요인을 하나 줄인 거라고 보면 돼요. 그러니까 성공에 한 발 더 가까이 간 거겠죠? 앞으로 생길 장애도 일부는 제거된 셈이죠."

이런 것이 바로 진정한 성장이다.

06

즐거움을 창조하라
새로운 의미 부여로 즐거움을 깨운다

> 즐거움은 뇌가 관장한다. 기분을 좋게 하는 근원을 찾아라.

한 친구를 만나러 갔을 때의 일이다. 원래는 전철을 타고 갈 계획이었지만 왠지 늑장을 부리고 싶은 속셈 비슷한 것이 발동하여 버스를 탔다. 도로 위 정체와 지체 탓에 한 시간 반이나 걸려 친구의 사무실에 도착했다. 친구는 마침 손님을 접대하고 있었다. 시간은 계속 흘러갔고, 보아 하니 친구는 나와의 약속 시간을 깜빡 잊은 듯했다. 나는 어쩔 수 없이 꼬르륵거리는 배를 안고 30분을 더 기다렸다. 사실, 친구를 만나러 가기 전부터 기분이 좀 그랬다. 친구가 새로 옮긴 사무실에 놀러 오라고 전부터 야단이었던 터, 미루고 미루다가 더는 미룰 수 없어서 억지 춘향으로 갔던 것이기 때문이다.

그 후로는 친구의 사무실에 간 적이 없다. 친구가 또 놀러 오라고 해도 거절하는 데 지난번처럼 미안한 마음이 들지 않았다. 그때 버스를 타고 가느라 힘들었고, 친구가 약속 시간을 잊어서 나를 기다리게 했기 때문에 미안할 게 없다고 스스로 위안했다. 사실, 이는 자책하지 않기 위해 내가 찾아낸 변명이었다. 친구는 정성껏 나를 대접했지만 나는 그 친구와 공감대가 없었으므로 관계를 지속하고 싶지 않았다. 그래서 막히는 버스를 탄 것도, 약속 시간을 잊은 것도 다 친구 탓으로 돌렸다. 모두 친구를 멀리하기 위한 변명이었지만 마음은 오히려 편안했다.

누구나 갖가지 구실로 하기 싫은 일은 거절하고, 하고 싶은 일은 밀어붙인다. 그런데 대개 자신이 스스로에게 변명이나 구실을 대고 있다는 사실을 전혀 인지하지 못한다. 사실, 자기 자신에게 변명하는 것은 본능이다. 그렇게 함으로써 심리적 위안을 얻는데, 이는 변명의 장점이라고 할 만하다.

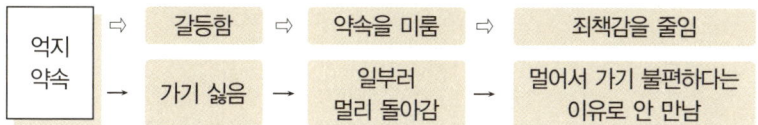

억지 약속의 논리 (위 : 사고와 정서, 아래 : 습관)

변명 속에서 자신의 솔직한 마음을 깨닫는다

변명은 우리의 잠재의식에 존재하는 회피 수단이다. 사실, 이것은 방어도 가식도 없는 가장 솔직한 의사 표현이다. 가기 싫으니까 길이 멀고 차가 막힌다는 변명을 늘어놓는 것이다. 가고 싶으면 길이 먼 게 무슨 상관이겠는가. 일찌감치 출발해서 막히는 시간만 피하면 되는 것을……. 가겠다면 거리는 문제가 안 된다. 물론, 안 가겠다면 거리는 분명한 문제가 된다.

변명을 지어낼 때는 자신의 솔직한 생각을 모른다. 안다면 그건 진짜 변명이 아니다. 하지만 나중에 자신의 행동을 돌이켜보면 당시 변명에 어떤 의미가 담겨 있었으며, 좋았는지 싫었는지 그 심정을 깨달을 수 있다.

자기 자신을 안다는 것은 어려운 일이다. 간혹 얼떨결에 다른 사람의 뜻에 따라 무슨 일을 하면 상대가 만족했을지라도 정작 자신은 즐겁지 않을 수 있다. 남들이 힘들어하는 일을 자신은 가뿐하게 해냈다면, 그것은 그 방면에 천부적 재능이 있거나 다른 사람보다 즐겁게 했다는 의미다. 이런 이유로 심리학에서는 주로 '역이용' 방법을 통해 이러한 현상을 증명한다. 즉, 자신의 솔직한 생각을 모르겠다면 자기 행동을 돌이켜 분석하는 것이다. 그러면 답을 찾을 수 있다.

남보다 즐거운 일이 많다면?

앞서 이야기한 대로 자기변명을 분석해서 자신의 솔직한 생각을 알아내는 것도 한번 시도해볼 만하다.

예전에 잠시 직장생활을 하던 시절, 가끔 동료를 도와 CD를 종류별로 분류하곤 했다. 공장에서 완성된 몇천 장의 CD를 종류별로 한 장씩 꺼내 모아 한 세트를 만들었다. 그러면 서로 다른 수십 장의 CD가 한 세트로 구성되었다. 이렇게 작업하면 수천 장의 CD는 반나절만에 전부 종류별로 분류되었다. 이 일이 얼마나 지루할지 아마 상상이 될 것이다. 어느 날, 몇 명이 함께 작업하다가 문득 내가 다른 사람들보다 피로를 덜 느끼고 쉬는 시간도 짧다는 생각이 들었다.

분류 작업은 단순한 기계적 반복이므로 거듭하다 보면 지루해서 작업 효율이 떨어지고 불평도 생긴다. CD를 분류할 때 굳이 한 가지 방법만 쓸 필요는 없다. 그래서 나는 빠르면서도 쉽고 실수도 하지 않을 다양한 방법을 시도하면서 나 자신에게 도전했다. 사실, 단순하고 지루한 일이었지만 나는 그 안에서 다양한 방법을 적용하며 나만의 창의적 놀이를 즐겼다.

나는 CD를 분류하는 단순하고 반복적인 노동에서도 창의력을 발휘할 수 있다고 생각했다. 그래서 틈날 때마다 작업장으로 가서 동료들이 꺼리는 분류 작업을 도왔다. 나에게는 'CD 분류' 작업은 '창의력 발휘'를 위한 좋은 구실이었다. 나는 내가 변화무쌍하고 난이도 높은 일을 좋아할뿐더러 남들보다 열정적으로 일한다는 사실을 나중에야 알았다. 만약 무조건 단순하게 반복만 하라고 했다면 나도 지겨워서 싫증을 내고 실수했을지도 모른다.

직업에서도 그렇다. 나는 심리 상담을 하면서 내가 타인에 비해 일을 즐겁게 한다고 자주 느끼는데, 그럴 때마다 이 길이 바로 내가 가야 할 길이라는 사실을 깨닫는다. 타인보다 즐겁게 일하고, 결과가 좋으며, 많은 의미를 부여하고, 그렇게 시간을 쏟고 있다면, 그것은 자신에게 맞는 일이다. 남들이 따분하다고 싫어하는 일을 흥미롭게 하고 있다면? 그 역시 직업을 제대로 고른 것이라고 하겠다.

따분함이 즐거움이 되는 변화

우리는 우연히 나 자신의 천부적 재능을 발견하고 나서야 내가 어떤 것에 흥미를 느끼는지, 나의 어떤 능력을 개발해야 하는지 알게 된다. 그리고 억지로 해야 하는 따분한 일에 대해서는 변명거리를 적극적으로 만들어낸다. 만약 해야 할 업무 중 CD 분류 작업처럼 지루하게 반복해야 하는 일이 있다면 어떻게 하겠는가(아마도 이런 종류의 일이 분명 있었을 것이다)? 도망갈 수도 없고, 안 할 수도 없고, 무조건 끝내야 하는데 정말 하기 싫다면? 그냥 눈 딱 감고 해버려라. 참 짜증나는 일이지만 말이다. 울며 겨자 먹기로 시작한 이상, 이왕이면 인상 찌푸리지 말고 즐거운 마음으로 하는 게 낫지 않을까? 이와 관련하여 도움이 될 만한 방법 두 가지가 있다.

첫 번째, 뇌를 속인다.

우리는 보통 재미없는 일을 하는 건 시간 낭비라고 생각한다. 신선함도 없고 자극적이지도 않다. 그래서 아무 의미가 없는 일이라고 단정한다. 반복적인 작업은 숙달되기에는 쉽지만 금방 지루해지고 도전 욕구도 떨어져서 결국 자기계발에 도움이 안 된다고 여긴다. 정말 이런 생각을 한다면 재미있는 일을 해도 지루하게 느낄 것이다. 당신은 이미 그 일에 의미가 없어졌고 흥미를 잃었기 때문이다. 그래서 뇌가 마치 생각을 정지한 듯 흥미 유발이 되지 않는 것이다.

사실, 일에 대한 흥미는 의식 속에서 가공된 것이다. 반복하면 당연히 신선함이 떨어진다. 반복은 일을 처리하는 한 방법일 뿐이다. 일을 처리하는 방법은 여러 가지다. 과거에 했던 일을 다른 방법으로 다시 시도한다면, 아마 당신의 뇌는 지금 하고 있는 일을 새로운 모험이라고 착각할 것이다. 그러면 열정이 다시 타오르고 한껏 흥분될 것이다.

그러므로 첫 번째 단계는 새로운 방법을 시도하여 뇌를 다시 흥분

시키는 것이다. 예컨대 같은 내용의 수업을 하는 것도 반복적 노동이라고 볼 수 있다. 이런 경우 기존과 다른 수업 방식으로, 새로운 자료를 활용하고, 설명 순서를 달리하는 등 수업 과정에 변화를 시도해보라. 그러면 같은 내용의 수업이지만 방식이 달라졌기 때문에 뇌가 신선하다고 느낄 것이다.

두 번째, 새로운 의미를 부여한다.

설령 방법을 바꾸었다 해도 뇌가 새로운 방법을 가치 있는 것이라고 인정하지 않으면 곧 그것을 그만두게 된다. 따라서 새로운 방법도 필요하지만 새로운 방법에 새로운 의미를 부여하는 일 또한 필요하다. CD 분류 작업을 할 때, 나는 그 일에 '창의력 발휘'라는 새로운 의미를 부여했다. 아주 기초적이고 단순한 일일지라도 자신에게 의미 있는 일로 바꿀 수 있다. 나에게 일을 취사선택할 능력은 없지만(보스

가 시키는 대로 해야지, 반항할 수는 없잖은가), 어떤 방식으로 할 것인지는 오롯이 나의 선택이다. 나는 무의미한 일을 의미 있는 일로 바꾸어 내 일에 활기는 물론 프라이드까지 불어넣었다. 수준 높은 일을 한다는 생각에 숨어 있던 재능도 발휘했다. 스스로 일에 의미를 부여하고 가치 있는 일이라고 받아들이면 투지와 열정이 차올라 따분함을 느끼지 않을 것이다. 요컨대 두 번째 단계의 핵심은 스스로 새로운 가치를 받아들이고 자신에게 의미 있는 일이 되도록 바꾸는 것이다.

새로운 의미를 부여하는 과정을 좀 더 구체적으로 살펴보자. 한 심리 상담사가 곧 치를 자격시험을 대비하여 심리학을 열심히 공부하고 있었다. 그런데 막상 시험 과목을 보니 심리학이 아닌 '유아교육학'이었다. 그녀는 갈등했지만 자격증을 꼭 따야 했다. 나는 그녀에게 '새로운 의미 부여' 방법을 추천했다. 다음과 같이 상상해보면 해답이 나올 것이다.

① 이 과정을 다 배우면 유아 상담자에 대한 이해도가 높아져 상담이 순조로워진다. 결과적으로 상담 업무 측면에서 장점이 많다.
② 내 아이가 자라서 취학 전 연령이 되었을 때, 아이에게 문제가 생기면 어떻게 해야 하는지 잘 알기 때문에 내 아이를 키우는 데 직접적인 도움이 된다.
③ 나와 비슷한 연령대의 동창이나 친구들도 아이가 있고 아이의 연령대도 비슷할 것이다. 그렇지만 그들은 나처럼 아이에 대해 체계적으로 공부하지 않았기 때문에 내가 이야기를 주도할 수 있다.
④ 공부를 마치면 많은 친구를 사귈 수 있다. 같은 상담사가 아니더

라도 공통 화제가 있기 때문에 친구가 될 수 있고, 일적으로도 도움을 받을 수 있다.

무슨 일을 하더라도 이런 식으로 상상하면 자신과 관련된 장점을 찾을 수 있다. 비단 이 네 가지뿐만 아니라 그밖에 더 많은 상상도 할 수 있다. 자신에게 중요한 일이라고 생각을 바꾸면 그 일로 말미암아 얻는 게 더 많아질 것이다. 귀찮지도 않을 것이다. 그렇게 되면 집중력이 좋아지고 원하던 결과를 빨리 얻을 수도 있다.

자격증을 위해 공부하는 것은 실리적인 일이므로 그 과정도 의미 있게 해야 한다. 피할 수 없는 힘든 일을 하더라도 부정적 생각은 최대한 줄이고 그 안에서 재미를 찾아야 한다. 그래야 기쁨과 즐거움이 배가 된다. 사실, 이 또한 목표를 이루기 위한 것이므로 과정이 조금 힘들더라도 스스로에게 좋은 위로가 될 것이다. 즐거움은 대부분 후천적으로 만들어가는 것이다. 어떤 일이든지 마음만 있다면 자신도 모르는 사이에 즐거워져서 취미가 되고 좋은 습관이 된다. 이는 절대 불가능한 일이 아니다.

하기 싫은 일일지라도 마음을 가볍게 먹고 편안하게 하면 언젠가는 즐거워질 것이다. 굳이 자신을 힘든 상황에 내몰지 말고 털어내면서 새로운 의미를 부여하라. 어렵지 않은 일이니, 나 자신을 위해 즐거운 변명거리를 찾아 나서보자.

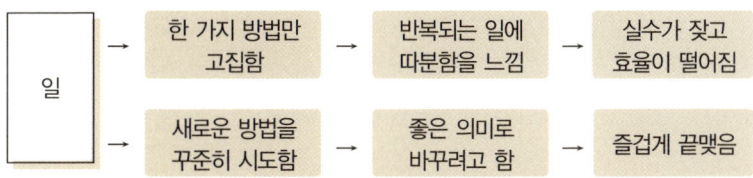

즐거움을 만드는 논리 (위 : 옛 습관, 아래 : 새로운 습관)

PART 4
고약한 성미를 다스릴 줄 아는가?
– 마인드컨트롤을 통한 긍정적 효과 창출

▼

짜증을 내지 않는 사람은 없다. 누구나 살아가면서 속에 쌓인 감정을 드러내기 마련이다. 사람은 다양한 감정을 느끼며 성장한다. 긴장감을 극복하고 올바른 방향으로 감정을 제어해 나아갈 때, 삶의 진정한 가치를 발견할 수 있다. 자기감정을 잘 다스리면 인생의 즐거움이 다가온다.

▲

01
필연적 고통과 마주하라
선택해야 해결된다

> 필연적 고통과 마주해야 합리적인 선택을 할 수 있다.

    심리 상담사들을 대상으로 한 강의에서 누군가 이런 질문을 했다.
    "고객과 장기적으로 상담을 진행하다 보면 어쩔 수 없이 부정적인 영향을 받게 됩니다. 이런 부정적 감정을 해소하지 못하면 나까지 병을 얻는 건 아닌지 걱정되기도 하죠. 이럴 땐 어떻게 해야 하나요?"
    경험이 부족한 상담사들 중 이런 문제에 관심을 갖는 이가 꽤 많다. 일어날 것인지 확실하지도 않은 일을 반드시 일어날 것처럼 말하는 것은 지나친 걱정이다. 이는 밖에 나가면 차에 치여 크게 다치거나 죽을 수도 있으니 꼼짝 말고 집에만 있어야 한다고 생각하는 것과 다르지 않다. 누군가 이런 주의를 준다면, 대부분은 어린애도 아닌데 설마 그런 일이 일어나겠느냐며 헛웃음을 칠 것이다. 나도 매일 길을 건너 다니지만 여태 그런 일은 일어나지 않았다. 도로에 차들이 아무리 많을지라도 조금만 주의를 기울이면 사고를 예방할 수 있다.

서투름이 근심을 낳는다

우리는, 익숙한 일 앞에서는 딱히 걱정하지 않는다. 그러나 확신 없는 일 앞에서는 종종 근심한다. 앞서 언급한 상담사를 다시 돌아보자. 과연 그는 상담에 서툴러서 근심하는 것일까? 그렇다. 서투름, 바로 이것이 원인이다. 태어나자마자 모든 일에 능숙한 사람은 없다. 매일 상담하는 상담사보다 난생처음 길을 건너는 사람의 마음이 더 불안하지 않겠는가. 경험이 없다면 서두르지 말고 천천히 하면 된다. 가다 서다를 반복하며 하나씩 매듭지어라. 만약 심상치 않은 위험이 감지된다면 바로 멈추고 조정하라.

생각해보자. 위험성이 전무한 일이 과연 있을까? 어릴 때는 길을 건너는 것이 위험한 일인지 모른다. 그래서 첫 도전부터 과감하게 시도한다. 무슨 일이든 처음 할 때는 두렵지만 익숙해지면 두렵지 않다. 이는 길 건너기가 더 이상 위험해지지 않았기 때문이 아니다. 위험을 느끼기 전에 안전하게 길을 건너는 데 그저 익숙해졌기 때문이다. 결국 핵심은 익숙해지면 걱정할 일이 없다는 것이다.

낯선 상황과 맞닥뜨렸을 때, 또는 불현듯 위험이 가까이에 있다고 느낄 때, 자기도 모르게 근심의 감정이 발동한다. 어렸을 때부터 한 번도 집 밖에 나가본 적 없는 사람이 성장하여 차량 행렬이 끝없이 이어지는 도로 앞에 섰다고 가정해보자. 과연 그는 담담하게 도로를 건널 수 있을까? 당연히 근심과 두려움을 느낄 것이다.

필연적 고통이란?

상담 중에 고객이 이렇게 말했다.

"이 방식은 어려울 것 같고요, 저 방식도 어렵겠네요. 그냥 선생님이 결정해주세요."

그녀는 전적으로 나에게 의지하고 있는 게 분명했다. 이처럼 이러지도 저러지도 못하는 경우에 우리는 '회피-회피(서로 모순되는 선택 사항 두 가지를 모두 거부하는 것을 말한다)'를 선호한다. 거꾸로 생각해 보면 이런 행동은 둘 다 포기할 수 없다는 의미기도 하다. 각각의 좋은 점을 다 취하고 싶기 때문에 순간적으로 기회 비용을 따져보는 것이다.

개인적으로 가끔 이런 의문들이 꼬리를 물고 스쳐 지나간다.

'나는 왜 상담사가 됐을까? 자아 성취를 위해서? 부자가 되려고? 사회적 지위 때문에?'

상담사라는 직업에도 분명 위험성이 존재한다. 상담이 순조롭게 진행되지 않으면 부지불식간에 상담 의뢰인의 부정적 감정에 전염되어 내가 환자가 되기도 하고, 심지어 내 가족에게 영향을 주기도 한다. 하지만 이런 위험성이 있다고 상담사를 포기할 수는 없다. 내가 선택한 직업이기에 위험도 의연히 감수해야 한다. 바로 이런 것이 피할 수 없는 '필연적 고통'이다. 그런데 경력이 쌓이면 그만큼 노련해지기에 부정적 영향을 줄 만한 위험 요소들이 꾸준히 감소한다. 그래서 필연적 위험을 능숙히 처리하고 더 나아가 미리 대비책을 준비한다. 이렇게 하면 위험성을 완전히 제거하지는 못할지라도 너끈히 그것을 피해갈 수 있다. 걱정 없이 길을 건너는 것처럼 말이다.

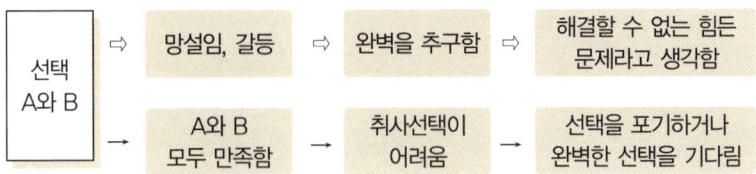

아이를 아프게 한 책상

어린아이가 뛰어다니며 놀다가 한순간 책상에 부딪힌다. 엄마가 달려와 울음을 터뜨리는 아이를 달래며 이렇게 말한다.

"이놈의 못된 책상! 우리 아가, 울지 마. 씩씩해져야지. 씩씩한 아이는 울지 않아요."

그러고는 책상 때리는 시늉을 한다. 이는 아이를 달래기 위한 것이지만 어쩌면 아이의 미래에 심각한 영향을 줄 수도 있다.

이런 교육 방식에서 중요하게 살펴봐야 할 것은 두 가지 측면이다.

첫째, 아이가 책상에 부딪혀 아픔을 느낄 때는 울어서 감정을 해소해야 한다(당연히 일부러 우는 경우는 예외다). 다 울고 나면 시원해지고 아픈 줄도 모른다. 이렇게 울고 나면 아프지 않다는 사실을 안 아이는 그 후로 부딪히는 것에 겁을 내지 않는다. 그러므로 이 상황에서 아이의 울음은 비겁한 것이 아닌, 고통을 없애주는 문제 해결책이다. 이때 울지 않으면 감정이 억눌려 건강에 좋지 않다. 어릴 때 잘 울지 않는 아이는 자라서 자신의 감정을 잘 표현하지 못한다. 아마 슬픔을 표현하는 방법조차 잘 모를 것이다. 감정을 참는 일이 습관화되면 평생 진실한 감정을 표현하지 못한 채 살아야 한다.

　둘째, 위의 엄마처럼 책상 때문이라는 말로 아이를 달래면 원인을 외부 탓으로 돌리는 것이 된다. 그런데 마음에 상처를 입은 경우, 설령 외적 요인에 의한 상처일지라도 문제를 대하는 자신의 마음가짐에 따라 그 치료 결과가 달라진다. 지진 피해를 입은 사람들이 다 어두운 곳을 싫어하는 것은 아니다. 또 결손가정에서 자란 아이라고 해서 모두가 다 불순한 것도 아니다. 이처럼 문제를 대하는 데에서 가장 중요한 것은 '마음'이다. 같은 문제를 두고 어떤 이는 쉽게 마음이 상하고, 어떤 이는 전혀 개의치 않는다. 이는 일 자체가 마음을 상하게 하는 것이 아님을 증명한다.

　고통은 잠깐일 뿐이다. 마음을 들여다보지 못한 채 환경만 탓하는 것은 문제 해결 능력을 키우는 데 전혀 도움이 안 되는 극단적 행동이다. 이는 오히려 문제를 덮어놓고 회피하는 습관을 키울 뿐이다.

아이 앞에서 책상을 나무라는 것은 분명 아이를 달래기 위한 선의의 행동이다. 그러나 이는 명백하게 아이를 겁쟁이로 기르는 훈육 방법이다. 아이가 책상에 부딪혀 넘어졌을 때의 아픔을 기억한다면, 아이는 이후 같은 실수를 반복하지 않을 것이다. 과연 아이에게 이 '필연적 고통'을 겪게 할 것인가? 아니면 무고한 책상한테 근거 없는 '죄명'을 뒤집어씌울 것인가?

부모가 매 순간 아이 곁에서 위험으로부터 방패막이가 되어줄 수는 없다. 아이에게 위험과 마주하는 법을 가르쳐 스스로 자신을 보호할 수 있도록 해야 한다. 사소한 위험을 직접 겪어보면 아이의 머릿속에 부정적인 감정이 단단히 박힐 것이다. 그러면 다음에 위험한 순간이 닥쳤을 때, 즉시 과거의 기억을 떠올리고 본능적으로 자신을 보호하며 위험을 피할 것이다. 이 얼마나 효과적인 방법인가.

그런데 어른의 경우, 아이와 달리 마주하기 싫지만 뿌리칠 수도 없는 '필연적 고통'에 필연적으로 빠지게 된다. 많은 고객이 이렇게 질문한다.

"이혼해서 너무 슬퍼요. 슬픔을 이기는 방법 좀 알려주세요."

"부모님이 돌아가셨어요. 어떻게 해야 마음을 추스를 수 있을까요?"

이는 잘못된 대처 마인드이다. 이런 질문을 하는 이들은 인간으로서 정상적으로 느껴야 하는 감정을 피하려고만 한다. 앞서 얘기했듯, 운다고 해서 비겁한 것은 아니다. 오히려 잠시 목 놓아 울면 답답한 마음이 풀린다. 그러므로 이런 '필연적 고통'을 만나면 굳이 피하려 애쓰지 말고 당당하게 맞서라. 그래야 문제 해결에 도움이 된다.

용감하게 맞서면 딜레마를 해결할 수 있다

반드시 찾아오는 '필연'은 그래서 피할 수 없다. 앞서 겪어야 할 고통을 겪을 때 마음이 건강해진다는 얘기를 자주 했다. 이는 일상생활에서 피할 수 없는 문제가 앞으로도 많이 생길 것이라는 의미다.

여기 결혼한 지 8년 된 부부가 있다. 그런데 두 사람 사이가 점점 나빠져서 결국 이혼까지 고려하고 있다. 만약 이들이 이혼을 선택한다면 이혼 후의 고통을 겪어야 한다. 이를테면 혼자 생활하는 불편함은 물론 늘어나는 생활비 지출도 감수해야 한다. 반대로 이혼 대신 부부관계의 개선 쪽을 선택해도 힘든 일은 분명 있을 것이다. 상대에게 상처를 주는 못된 버릇을 고치고 두 사람 사이에 깊이 파인 골을 메워야 한다. 단, 이는 꽤 오랜 시간이 걸리는 일이므로 그 과정에서 생기는 갖가지 부작용을 잘 견뎌야 한다.

이처럼 어떤 선택을 해도 곤란한 상황이 발생하는 경우를 우리는 '딜레마(dilemma)'라고 한다. 앞서 언급한 '회피-회피'를 다시 돌아보자. 많은 사람이 이처럼 두 가지 선택 앞에서 고민하다가 마지막엔 "둘 다 못하겠어!" 하며 포기해버린다. 그러나 어떤가. 회피는 잘못된 방법이다. 무슨 일이든 진지하게 해결하려고 노력해야 한다. 선택하지 못하고 소극적으로 행동하면 문제가 더욱 심각해져 결국 선택권을 잃고 불리한 입장에 놓일 수도 있다. 어쩌면 최악의 결과를 받아들여야 하는 상황에 부딪힐지도 모른다.

앞선 사례에서 이혼을 선택하든 관계를 회복하든 '필연적 고통'은 따르게 되어 있으므로 마땅히 겪어야 한다. 이도 저도 다 용기가 나지 않는다면 그 자리에 머무르는 수밖에 없다. 8년을 힘들게 살았는데, 8년의 몇 갑절이나 되는 남은 인생도 그렇게 살 것인가? "그렇다"라고 한다면 지금처럼 아쉬운 대로 참고 사는 수밖에 없다. '중용'을 위해 참고 살지만 행복하지도 않고 굶어 죽을 수도 없다면 삶이 너무 초라하지 않겠는가? 이게 진정 원하는 삶은 아닐 것이다.

내적 안도감

둘 중 하나를 선택하는 상황에서 무엇을 선택해야 할지 모르겠다면, 일단 둘 중 더 마음이 끌리는 방향으로 조금씩 발을 내딛어라. 옳은 선택이었다는 생각이 들면 과감히 계속 나아가면 되고, 그 선택이 기대했던 것과 다르다면 겨우 몇 걸음 뗐을 뿐이니 다시 물러서면 된다. 비록 손해는 있겠지만 그리 크지 않으니 괜찮다. 나는 이를 '시행착오법'이라고 부른다. 시행해 나아가는 동안 착오가 생기면 수정하여 바로잡으면 된다.

시행착오법의 논리

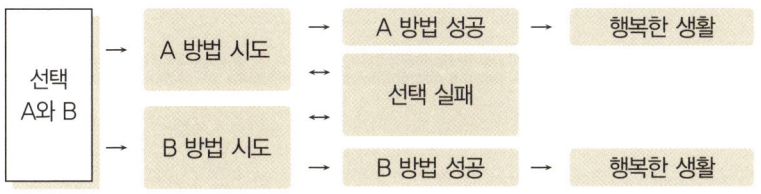

그러면 앞선 사례에 시행착오법을 적용해보자.

첫째, 이혼을 원하지만 이혼 후 적응하지 못하고 그저 후회할까 봐 두렵다면 이혼을 미리 연습해본다. 별거생활을 해도 되고, 같이 살면서 독립적으로 생활해도 된다. 일상생활, 일, 감정 등 모든 면에서 철저하게 홀로서기를 하며 혼자 헤쳐갈 수 있는지 시험한다. 혼자 있을 때 가정으로 돌아가고 싶은 마음이 드는지도 생각해본다. 한 달 이상 시험해본 뒤 충분히 홀로서기를 할 수 있다면, 그리고 되돌리고 싶은 마음이 들지 않는다면 이혼을 선택해도 후회하지 않을 것이다.

둘째, 관계 회복을 원한다면 평소 자신의 모습부터 바꿔야 한다. 바꾸려 노력한다고 해서 금방 효과가 나타나지는 않는다. 일상생활에서 소소한 것부터 상대방에게 영향을 주어야 한다. 이런 과정을 통해 과거의 부정적 감정을 떨칠 수 있다면 계속 노력하면 된다. 또 한 가지 중요한 점은 부부가 함께 노력해야 한다는 것이다. 부부가 함께 노력하면 관계를 회복할 가능성이 높다. 그러나 한쪽만 일방적으로 노력한다면 어느 정도 시간이 지난 뒤 결국 포기하게 된다. 그러면 그땐 정말로 돌이킬 수 없는 부부관계가 된다. 한쪽이 포기한 상황에서 다른 한쪽이 아무리 노력한들 관계는 회복되지 않는다. 자, 이런 결론이 나왔다면 이혼을 선택해도 후회하지 않을 것이다. 이미 충분히 노력했으니 마음 편히 자신의 과거에게 "잘 가!" 하고 인사해도 된다.

이렇게 미리 시험해보면 내적인 '안도감'을 느낄 수 있다. 문제의 양쪽 면 중 어느 쪽에서도 안도감을 느끼지 못하면 딜레마에 빠지게 되고, 안도감을 느끼면 저절로 딜레마를 해결하는 법을 깨닫는다. 즉, 문제를 개선할 방법을 명확히 하고 이를 추진하며 후회하지 않을 선택을 하려면 안도감이 선행되어야 한다.

요컨대 피할 수 없는 문제에 맞닥뜨리면 이처럼 두 가지 가능성을 미리 시험해보고 그 결과에 따라 둘 중 하나를 선택하면 문제를 해결할 수 있다.

02
감정, 지혜롭게 이용하기
걱정을 조절할 수 있는 긴장감으로 전환한다

> 긴장감은 좋은 것이다. 긴장을 버리지 말고 이용하자.

질문자 1 : 곧 또 대입시험이 있어요. 부담이 크지만, 특별히 힘든 점은 없어요. 그런데 고사장에만 들어가면 머릿속이 하얘져서 아무 생각도 안 나요. 이럴 때는 어떻게 하면 좋을까요? 좋은 방법 없을까요?

질문자 2 : 며칠 뒤 학교에서 시강합니다. 그런데 강단에만 오르면 긴장한 탓에 우왕좌왕하기 일쑤입니다. 손을 어디에 둬야 할지도 모르겠고요. 내용을 완벽하게 준비했는데도 강단에만 서면 싹 다 까먹고 마니, 그야말로 머릿속은 백지장이 됩니다. 정말 고민이에요.

이렇게 웨이보(微博, 중국의 대표적인 SNS)에서 '긴장감'에 대해 질문하는 사람들이 많다. 긴장감은 우리에게 익숙하면서도 낯선 것으로, 종종 불쑥 나타나 생활에 지장을 준다. 하지만 일단 지나가고 나면 깨끗이 떨쳐내고 금방 잊는다. 간혹 어떤 사람들은 조금 전에 자신이 왜 긴장했는지 곰곰이 이유를 생각해보기도 하는데, 과연 그런다고 다음에 괜찮아질까? 이렇게 해도 긴장감은 또 불쑥 나타날 것이다. 하지만 긴장감에 대해 안다면 이야기는 달라진다.

긴장하는 것은 당연한 현상이다

긴장감을 이야기하기 전에 잠깐 가정해보자. 만약 길에서 갑자기 칼을 들고 나타난 괴한이 당신을 죽이려고 한다면? 당신은 아마 몹시 놀라고 긴장할 것이다. 이때는 잽싸게 도망치는 게 최선일 것이다. 무고하게 황천길을 가지 않으려면 상식적으로 그것이 가장 현명한 방법이다. 그렇다면 도망갈 때 뛰는 속도는? 평소보다 몇 배는 빨라야 하지 않을까? 그렇다. 긴장하면 우리 몸의 모든 에너지는 두 다리에 집중된다. 그렇게 하체의 움직임이 빨라지고 어떻게든 위험한 상황에서 신속히 벗어나려고 한다. 그래서 긴장감은 경우에 따라 장점으로 작용되기도 한다.

물론 어떤 경우에는 너무 긴장한 나머지 온몸에 맥이 풀려 주저앉기도 한다. 이렇게 되면 도망가는 것은 고사하고 놀라 일어나지도 못한다. 이런 형태의 긴장감은 과도한 스트레스 반응이다.

그러면 앞서 소개한 질문자들의 문제를 자신의 경험과 비교해보자. 우선 첫 번째 질문자처럼 중요한 시험을 앞두고 고사장에 들어갔을 때 머릿속이 하얘진 경험이 있는가? 누구나 한 번쯤 있을 것이다.

보통 그런 상태가 얼마나 오래가는가? 1분? 2분? 설마 백지 답안지를 낼 정도로 계속 멍하지는 않을 것이다. 긴장하면 일시적으로 뇌에 산소가 부족해져서 스트레스 반응이 나타나지만, 통상적으로 1분 정도 지나면 금방 회복된다. 드문 경우이지만 간혹 과도하게 긴장하면 뇌가 과거에 저장한 정보를 시험이 끝날 때까지 기억해내지 못하기도 한다. 누군가에게 쫓길 때 살아남으려고 재빠르게 도망치다가 갑자기 다리에 힘이 풀려 쓰러지고, 결국 꼼짝없이 붙잡히게 되는 것과 비슷한 상황이다. 또 스트레스 반응, 그러니까 예측하지 못한 일이 돌발적으로 벌어졌을 때 신체적·심리적으로 자연스럽게 일어나는 대응 반응도 나타나지만 이는 금방 사라진다.

이렇게 한 번 정리해보자. 정상적인 상태일 때는 고사장에 들어가면 1분 정도 백지장이 되었다가 회복되지만, 비정상적인 상태일 때는

한 시간이나 그 이상 혹은 시험이 끝날 때까지 백지장 상태가 지속된다. 사실, 이는 매우 극단적인 경우다.

보통 1분쯤 지나면 몸이 자연스럽게 회복되어 과거에 저장된 정보를 되살린다. 단편적으로 생각이 나지 않는 것도 있지만, 이는 숙련되지 않은 정보를 잊은 것으로 자연스러운 현상이다. 만약 당신이 내 말대로 1분 뒤에 회복한다면, 이는 지극히 정상인 것이므로 굳이 긴장하지 않으려고 애쓰지 말라. 긴장하지 않겠다는 강박적 심리는 오히려 결과를 더 안 좋게 만든다. 사람의 몸은 긴장이 완전히 풀리면 뇌도 해이해진다. 그러면 과거의 정보가 기억나지 않게 되고, 결국 원하는 일을 효율적으로 하지 못한다.

긴장감을 조절하라

신인은 보통 오디션 무대에 오르면 먼저 심사위원이 어디에 있는지 찾아본다. 그러고는 긴장한 나머지 말을 더듬고 눈만 껌뻑껌뻑하며 쩔쩔맨다. 자신의 멋있는 모습을 보여주려고 하면 할수록 더욱 허둥댄다. 결국 무대에 오르기 전에 준비했던 그 모든 것을 깡그리 잊은 듯 행동한다.

내가 첫 강의를 하던 날, 기껏해야 스무 명 남짓 되는 학생들 앞에서 긴장했던 그때와 같은 심정일 것이다. 그때 나는 앞서 소개한 시강을 앞둔 질문자보다 그 긴장감이 더 심했다. 제스처를 어떻게 해야 할지도 몰랐고 할 말도 떠오르지 않았다. 또 학생들이 이런 내 모습을 보고 비웃을까 봐 노심초사했다. 손바닥에 땀이 고이고 스스로 뇌를 통제할 수 없게 되자, 머릿속에서 주제는 진즉 숨어버렸고 엉뚱한 생각만 튀어나왔다. 그렇게 1분여 동안 횡설수설 허튼소리만 하다가 천천히 본모습을 찾아가기 시작했다.

이는 어떤 일을 처음 경험하는 사람들에게서 흔히 볼 수 있는 모습이다. 그런데 이런 어색한 상황을 '쿨'하게 모면할 사람은 거의 없다. 갓 시작한 풋내기이므로 당연하지 않겠는가. 그렇다면 수많은 역경을 헤치고 지나온 지금은 어떤가. 이제 나는 수많은 청중 앞에서도 당황하지 않고 침착하게 행동한다. 설령 내가 긴장하더라도 청중은 그런 나의 모습을 거의 눈치채지 못할 것이다. 내가 긴장하지 않은 척했기 때문일까? 아니다. 사실, 긴장했지만 긴장하지 않은 척 연기할 필요가 없었을 뿐이다. 나는 이제 긴장해도 할 말을 잊어버리는 대신 재치 있는 입담을 발휘한다. 이렇게 긴장감을 다른 것으로 전환하여 위기를 극복하면 애써 긴장하지 않은 척할 필요가 없다.

나는 열정적으로 집중해서 일할 때 긴장한다. 이는 앞서 위험을 당했을 때 벗어나기 위한 상황과 비슷하다. 긴장하면 흥분이 고조되어 평소보다 더 열정적이 된다. 거듭 말하지만 긴장감이 사라지면 금방 원래의 상태로 돌아와야 정신적으로 건강한 것이다. 긴장 상태일 때 긴장을 조금만 누그러뜨리면 거꾸로 열정이 솟아오른다. 이 열정을 일에 쏟으면 실로 엄청난 결과를 얻을 수 있다.

이런 사례는 상당히 많다. 스포츠 시합에서는 달리기 같은 개인전이든 구기 종목 같은 단체전이든 모두 끝까지 약간의 긴장감을 유지해야 한다. 그리고 하프타임이나 간헐적으로 쉬는 시간이 주어지면 그때는 긴장을 충분히 풀어야 한다. 강연을 할 때도 마찬가지다. 처음 시작할 때의 긴장감을 계속 유지해야 한다. 절대로 뇌를 쉬게 해서는 안 된다. 그래야 뇌가 빠르게 회전하며 꾸준히 기억을 되살려 저장된 정보들을 적절히 사용할 수 있게 내보낸다. 현장에서 열정을 발휘하여 즉흥적으로 표현할 수 있게 됨은 물론이다.

따라서 이런 흥분 상태를 유지하면 정신적 만족감이 충족되어 강의를 무사히 끝마칠 수 있다. 마지막에 터져 나오는 박수 소리는 원만하게 잘 끝났음을 알려주는 신호다. 이것이 바로 우리의 또 다른 능력인 '전환력'이다. 결론적으로 말해, 마음의 건강 상태를 알려면 얼마나 빠른 시간 안에 부정적인 감정에서 벗어나 평소 상태를 회복하는지 확인해야 한다. 또 장시간 긴장감을 완화시키고 마음을 가라앉히도록 자신을 다독일 수 있어야 한다.

빙 둘러서 이야기했지만, 간단히 정리하면 결국 두 단계로 나눌 수 있다. 우선 걱정을 줄이고 긴장감을 활용할 수 있도록 최대한 자신을 완화시킨다. 그다음, 그 상태를 오랫동안 유지한다. 이것이 바로 긴장감을 조절 가능한 상태로 전환시키는 방법이다. 그러면 부정적 감정도 유용한 것으로 바뀐다. 그러므로 안정된 상태에서 업무적으로 좋은 성과를 올리기를 원한다면 긴장감을 꼭 유지하라. 사회에서 갖가지 번잡한 일과 부딪힐 때 마음의 건강을 유지하면 자신이 정한 목표에 다다를 수 있다. 자, 당신도 긴장감을 친구처럼 대할 수 있다. 그러면 이제 긴장감과 친구가 되는 법을 알아보자.

앞서 이야기한 긴장감 전환의 3단계를 다시 되새겨보자.

① 갑작스런 긴장감이 생긴다.
② 긴장감은 잠시 후 저절로 사라진다.
③ 긴장감이 남아 있다면 유용한 긴장감이 되도록 완화시킨다.

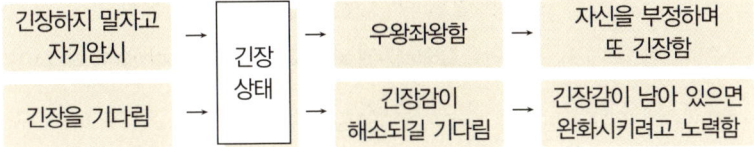

갑자기 들이닥친 긴장감을 반갑게 맞이하라

갑작스레 들이닥치는 긴장감을 피할 수 없다면 차라리 적극적으로 받아들이는 게 낫다. 아예 처음부터 '긴장하게 될 거야'라고 자신을 다독이고, 절대로 '긴장하면 안 돼!'라는 주문을 걸지 말라. 처음에는 누구나 긴장하기 마련이다. 처음부터 잘하려고 애쓰지 말고 다음에 긴장하지 않도록 대비하는 게 중요하다. 남들보다 긴장하지 않는 한 문제 될 일은 없으니까 순순히 긴장감을 받아들여라.

긴장감이 사라지지 않는다면? 기다려라

앞서 이야기했듯이, 긴장감은 끈덕지게 남아서 우리를 괴롭히지 않으며 인내심을 가지고 끝까지 버티면 언젠가는 자신도 모르는 사이에 사그라진다. 그러니 초반의 가장 힘든 순간만 잘 견디면 금방 마음이 편안해질 것이다. 첫 강의는 당연히 긴장되기 마련이다. 그래서 마음에도 없는 헛소리를 하고 목소리도 떨리고 손바닥에 땀도 고인다. 나는 이런 긴장한 모습을 보이게 되더라도 개의치 않고 '좀 있으면 괜찮아져' 하며 스스로를 다독인다. 그러고는 억지로 강의의 본 내용을 생각해내려고 한다. 사실, 이는 상당히 유용한 비법으로 내가 긴장했다는 사실을 잊음으로써 긴장감이 사라지게 할 수 있다.

아주 오래전 일이지만, 말할 때 긴장하는 버릇이 꽤 오래 지속되었던 적이 있다. 하지만 나는 그 때문에 속상하거나 자괴감에 빠진 적이 없다. 그런 상황을 '긴장'으로 여기지 않았기 때문이다. 다시 말해, 상황은 상황일 뿐이라고 생각하면서 내가 해야 할 일을 계속하려고 노력했다. 그랬더니 처음에는 5분 정도 지속되던 긴장감이 차츰 3분, 1분, 몇 초…… 이렇게 줄어들었다. 나는 지금도 여전히 강의할 때마다 긴장한다. 그러나 단 몇 초 만에 긴장이 풀려서 이내 긴장했다는 사실조차 잊는다. 그래서 다른 사람들은 내가 긴장했다는 사실을 눈치채지 못한다.

이런 '셀프코칭(Self Coaching)'은 심리학적으로 근거가 있는 방법이다. 긴장감은 예측하지 못한 돌발적 상황에서 '나 자신이 통제하지 못하면 어쩌나?' 하는 걱정에서 비롯된 감정이다. 따라서 셀프코칭의 첫 번째 단계인 '기다림' 훈련을 하면 자연히 사라진다. 물론 긴장하지 않을 수는 없고, 그러다 보면 실수도 하기 마련이다. 하지만 차분히 기다리면 안절부절못하던 불안정한 마음이 이내 자신도 모르는 사이에 안정을 되찾는다.

일을 잘하려고 하면 할수록 긴장하게 되는데, 긴장하지 않는다고 해서 일에 대한 의욕이 사라지는 것은 아니다. 처음에는 당연히 긴장감이 생기기 마련이다. 하지만 이런 긴장 상태를 경험해봐야 차츰 긴장감을 완화하는 요령이 생긴다. 긴장하는 사람은 대개 일을 정말 잘해내고 싶은 사람들이다. 그래서 긴장감을 자연스럽게 받아들이면서도 매번 긴장하지는 않는데, 이는 자신의 생각을 바꿈으로써 생긴 변화다. 이를 위해 가장 먼저 갖추어야 할 것은 자책감이 아닌, 자신감이다. 그러므로 자신을 '엄격하게' 다루기보다 '너그럽게' 대해야 한다. 처음에는 자신을 너그럽게 대하여 스스로 자신감을 갖도록 하고, 그렇게 하여 자신감이 생기면 반대로 다시 자신을 엄격하게 대해 긴장하도록 해야 한다. 이처럼 먼저 풀었다가 나중에 당기기를 반복하는 방식은 자신을 변화시키는 데 매우 유용하다. 우선 자신감이 있어야 긴장감을 다룰 수 있다. 다시 말해 이런 훈련을 하지 않으면 긴장감을 조절하지 못해서 일을 그르치게 되므로 상황이 더 나빠질 수도 있다. 그러니 상황이 좋아지기를 기대한다면 이 방법을 시도해보자.

구체적인 방법은 '긴장감'을 '기다림'으로 다스리는 것이다. 이는 근심을 필연적 고통으로 받아들이는 것과 같은 이치다. 마음을 편히 가질수록 기다림의 시간은 짧게 느껴진다. 다시 말해 마음이 편안해야 긴장 상태가 빠르게 회복되고, 기대하지 않고 무심히 기다려야 긴장감이 빨리 사라진다. 이처럼 마음의 비밀을 알면 긴장감을 자유자재로 조절할 수 있다.

긴장감을 자연스럽게 받아들이는 것과 너그럽게 기다리는 것은 같은 맥락이다. 현재 상황을 받아들이되, 이를 부정하면 자신도 모르는 사이에 서서히 변화가 일어나고 그 변화가 지속된다. 그렇게 되면 긴장감을 약화시킬 수 있고 이를 활용할 수도 있다. 이런 무통요법은 가끔 신기한 효험을 발휘하니 꼭 시도해보길 바란다.

03

불난 집의 불 끄기
부정적인 감정은 전염된다

> 불 끄려다가 기름을 부을 수도 있다. 부정적인 감정은
> 서서히 전염되어 선의가 오히려 일을 그르치게 할 수도 있다.

주변을 돌아보자면 화를 잘 내는 사람이 한두 명쯤 꼭 있다. 그들이 항상 제멋대로 굴고 함부로 행동한다면 어떨까? 또 날마다 일이나 자녀 교육 문제로 미간을 찌푸리면 동료나 가족은 그를 보며 무슨 생각을 할까? 폭력적인 방법으로 불만을 터뜨리면 마음이 편해질까?

감정을 다스리지 못하는 사람 곁에 있으면 근심이 생기고, 우울한 사람 곁에 있으면 일상이 따분하고 재미없어진다. 극단적 방법으로 스트레스를 풀면 오히려 상황이 악화되어 악순환이 반복된다. 왜 그런가? 이는 우리가 부정적 감정에 전염되어 모든 심리 상태가 부정적으로 변하기 때문이다.

부정적인 감정은 어떻게 전염되고 어떤 식으로 받아들여질까? 습관적으로 감정을 배설하는 사람은 어쩌면 부정적인 감정의 병원체를

가지고 있을지도 모른다. 그러면 그들에게 병원체가 있는지는 어떻게 알 수 있을까?

우선 한 학부모의 사례로 들여다보자.

불 끄려다가 기름을 붓다

고3의 대입시험이 끝나면 고2는 즉각적으로 대입 전쟁 준비를 시작한다. '예비 고3'을 둔 한 어머니와 전화 상담을 했다. 그녀의 아들이 다니는 학교는 예비 고3 학생들을 위해 미리 고3 수험체제로 분반하여 대입 전쟁 초읽기에 들어갔다고 했다. 학교 측은 학생들에게 1년 앞으로 다가온 대입을 위해 만반의 준비를 갖추어야 한다고 계속 스트레스를 주었다.

그녀의 아들은 이류 중학교에서 고득점으로 중점 고등학교에 진학했는데 운이 좋아서 실험반(實驗班, 중국 교육 과정에서 우수인재 양성을 위해 설치한 특별반)에 들어간 경우였다. 그런데 성적이 우수한 학생들만 모인 학급이다 보니 중학교 때처럼 상위권 성적을 유지하는 것은 꿈도 꿀 수 없었다. 아무리 애를 써도 상위권 진입은 쉽지 않았고 계속 중위권에만 머물렀다. 게다가 이상할 정도로 시험 시간만 되면 머리가 멍해져 시험을 망치기 일쑤였다. 막상 시험을 끝내고 귀가하여 다시 풀어보면 맑은 정신으로 문제가 술술 풀린다는 것이다. 대입시험이 다가오는데 성적은 여전히 빨간불이니, 아들은 자신의 능력에 회의를 느껴 의지가 꺾인 상태였다. 심지어 실험반에 들어오지 말았어야 했다고 날마다 자책한다고 했다.

이는 분명 아들의 근심과 관련된 문제였지만 어딘가 이상한 점이 있다는 생각이 들었다. 나는 문제의 근원이 무엇인지 궁금했다. 그래서 아들의 문제에 대해 몇 가지 질문을 한 다음 상담을 요청한 어머니에게 초점을 맞췄다. 그녀와 대화를 나누며 느낀 점은 걱정을 지나치게 많이 한다는 것이었다.

"우리 아이가 중점 대학에 못 들어가면 어떡하죠?"

"실력을 제대로 발휘하지 못하면 어떡하죠?"

그녀는 끊임없이 이런 말들을 반복했다. 그러고는 아들이 기초가 부족하고 공부를 열심히 하지도 않는다며 계속 아들을 원망했다. 그래서 내가 물었다.

"혹시 평소에도 아드님한테 이런 식으로 말씀하시나요?"

그녀는 아무 대답도 하지 않았지만 나는 긍정의 의미로 받아들였다.

그녀는 잠시 아무 말이 없다가 말을 이었다.

"…… 원래 열심히 했는데 근래 들어 평소와 달리 자주 문제가 생기고 있어요."

부모로서 아들의 성적에 도움이 되려고 백방으로 노력하는데도 뜻대로 되지 않아 어쩔 수 없이 상담을 요청했다고 했다.

그러나 아버지와 담임선생님의 생각은 달랐다. 그들은 아이가 잠시 부적응 기간을 겪고 있을 뿐이며, 기초도 잘 잡혀 있으니 고3이 되면 상위권으로 치고 올라갈 것이라고 했다. 그리고 주변 사람이 조급해하면 오히려 아이에게 큰 부담이 되니, 어머니가 너무 조급해하지 않도록 이야기를 잘해달라고 부탁했다.

진정 그들의 말이 옳다. 진심으로 아이를 위한다면 지나친 걱정은 내려놓아야 한다. 나는 해마다 고입·대입 수험생 학부모와 심리 상담을 하고 〈교육과 마주하기〉(중국 청소년 교육에 관한 내용을 다루는 방송 프로그램) 프로그램에 참석하는데, 그때마다 느끼는 공통점이 있다. 대개 어머니들이 걱정을 많이 하고 시험에 중요한 의미를 부여하는데, 이런 걱정이 그들의 아이에게 전염된다는 것이다. 아이는 어머니가 걱정한다는 것을 느끼면 학습 욕구가 생기기는커녕 도리어 자신의 능력에 의문을 품는다. 여성은 감정이 풍부하고 섬세해서 감정의 동요가 자주 발생한다. 더구나 직업이 있으면 아이 곁에서 성장을 지켜볼 시간이 많지 않기에, 시험 성적이 조금만 떨어져도 아이의 기초가 부족하다고 생각한다. 하지만 한두 번 제 실력을 발휘하지 못했다고 해서 아이의 미래에 부정적 영향을 줄 만한 말을 해서는 안 된다.

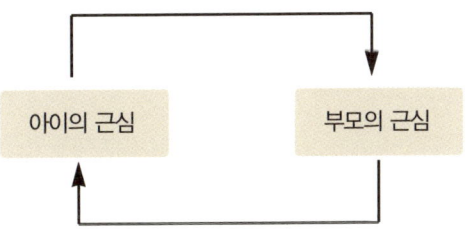

상담을 의뢰한 어머니는 직업적 책임감이 매우 강한 사람으로, 일에 전력투구하느라 아이를 돌볼 시간이 절대적으로 부족했던 것 같다. 심지어 최근 들어 업무 스트레스가 가중되었는데 그 영향이 집안일에까지 미치고 있었다. 그래서 나는 그녀에게 자신의 심리적 안정이 우선이며 마음이 안정되어야 직장에서의 문제도 해결할 수 있다고 조언했다. 그리고 가정에서 이미 입시라는 무거운 짐을 진 아이에게 자신의 근심까지 얹어주지 말고 아이를 전적으로 믿으라고 했다.

아이를 신뢰하고 적극적으로 격려하면 아이도 이를 느끼고 자신에 대해 정확히 인지하여 어떤 상황에서도 흔들리지 않을 것이다. 그리고 평소에 긴장을 푸는 데 도움이 될 만한 조언을 자주 해주어야 한다. 특히 예비 고3 학생에게는 시험 성적 외에 긴장을 풀 수 있는 편안한 분위기도 매우 중요하다. 가정에서 편안한 분위기가 조성되면 부모는 평정심을 되찾고 자신의 근심을 아이에게 전염시키지 않을 것이다. 그러면 아이도 자연스럽게 원래 상태를 회복하여 실수하고 당황하는 일이 사라진다.

부모들은 말한다.

"아이의 성적이 올라야 마음이 놓이고 걱정이 사라질 거예요."

하지만 나는 반대로 부모가 마음을 편히 가져야 아이의 성적이 오른다고 생각한다. 혹시 곤경에 처한 사람을 도우려다가 오히려 해를 끼친 적이 없는가? 분명히 그런 경험이 있을 것이다.

근심은 자신도 모르는 사이에 주변에 있는 타인에게 옮아간다. 그러면 타인은 감정의 기복이 심해져서 안정을 찾지 못하고 어찌할 바를 몰라 하게 된다. 이때 마침 또 다른 사람이 자신과 비슷한 근심을 하고 있다는 사실을 알면 자신의 근심을 정당화한다. 이렇게 근심은 누가 부추기는 것처럼 점점 더 심해지는 특성이 있어서 두 사람의 근심이 더해지면 걷잡을 수 없을 정도로 심각해진다. 반대로, 자신이 걱정하는 일에 대해 남은 대수롭지 않게 여긴다면 자신의 생각을 의심하다가 결국 남들처럼 가볍게 넘기고 평정심을 되찾는다.

그러므로 곤경에 처한 사람을 도울 때는 마음을 다스리는 것이 중요하며, 최대한 침착함을 유지해야 그 걱정을 다스릴 수 있다. 감정은 좋거나 나쁘거나 모두 다른 사람에게 전염된다. 걱정이 되더라도 감정을 가라앉히고 냉정하게 대처해야 진정으로 상대방을 도울 수 있다. 요컨대 위기 앞에서 침착할 때, 그 위기를 모면하고 평온을 되찾을 수 있다.

스스로 부정적인 감정에 감염된다

어느 날 편집인 친구 하나가 자신의 근황을 얘기하면서 고민을 털어놓았다. 그녀는 요즘 타오바오나 징둥(京東, 중국 최대 온라인 쇼핑몰) 같은 인터넷 쇼핑몰에서 필요도 없는 옷과 신발을 잔뜩 사들이고 있는데, 자제하려고 해도 자꾸 몰두하게 된다고 했다. 가끔 친한 친구들과 쇼핑을 가면 화장품과 옷가지 등을 생각 없이 마구 사들이고, 그러고 나서도 허전하면 다 함께 폭식한다는 것이다. 그렇게 해야 마음이 안정되고 기분이 좋아지는데 그것도 잠시뿐이라고 했다. 집에 돌아와 쇼핑한 물건들을 내려다보자면 낭비한 것 같아 속상하고, 또 많이 먹었기에 살찔까 봐 걱정만 하기 때문이다. 그녀는 이렇게 매번 후회하면서도 스트레스 때문에 시간이 지나면 또 같은 행동을 하는 악순환을 반복하고 있었다.

나는 얼른 그녀에게 물었다.
"최근에 뭐 안 좋은 일 있었어?"
"사실, 지난주에 며칠을 고생해서 계획안을 작성했는데 퇴짜 맞았어. 설상가상으로 남자 친구와 헤어지기까지 했지."

그녀는 이렇게 대답하며 잠시 쓸쓸한 표정을 짓더니 순간 감정을 조절하지 못하는 듯 보였다. 그녀는 여태까지 우울할 때마다 미친 듯이 쇼핑하고 폭음과 폭식을 일삼으며 근심을 떨쳐냈다. 그래서 이번 일을 겪고 나서도 자연스레 같은 방식으로 응급처치를 했던 것이다.

심리학적으로 볼 때, 마구잡이 쇼핑이나 폭음과 폭식처럼 어느 한 곳에 미친 듯이 집중하는 것은 감정을 배설하는 데 효과적이다. 실제로 많은 사람이 이런 식으로 감정을 다스리는데, 이는 특히 여성들이 선호하는 방법이다. 그런데 계속 이런 방법으로 스트레스를 해소하는 것은 부정적인 감정을 또 다른 부정적인 감정으로 전환시키는 꼴에 지나지 않는다. 스트레스나 불만을 털어내려다가 오히려 자책하고 후회하고 있으니 결국 근본적인 문제가 해결되지 않는 것이다. 스트레스를 완전히 날려버리지 않으면 차츰 다시 쌓여서 또 해소할 방법을 찾게 된다. 이때 기존보다 더 나은 방법을 찾지 못하면 어쩔 수 없이 똑같은 방법으로 스트레스를 해소하게 되므로 결국 악순환이 되풀이된다.

또한 잘못된 스트레스 해소법은 새로운 상처를 남긴다. 이를테면 반복적인 수다로 스트레스를 해소하는 방법이 그렇다. 어떤 여성들은 스트레스가 쌓이면 누구에게든 답답한 심정을 토로하여 풀려고 한다. 한 사람에게 한 번 이야기한 것으로는 부족해서 다른 사람에게 또 하고, 또 다른 사람에게 털어놓는다. 이런 식으로 주변의 모든 친구에게 이야기한다. 그녀들은 이렇게 해야 답답한 마음이 풀린다고 생각한다. 하지만 이 방법으로는 마음이 풀리기는커녕 오히려 더 우울해진다. 같은 말을 필요 이상으로 반복하면 부정적인 감정이 심화되어 사소한 문제도 심각하게 느껴지기 때문이다. 그래서 조금 속상했던 마음이 인생 자체를 부정하는 식으로 변질되고, 심한 경우는 소설《축복》속의 인물 샹린댁처럼 병적인 모습을 보이기도 한다. 그렇게 깊은 자괴감에 빠지면 스스로 벗어날 수 없게 된다.

이처럼 스스로 부정적인 감정에 감염되면 헤어날 수 없는 깊은 소용돌이에 빠지게 되고 골치 아픈 문제는 감염이 심해져서 결국 난치병이 된다.

감염되지 않으려면 '자가소독법'을 배워야 한다

부정적 감정은 대략 아래 세 가지 방식으로 전염된다.

① 타인에게 전염된다.
② 타인을 감염시킨다.
③ 스스로 자신을 감염시킨다.

감정의 전염은 부지불식간에 일어난다. 이로써 자신이 희생자가 되기도 하고 감염의 근원이 되기도 한다. 그러므로 먼저 이런 현상에 대해 자세히 알아두어야 한다.

첫째, 자신에게 부정적인 영향을 주는 주요 대상이 무엇인지 잘 알아야 한다. 예컨대 직장 상사, 가족, 환경적인 요인 등이 있을 것이다. 가능한 한 주요 대상과 접촉하는 시간을 줄이고 각별한 주의를 기울여 대해야 한다.

둘째, 타인의 부정적 감정의 원인이 자신과 상관없는 일이라면 책

임감을 느끼지 않아도 된다. 그럴 때는 묵묵히 자신의 일에 집중하거나 잠시 자리를 피해 불편한 분위기에서 벗어나는 것이 좋다. 또 기분 좋은 일을 떠올려 타인의 부정적 감정에 대항하는 방법도 있다. 그렇게 하지 않으면 타인의 부정적 감정에서 벗어나지 못하고 받아들이게 된다. 그러므로 자발적으로 해결책을 찾아서 자신도 모르는 사이에 감염되는 일이 없도록 미연에 방지해야 한다.

셋째, 긍정적인 감정을 전파하면 부정적 감정의 전염을 막을 수 있다. 만약 상대방을 동정한다면 오히려 자신을 불쌍히 여겨 상심이 깊어질 것이다.

넷째, 스트레스에 소극적으로 대처하면 스트레스를 완전히 해소할 수 없다. 장기적인 안목으로 스트레스를 말끔히 없애주고, 스트레스로 인한 후유증이 남지 않도록 적절한 방법을 찾아야 한다. 이를테면 건전한 취미를 가지거나 마음이 맞고 취향이 비슷한 친구를 사귀는 것이다.

스스로 자신의 감정을 진단하라

스트레스 제로에 도전하기로 했다면 의식적으로 자신의 감정을 수용하고 적절한 스트레스 해소법을 찾아야 한다. 이를 위해 우선 자신의 감정이 무엇인지 정확히 알아야 한다. 자신의 감정을 정확하게 안다는 것은 무슨 의미일까? 바꾸어 말하면 이렇다. 우리는 가끔 영문도 모른 채 기분이 안 좋을 때가 있다. 이때 영문을 모르는 까닭은 정말로 원인을 모르는 것이 아닌, 원인을 알아차리지 못하기 때문이다.

그러므로 '영문을 모른다'고 히어 그냥 지나쳐서는 안 된다. 반드시 원인을 찾아서 감정을 정확하게 알아야 한다. 영문을 알 수 없는 이런 부정적 감정은 그냥 지나치는 법 없이 우리를 힘들게 한다. 부정적 감정은 대부분 타인에 의해 전염되거나 자신의 부주의로 자동 감염되는 것이니만큼, 원인이 무엇인지 반드시 알아내어 부정적 감정이 다시 생기지 않도록 단단히 대비해야 한다. 사실, 이렇게 부정적인 감정의 원인을 찾아 문제를 해결하는 방법은 심리 상담사들이 주로 하는 마음 수련법이다. 이는 자신에 대해 알고, 자신의 감정 상태를 예민하게 그리고 정확하게 감지하는 훈련 방법이다. 이러한 훈련에 익숙해지면, 감정의 교란이 생기기 전에 제때 적절히 대처할 수 있다.

예를 들어보자. 날씨의 영향으로 기분이 달라지는 사람들이 있다. 집을 나서기 전에는 기분이 좋았는데 문을 열어 스모그가 잔뜩 낀 하늘을 본 순간 특별한 이유 없이 마음이 답답해졌다면 날씨에 민감한 사람이다. 이런 사람은 날씨가 흐려도 기분이 좋아질 만한 이유를 찾아야 한다. 이를테면 흐린 날은 살갗이 햇볕에 타지 않고, 기온이 내려가서 덥지 않고, 야외 활동을 하기에 쾌적하다는 등의 이유가 있다. 그밖에 또 여러 이유가 있을 것이다. 이처럼 외부 요인으로 인한 부정적 감정에 적응하는 훈련을 해야 한다. 이 훈련을 오랫동안 지속해본 뒤, 흐린 날씨를 좋아하지는 않더라도 싫어하지 않게 되었다면 효과가 있는 것이다. 핵심 포인트는 부정적 감정의 원인을 찾아서 자신의 감정을 정확히 알고 대책을 찾는 것이다.

　우리 사회에는 부정적 감정의 전염원이 너무 많아서 아무리 노력해도 다 막아내기란 사실 불가능하다. 안 좋은 뉴스, 저급한 행동, 주변 사람들의 불평 섞인 넋두리 등등 얼마나 많은가? 이런 부정적 오염원으로부터 부정적인 감정에 노출되면 위에서 말한 방법으로 주요 원인을 찾아 감염되지 않도록 빨리 손을 써야 한다. 그래야 심리적으로 안정되고 건강한 삶을 유지할 수 있다.

04
감정은 걸림돌이자 디딤돌이다
감정의 독소를 제거하라

> 근심이 남아 있다고 걱정하지 말라. 곧 사라질 것이다.

    감기나 설사병에 걸렸을 때, 대부분의 사람은 콧물이 멈추고 설사가 멎으면 다 나았다고 생각한다. 이런 것으로 미루어볼 때 병을 치료하는 데 가장 중요한 점은 당장 증상을 없애는 일이라고 할 수 있다. 하지만 심리적 문제는 이렇게 당장 병증을 없애는 것만이 효과적인 방법은 아니다. 심리적 문제는 근심, 우울, 공포 등등의 건강하지 않은 감정이 겉으로 드러나는 것이다. 물론 신체 건강을 해치는 감정을 제거하는 것이 치료의 궁극적 목적이지만 처음부터 감정 자체에 초점을 두어서는 안 된다.
    어느 날 저녁, 다른 지역에 사는 고객이 다섯 번째 상담을 하러 왔다. 그는 오자마자 자신의 현재 치료 상황에 대한 피드백을 하기 시작했다.

"부정적인 감정은 눈에 띄게 줄었지만 근심하는 버릇은 여전히 남아 있어요."

나는 그의 생각을 일깨울 대답을 한마디씩 차분히 전했다.

"근심하는 버릇은 당연히 남습니다. 증상을 없애는 것을 단기 목표로 삼지 마세요. 무엇보다 증상을 대하는 태도를 바꾸는 게 중요합니다."

'태도 바꾸기'는 내가 고객과 상담할 때 문제를 효과적으로 해결하는 방식으로써 자주 추천하고 있다.

오래된 친구인 근심을 서둘러 쫓아내지 말라

치료의 최종 목표는 건강하지 않은 증상을 없애는 것이지만 그보다 더 중요한 것은 증상을 대하는 태도다. 예컨대 8년째 근심 문제로 상담을 받던 사람이 한 달 안에 근심을 없애겠다고 한다면 이는 과학적으로도 불가능한 일이다. 하지만 나는 그가 '근심' 자체를 두려워하지 않게 할 수는 있다. 근심하는 사람은 일단 일상생활에서 근심을 정면으로 마주하고, 올 테면 오고 갈 테면 가라는 식의 마음가짐으로 대해야 한다. 심리 상담 치료의 초기 단계에는 금세 근심을 떨치기 어려워서 어느 정도 남아 있을 수밖에 없다.

'근심'이라는 놈은 이 고객과 벌써 5년째 함께하고 있어서 이미 불가분의 관계를 맺고 있다. 그래서 근심을 단시간에 쫓아내면 오히려 불안해진다. 물론 근심은 건강에 해로운 요소이지만 이렇게 근심이 습관화된 경우에는 근심이 어느 정도 남아 있어야 안도감과 편안함을 느낀다. 우울증 환자가 매일 고정적으로 우울한 감정에 빠지는 것과 같은 이치다. 우울한 감정에 빠지지 않으려고 애쓰면 도리어 무료함과 괴로움이 심해져 한가한 시간을 견디기 힘들어진다. 이는 평소 습관적인 우울감보다 더 견디기 힘들다. 마찬가지로, 강박증 환자도 날마다 일부러 떨쳐버리고 싶은 생각을 떠올려야 한다. 그렇게 하지 않으면 더욱 초조해지고 불쑥불쑥 화가 치밀어 오른다.

도대체 이게 무슨 말인지 헷갈린다면 이런 비유로 이해해보자.

폭력적인 아버지 밑에서 걸핏하면 맞는 아이는 아버지한테 맞을 때마다 도망갈 생각을 한다. 그러나 막상 도망쳐 나오면 맞지 않아도 되니 좋지만, 자신을 돌봐줄 어른이 없고 기거할 곳이 없어서 배고프고 두려워진다. 그래서 어쩔 수 없이 다시 집으로 돌아간다. 그런 과정에서 자신을 보호해줄 사람이 없는 바깥세상보다 무서운 아버지라도 있는 집이 차라리 안전하다는 사실을 차츰 깨닫는다. 이렇게 점점 자신의 생활에 익숙해지면 도망가고 싶은 생각도 들지 않고 아버지의 난폭한 성격도 자연스럽게 받아들인다.

알다시피 사람은 영리하여 위험한 상황에서 더 위험한 상황을 모면하는 법을 배운다. 가정환경이 순탄하지 않고 아버지에게 대항할 방법도 없지만, 위험한 바깥세상에 홀로 나가면 안 된다는 것을 어린 나이에도 분명히 인지한다. 그래서 타협을 선택하고, 그 후에는 모든 것을 수용하며 서서히 익숙해진다.

우울증 환자도 이와 비슷하다. 우울증에 걸린 사람은 비록 성인일지라도 심리적으로는 아이처럼 미숙하다. 그래서 우울함을 느끼면서도 그 속에서 안도감을 느낀다. 이것만이 현재보다 더 크고 심각한 상처를 입지 않는 길이라고 여기기 때문이다. 만약 준비 없이 갑자기 우울함을 떨쳐내면 부모에게 버림받은 것처럼 낯선 세상에서 보호받지 못하는 두려움을 느낀다. 그러므로 우울증 환자에게 우울한 감정은 일종의 대체 치료 요법이다. 즉, 자신이 감당할 수 없는 더 심각한 위험을 모면하기 위해 현재의 우울한 감정을 유지하는 것이다.

심리학에는 이와 관련한 전형적인 사례가 있다. 선생님의 관심을 받고 싶은 아이가 있었다. 이 아이는 공부를 못해서 선생님의 관심을 받지 못하게 되자 수업 중에 말썽을 피워 선생님의 관심을 끌었다. 결국 자신의 바람대로 된 셈이었다. 아이는 계속 이런 식으로 선생님의 관심을 유도하다가 정말 '나쁜 아이'가 되고 말았다. 아이는 아마 자신이 어떤 모습으로 변했는지조차 모를 것이다. 이런 나쁜 행동은 자신의 절박한 바람을 이루는 데 도움이 된다. 우울증 환자들도 처음에는 단순히 우울한 마음에 자신의 책임을 덜어내려던 것뿐이었는데 실제로 원하던 대로 되고 보니 차라리 우울한 게 낫다는 선택을 한 것이

다. 그래서 '우울증'에 걸리게 되고, 결국 일과 생활의 모든 면에서 의욕을 잃고 책임감도 잃는다.

이렇게 부정적인 감정으로 대체하여 치료하는 방식은 원래 문제보다 더 첨예한 문제가 발생하는 것을 방지하는 장점도 있다. 구체적으로 보면 '인터넷 중독'도 이런 방식으로 치료한다. 인터넷 중독을 치료한다고 해서 무작정 인터넷을 못하게 해서는 안 되며 그것을 대체할 만한 다른 것을 우선 찾아야 한다.

인터넷 중독은 주로 마음이 공허하고 자제력이 부족한 아이들이 걸린다. 현실에서 느끼지 못하는 만족감을 인터넷 세상에서 충족시키는 것이다. 그래서 이런 만족감을 갑자기 빼앗으면 그들은 헤어날 수 없는 깊은 실의에 빠지고 삶의 균형을 잃게 된다. 심지어 인터넷에 쏟았던 관심을 더욱 극단적인 다른 방면으로 옮겨 또 다른 문제를 일으킨다.

강제적으로 인터넷을 끊으면 인터넷 중독자는 방에 갇힌 아이처럼 바깥세상과 교류를 할 수 없게 된다. 그들에게 인터넷은 바깥세상과 소통하는 유일한 창구다. 그런데 이 창구를 봉쇄한다면 어떤 일이 일어나겠는가? 원망과 증오가 쌓여 결국 자기 자신도 포기하고 스스로 타락하는 길을 선택할지도 모른다.

그러므로 인터넷 중독을 치료할 때는 처음에는 말로 잘 타이르다가 서서히 인터넷을 줄여나가는 방법을 취해야 한다. 과학적 방법으로 중독을 치료할 때도 중독물의 사용량을 줄이는 것이 우선이며, 이와 동시에 새로운 대체물질을 찾아 줄인 양만큼의 공백을 서서히 채워나가야 한다. 그렇게 할 때, 오래된 나쁜 습관을 완전히 버릴 수 있다.

부정적 감정을 안도감으로 바꿔라

자신을 변화시키고자 한다면, 나쁜 '현상(혹은 증상)'을 없애야 한다. 그래야 부정적인 감정과 서서히 이별하여 완치할 수 있다. 부정적 감정은 주변에서 아무런 도움을 받지 못할 때 발생하는데, 이때 고독과 우울 증세가 동반한다. 이런 감정에 익숙해지면 스스로 자신을 보호하는 습관이 생긴다.

다시 말해 자기 저항 능력이 생기는데, 이는 가정폭력이나 사회적 불공평 등 다양한 어려움에 부딪혔을 때 대응하는 힘이다. 그런데 이 힘이 충분하지 않은 어린아이는 부정적 감정으로 인해 스트레스를 감당할 수밖에 없어서 위험으로부터 멀리 떨어져 안도감을 찾으려고 한다. 사실, 안도감은 즐거움 같은 순방향의 감정보다 더 중요하므로 '부정적인 감정'을 '안도감'으로 바꾸는 것은 현명한 선택이다.

앞서 이야기한 '작은 것을 버리고 큰 것을 얻은' 예를 하나 더 들어 보겠다. 한 고객은 3년 전부터 일주일에 한 번씩 이유 없이 울고 싶어지는데 그럴 때마다 울지 않으려고 억지로 참는다고 했다. 나는 처음에는 무슨 영문인지 몰랐지만, 그녀의 어린 시절 이야기를 듣고 차츰 그녀를 이해하기 시작했다. 그녀는 어렸을 때 부모님 때문에 억지로 감정을 억누르며 살았고, 부모님의 기대치가 높아서 힘들었다고 했다. 그녀는 여섯 살 때부터 스스로 빨래를 시작했는데, 아무리 열심히 해도 어머니는 늘 빨래가 깨끗하지 않다며 타박했고 울면서 반항해도 봐주는 일이 없었다. 그녀는 늘 이렇게 힘든 상황을 견디며 울음을 참았고 어머니가 만족할 때까지 몇 번이고 다시 빨았다. 자칫 울기라도 하면 그날 욕만 잔뜩 먹고 심지어 굶어야 했다. 급기야 어떤 날에는 마구 맞기까지 했다. 그러니까 그녀는 어머니가 야단칠 때는 울지 않아야 더 큰 벌을 피할 수 있었다. 이렇게 자라서 어른이 된 그녀는 스트레스가 심할 때마다 울고 싶었지만 어려서부터 울면 안 된다는 강박증에 시달렸던 탓에 늘 갈등했다.

나는 이 모든 상황을 이해하고 나서 그녀에게 한바탕 크게 우는 연습을 시켰다.

"일주일에 한 번씩 울어보세요. 울어도 아무 일이 일어나지 않으니 안심하시고요."

그녀는 반신반의하더니 이렇게 말했다.

"저는 울음이 안 좋은 거라고 생각해서 즐거움을 찾으려고 상담을 요청했던 거예요. 울음을 웃음으로 바꾸고 싶어서요. 그런데 선생님께서 굳이 큰 소리로 울어보라고 하시니…… 어쨌든 해볼게요."

그녀는 내 설명을 듣고 나서 내가 시키는 대로 실천했다. 그로부터 한 달이 지난 뒤 그녀가 찾아와 이렇게 말했다.

"매주 울고 싶은 마음이 사라졌어요. 이제는 힘들어서 울고 싶으면 그냥 감정에 맡기고 울어요."

내게서 웃는 법을 배우고 싶었던 그녀는 마지막으로 상담하는 날까지 그 바람을 이루지 못했다. 하지만 마지막으로 이런 말을 전했다.

"요즘은 울고 싶어도 어릴 때처럼 참지 않아요. 괜찮다고 스스로 다독이니까 오히려 마음이 편해져요. 그래서 상담 결과에 매우 만족해요. 사실, 저는 잘 웃을 줄도 모르잖아요. 앞으로 웃는 법도 배우려고 해요. 이제 우는 건 자신이 생겨서 울음을 통해 즐거움도 찾고 스트레스도 해소할 수 있거든요."

웃어야 행복하다는데 눈물이 많다면?

그녀는 어려서부터 억지로 울음을 참은 탓에 어른이 되어서도 그 영향에서 벗어나지 못했다. 하지만 그 과정에서 강인함을 배워 상처받을 만한 상황에 부딪혀도 혼자 힘으로 감당했다. 유년 시절부터 항상 우울했고 감정을 억누르며 살았던 그녀가 웃을 줄 모르는 것은 당연하다. 오로지 울음만이 그녀의 감정을 표출할 수단이었다. 그래서 그녀의 치료는 울음의 의미를 정확하게 이해하는 데서 출발했다. 누군가 웃어야 행복해진다고 하지 않았던가? 하지만 행복을 부르는 울음도 있다. 이것이 바로 유익한 울음이다.

이런 치료법은 의외로 효과가 좋다. 그녀처럼 근심이나 우울함이 '오랜 친구'가 된 경우라면 이를 당장 없애려고 하면 안 되고 서서히 이별해야 한다. 상담을 의뢰하는 사람 대부분이 이 친구와 빨리 헤어지려고 서두른다. 하지만 이는 자신이 오랫동안 이런 부정적 감정에 의지하여 성장하고 그 덕분에 더 큰 상처를 입지 않았다는 사실을 모르기 때문에 하는 생각이다. 그러므로 우리는 이런 감정을 '나쁘다'라고 정의해서는 안 된다.

감정에는 좋고 나쁨이 없다. 다만, 쓰임이 다를 뿐이다. 부정적 감정을 두려워하지 말고, 부정적 감정이 생길까 봐 걱정하지 말고, 생기더라도 애써 거부하지 말아야 한다. 부정적 감정은 억누를 수도 없을 뿐더러 억누르면 다시 생겨서 상황이 오히려 더 안 좋아진다. 그렇게 될 바에야 차라리 부정적 감정을 친구로 삼는 것도 나쁘지 않다. 감정을 대하는 태도는 자신의 의지로 바꿀 수 있다. 태도를 고치면 습관이 개선되므로 좋은 태도를 갖추면 나쁜 습관도 고칠 수 있다.

감정은 걸림돌이자 디딤돌이다

감정을 대하는 태도 바꾸기를 단기 목표로 설정해야 성공적인 변화을 이끌 수 있다. 잘 울게 되었다는 그 고객처럼 울음은 부끄러운 것도 아니고 억지로 참아야 하는 것도 아니라는 사실을 인정하면 태도에 변화가 생긴다. 이는 심리 상담사가 이끌어줘야 할 부분이다. 태도를 바꾸고 난 후에 울었다면, 아마 그 울음을 통해 생각지도 못한 효과를 얻었을 것이다. 어떤 효과인지 궁금하다면 지금 울어보아라. 그러면 알게 될 것이다.

울음을 대수롭지 않게 여기면 울음의 부작용도 사라진다. 울음에는 양면성이 있어서 슬프게 만들기도 하고 감정을 해소시키기도 한다. 울음을 적으로 생각하면 슬퍼할 일이 많아지지만, 친구로 생각하면 스트레스도 풀리고 마음도 편안해지는 장점이 있다.

이처럼 감정은 자신을 변화시키는 디딤돌이 될 수 있으니, 더 이상 감정을 걸림돌로 생각하지 말라.

울음은 부정적인 감정이 아니라는 논리 (위 : 옛 습관, 아래 : 새로운 습관)

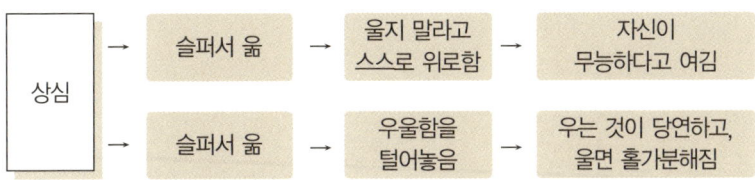

태도를 바꾸면 감정의 독소가 제거된다

부정적 감정은 다분히 주관적인 것이며, 실제로 기분을 좌우하는 것은 감정이 아니라 자신의 태도이다. 그래서 스스로 부정적이라고 생각하면 부정적인 것이 된다.

자가 치료로도 감정을 대하는 태도를 바꿀 수 있다. 태도가 바뀌면 부정적 감정에 무감각해져서 그런 감정이 남아 있더라도 기분에 영향을 받지 않고 덤덤해진다. 다시 말해, 부정적 감정이 여전해도 염두에 두지 않게 된다. 이쯤 되면 치료에 성공했다고 볼 수 있다. 부정적인 감정이 남았다고 해도 더는 자신을 힘들게 하지 않으니 걱정하지 않아도 된다. 이렇게 되면 부정적 감정은 무의미해지고 의미 없는 감정은 무용지물이 되어 애쓰지 않아도 저절로 사라진다. 이렇게 서서히 감정의 독소가 빠지고 다른 건강한 물질이 그 자리를 채우는 과정은 시간이 해결해줄 것이다.

05

어디에서든지 즐거움을 느껴라
즐거움은 삶의 원동력이다

> 66
> 즐거움은 자신감이고, 습관이며, 변하게 하는 힘이다.
> 99

한 가정의 문제를 상담한 적이 있다. 남편은 사업체를 경영하고, 아내는 고위직의 고액 연봉자였다. 그래서 이 가정은 경제적으로 상당히 부유한 편이었다. 그들은 1가구 1주택의 주택 구입 제한 규제가 시행되기 전에 좋은 지역을 골라 집을 다섯 채나 구입했다. 지금 그들은 다섯 채 모두 세를 놓고, 자신들은 아이와 함께 18평도 안 되는 작은 집에 세 들어 살고 있다. 아이는 초등학교에 갓 입학한 나이이지만 자라면 외국으로 유학 보내려고 부부는 아껴 쓰고 아껴 먹으며 절약하고 있다. 아내는 대화 중에 부부가 아이를 위해 생활비와 여가 비용을 어떻게 절약하는지 또 얼마나 힘들게 생활하는지 계속 설명했다. 게다가 최근 남편 회사에 문제가 생겨 경제적 상황이 나빠진 탓에 더더욱 돈을 아껴 쓴다고 했다. 한마디로 '위기 상황'이라는 것이었다.

아내의 말을 듣자니 이 가정은 돈이 아무리 많아도 여전히 부족할 것 같았다. 아이의 유학 문제, 각종 의료비 문제, 노부모 부양 문제, 지출 문제 등등 문제들이 꼬리에 꼬리를 물었다.

나는 재산이 10억 원이 훨씬 넘는데도 돈 때문에 걱정하는 그들에게 물었다.

"그러면 얼마나 많이 벌어야 충분히 쓸 만큼 벌었다고 할 수 있을까?"

이 부부처럼 내일 잘 먹고 잘 입고 걱정 없이 살기 위해 오늘의 즐거움을 포기한 채 악착같이 돈을 벌어야 할까?

즐거움은 자신감이다

내일을 대비해서 열심히 저축하는 것은 바람직하다. 하지만 일어나지도 않은 일에 대해 지나치게 걱정하고 고민하는 것은 옳지 않다. 수입이 늘지 않을 때 지출을 줄이면 돈을 아낄 수 있다고 생각하지만, 사실은 그렇지 않다. 현재까지 벌어놓은 돈과 앞으로 벌게 될 돈은 별개다. 바꾸어 말해, 재산이 아무리 많아도 돈을 계속 벌지 않으면 돈은 점점 줄어들 것이다. 수입은 없고 지출만 계속되니 수중에 돈이 남을 리 없다. 그러나 돈을 계속 벌면 수중에 돈도 계속 쌓인다. 앞서 소개한 부부가 재산이 많은데도 계속 돈을 걱정하며 쭉 가난하게 생활하는 이유는 무엇일까? 바로 자신과 남편에 대한 믿음이 없기 때문이다.

수입이 늘 거라고 기대하지 않은 채 과거의 수입을 유지하는 데만 급급하니, 이게 바로 자신감 없는 모습 아니겠는가? 자신감에 대해 이야기하자니, 내 아내의 친구 부부 이야기가 생각난다.

이 부부는 지방에서 베이징으로 와 공장을 세웠는데, 5년 만에 굉장히 많은 돈을 벌어 투자용 부동산도 제법 사들였다. 그런데 그 이후 국내 경제 상황이 악화되어 직원들 월급도 줄 수 없을 만큼 매출이 떨어졌고, 급기야 공장을 정리해야 하는 상황에까지 이르렀다. 결국 부부는 공장을 폐쇄하기로 결정했고 소유하고 있던 부동산을 모두 매각하며 어려움을 함께 이겨내자고 다짐했다. 부동산을 매각한 대금으로 직원들의 밀린 급여를 지급했고 공장을 닫고 나서는 지출을 최대한 줄였다. 그래서 집도 베이징 시내 중심가에서 변두리로 옮겨 세를 얻었다. 당시 나는 아내와 함께 이 부부를 도와줄 일이 있을까 하여 이사한 집을 방문했다. 그런데 그들은 자신들의 현 상황이 별일 아니라는 듯 대수롭지 않게 여기며 한사코 우리의 호의를 거절했다. 사업이 번창하여 승승장구하던 때도, 부동산을 팔아 빚을 갚던 때도, 지출을 줄이려고 변두리로 이사한 때도, 그들은 여전히 담담했다. 그들은 돈이 없으면 벌면 된다는 자신감이 있었고 또 없으면 없는 대로 지내면 된다며 매일 즐겁게 생활했다. 그로부터 얼마 후 그 남편은 업종을 바꾸어 새로운 사업을 시작했다. 그런데 사업을 시작한 지 겨우 2년 만에 수익이 나기 시작하여 과거 사업이 한창 번창했던 당시 수준으로 서서히 회복되었다.

돈의 유무가 즐거움에 영향을 주긴 하지만 핵심적인 요소는 아니다. 사실, 즐거움은 자신이 처한 현재 상황을 어떻게 받아들이는가에 달렸다. 수중에 돈을 가득 쥐고도 불안하게 생활하는 사람보다 미래에 대한 확신이 있는 사람이 정서적으로 훨씬 안정적이다.

요컨대 '자신감'이 있으면 인생이 즐겁다. 자신감이 없는 사람은 곧

경에 처했을 때 당황히여 허둥지둥하고 해결책을 찾지 못한다. 돈을 수억이나 벌었어도 자신감이 없으면 어느 날 무일푼이 될까 봐 쓸데없는 걱정을 한다.

"돈 없어도 괜찮아. 까짓것 또 벌면 되지"라고 호언장담하는 사람들은 이런 용기와 자신감 덕분에 매일 즐겁게 생활한다. 돈이 있으면 당연히 즐겁다. 하지만 돈이 없다고 해서 즐거움까지 잃어서는 안 된다. 지금 자신감을 갖고 열심히 노력하면 미래에 돈을 벌 수 있다. 그런 다음에 절약도 하고 수입도 늘려가야 한다. 가진 돈이 많든 적든 현재의 즐거움을 포기한 채 오직 미래를 위해 돈을 버는 것은 그저 자신감 없는 사람들의 변명일 뿐이다. 만약 미래에도 돈이 충분하지 않다고 생각한다면 미래의 즐거움 또한 빼앗기게 되므로 고통은 계속될 것이다.

즐거움이 자신감이라는 논리 (위 : 옛 습관, 아래 : 새로운 습관)

| 현재의 재산 | → | 미래에 돈이 부족할까 봐 걱정함 | ⇨ | 힘들게 절약함 | ⇨ | 항상 돈이 부족하다고 생각함 |
| | → | 미래에도 돈이 있을 거라고 생각함 | → | 즐겁게 절약함 | → | 돈을 적당히 쓰며, 또 벌면 된다고 생각함 |

즐거움은 습관이다

즐거움은 습관에 의해 길러지는 하나의 능력이다. 어릴 때는 화를 잘 내고 성질도 부리며 고약하게 굴지만 나이가 들면서 경험이 많아지면 화내는 일이 줄어들고 성질도 부드러워진다. 우리는 대부분 이런 과정을 거치며 차츰 즐거워지는 법을 배운다. 인생을 즐겁게 사는 사람은 뭘 해도 항상 즐겁고, 안 좋은 일도 다른 사람에 비해 쉽게 해결하며, 우울한 기분도 금방 털어낸다. 하지만 이와 반대로 어린 시절에도 즐겁지 않았는데 어른이 돼서도 근심만 가득한 사람들이 있다.

요컨대 즐거움은 일종의 성향이며 습관이다. 이는 물질로 환산할 수도 없고, 힘들었던 어린 시절에 대한 보상도 아니다. 그저 어릴 적부터 버릇처럼 자연스럽게 습관이 된 것이다. 이런 습관을 가지면 행복을 누릴 수 있을 뿐만 아니라 어려움도 잘 극복할 수 있다.

지난번 휴가 때 동료들과 초원을 보러 내몽고에 갔다. 나는 여행지에서 현지인들과 대화하는 걸 좋아한다. 그래서 동료들이 소와 양을 배경으로 사진을 찍을 때도 유목민들을 찾아다녔다. 유목민들이 파오에서 어떻게 생활하는지 정말 궁금했기에 꼭 물어보고 싶었다. 여행 마지막 날, 마침내 한 유목민을 우연히 만나서 어렵사리 인터뷰를 시작했다.

"하루 종일 양을 치느라 사람 구경하기 어려울 텐데. 외롭지 않으십니까?"

"양들과 초원이 다 내 친군데. 외로울 리 있겠습니까?"

나는 그의 대답을 듣고 또 물었다.

"채소와 과일을 적게 드시는데. 먹을거리가 풍부하지 않아서 그런 건가요?"

"우리 같은 유목민들은 갓 끓여낸 나이차(유목민들이 즐겨 마시는 것으로, 차에 우유나 양유를 넣어 끓인 밀크티)와 소고기나 양고기를 먹어야 해요. 그 밖에 다른 건 입맛에 맞지 않아서요."

나는 마지막으로 한 가지 더 물었다.

"파오에서는 인터넷 쇼핑도 못하고 게임도 못하고 생활이 너무 단조로운데, 도시 사람들이 부럽지 않습니까?"

그는 웃으며 대답했다.

"초원에서 생활하는 우리가 부러워 여기까지 찾아오신 거 아닙니까? 저는 어려서부터 방목하고 말을 타며 방랑생활을 해온 터라, 지금 이 생활이 가장 행복하답니다."

나는 이 유목민의 대답이 정말 마음에 들었다. 즐거움은 능력이며 어디서나 자신을 기쁘게 해주는 힘이다. 마음이 즐거우면 어떤 환경에서도 잘 적응하고 만족한다. 또한 모든 것을 기꺼이 받아들이고 희망을 잃지 않는다.

앞선 부부 사례로 다시 돌아가보자. 나는 미래를 걱정하여 근검절약하는 아내의 태도에 찬성하지 않는다. 오히려 남편의 말이 더 마음에 와 닿는다.

"선생님, 18평도 사실 그리 작은 집이 아니지 않습니까? 저는 충분하다고 생각해요. 그래서 이런 집에 살아도 부끄럽지 않습니다. 마음이 괴로울 것도 없고요. 남들이 보기에 작다고 느낀다면 그건 그 사람들의 감정이니 저와는 상관없습니다. 저는 매일 즐거우니까요."

당연한 말이다. 남편의 진심은 파오에서 유목민이 들려준 이야기와 다르지 않다. 그는 미래의 꿈이 있기 때문에 누추한 집에 살아도 아무렇지 않다고 했다. 이렇듯 중요한 것은 자신의 현재 상황을 인식하고 받아들이는 태도다.

이들에게는 고생을 기꺼이 감수하는 것이 바로 즐거움이며 억울하지도 않고 슬프지도 않다. 이것이 바로 일종의 '변환력'이다.

즐거움은 '변환력'이다

심리학 연구 과정에서 실험하다 보면 한 가지 실험을 오랫동안 꾸준히 해도 결론의 번복 없이 일관된 결론이 도출되는 경우가 많다. 그중에는 아이를 대상으로 한 실험도 있었다. 사탕으로 아이를 유혹한 뒤 아이의 태도를 관찰하는 것이다. 이는 어릴 때 유혹에 대처하는 자세를 보고 성인이 되었을 때 인재가 될 수 있는지를 판단하는 실험이다. 심리학에서는 이를 '만족지연(Delay of gratification)'이라고 하는데, 인재가 되려면 꼭 갖춰야 할 중요한 요소다.

실험 과정은 이렇다. 아이에게 사탕 하나를 주고 선생님이 돌아올 때까지 먹지 말고 기다리라고 지시한다. 그러고는 선생님은 잠시 자리를 비웠다가 다시 돌아온다. 선생님이 자리를 비운 동안 유리창을 통해 아이의 행동을 관찰한다. 그러면 대부분의 아이는 겨우 몇 분 기다리다가 결국 참지 못하고 허겁지겁 껍질을 까 입에 넣는다. 선생님이 돌아올 때까지 참고 기다렸다가 사탕을 먹는 아이들은 소수에 불과하다.

우리 어른들도 그렇다. 힘든 일이 있거나 유혹에 빠졌을 때 자신의 선택이 옳다 굳게 믿고 이를 지키면 마음고생을 할 일도 없고 유혹 앞에서도 덤덤할 것이다.

앞선 실험에서 사탕의 유혹에 빠지지 않은 아이는 유혹을 이기는 능력이 있다고 할 만하다. 선생님이 자리를 비운 동안 어떤 아이는 장난감을 가지고 놀고 또 어떤 아이는 다른 재미있는 일을 하며 선생님을 돌아오기를 기다린다. 그러면서 대수롭지 않게 말한다.

"사탕은 어차피 내 건데 급할 게 뭐 있어요? 이것저것 하고 싶은 거 하다 보면 선생님이 돌아오시겠죠."

이처럼 어려서부터 즐거움이 습관이 되면 '변환력'이 생기고 자신에 대한 통제력도 기를 수 있다. 즐거움은 스스로 만드는 것이며 시간이나 환경, 분위기와는 아무 관련이 없다. 그러므로 스스로 즐거움을 다스릴 수 있다면 미래에 어려움이 닥쳐서 행복을 잃을까 봐 걱정하고 고민할 필요가 없다. 현재의 즐거움은 그대로 두고 미래를 알차게 준비하면 된다.

즐거움은 내 손안에 있다

투자가들은 투자의 위험성을 잘 알고 있지만, 성공한 투자가들은 위험성 때문에 투자를 망설여 돈 벌 기회를 놓치지 않는다. 나는 몇 년 전 부동산 투자 시장의 소액 투자가를 알게 되어 친해졌다. 당시 그는 국가정책 변화와 부동산 시장의 가격이 소폭 조정되기를 기다리고 있었다. 예전에 운 좋게도 큰 수익을 올렸기 때문에 다음 투자에서 거금을 투자할 계획이었다. 그는 국가정책이 발표되면 현재 소유한 부동산도 알짜배기가 될 거라는 기대에 부풀어 있었다. 무려 5년 가까이 다음 투자를 준비했기 때문에 판을 제법 크게 벌여놓은 상태였다. 그런데 막상 정책이 발표되고 보니 효과가 미미했다. 투자에 실패하지는 않았지만, 그의 기대에는 훨씬 못 미쳤던 것이다. 씁쓸하지만 다음에 있을 정책 조정을 기다리는 수밖에 없었다. 그렇게 하염없이 기다리는 동안 몇 개의 부동산에서 자금이 묶이는 바람에 다른 곳에 투자할 여윳돈도 부족해졌다.

그가 어느 세월에 자신이 바라던 꿈을 이룰 수 있을지 모르겠지만 한 가지는 확실하다. 남을 통해 자신의 꿈을 이루려는 것은 위험을 자초하는 일이다. 인생에 대한 투자도 마찬가지다. 주식, 부동산, 자동차, 유학 등 눈에 보이는 구체적인 것을 통해 자신의 즐거움을 찾으려는 사람은 사치품이나 희귀품을 즐거움으로 오해한다.

사실 즐거움은 간단하고 평범한 것으로, 작게는 자신이 처음 해보는 사소한 일에 성공하여 얻는 기쁨도 해당된다. 자신의 능력만큼 해내고 노력을 쏟은 만큼 성과를 얻음으로써 스스로 즐거움을 다스릴 수 있다면 우리는 항상 즐거움을 느끼며 살 수 있을 것이다. 하지만 즐거움의 진정한 의미를 오해하여 물질을 통해서만 누릴 수 있는 것으로 착각한다면 즐거움을 위한 노력은 오히려 고통이 될 것이다. 물질적 즐거움을 누리려면 많은 부담을 떠안아야 하고, 그러면 몸과 마음이 한시도 편할 날이 없기 때문이다. 그런 식으로 즐거움을 추구하는 것이 과연 무슨 의미가 있겠는가?

정신적 만족이야말로 진정한 즐거움이다. 물질적 만족은 마지막에 정신적 만족으로 승화되었을 때 비로소 진정한 즐거움이 된다. 그러므로 물질적 만족을 통해 즐거움을 추구하는 것은 허황된 일이다. 만일 이를 계속 고수한다면 결국 시련과 불가항력적 위험에 부딪힐 것이다.

한평생? 아니면 한순간?

정신적 즐거움을 다스릴 줄 알면 자신의 감정도 다스릴 수 있다. 그러나 물질적 만족을 통해 누리는 즐거움은 눈 깜짝할 사이에 사라져 충분히 느낄 수가 없다. 집이 없는 사람은 작은 집이라도 갖고 싶고, 작은 집을 장만하면 더 큰 집을 갖고 싶고, 큰 집을 사고 나면 한 채 더 갖고 싶은 것이 사람의 욕심이다. 이렇게 욕심을 부리는 것이 바로 물질적 만족을 추구하는 삶이다.

물질이 우리에게 주는 기쁨을 생각하면 마음이 흔들릴지도 모르겠다. 그러나 그 기쁨이 오래가지는 않을 것이다. 물질은 육안으로 비교할 수 있어서 오직 비교 결과를 통해서만 자신이 가진 것에 최대한의 만족을 느낄 수 있다. 그런데 자신이 가진 '가장 좋은' 것보다 더 좋은 것이 나타나면 자신의 '가장 좋은' 것은 쓸모가 없어지고 덩달아 즐거움도 사라진다. 이것이 바로 우리가 물질을 통해 느끼는 한순간의 즐거움이다. 물질을 통해 얻는 즐거움은 순식간에 왔다가 순식간에 사라진다.

다른 사람과 비교하는 물질적 만족과는 달리 정신적 만족은 자기 자신과 비교한다. 이렇게 자신의 과거와 비교하면 자기 발전에 도움이 될뿐더러 비교 결과를 자신만 알기 때문에 남보다 뒤처졌다고 생각하거나 좌절감을 느끼지 않아도 된다. 한평생 고생을 거듭하며 모은 돈으로 마침내 꿈에 그리던 큰 집을 장만할지라도 그 즐거움은 한순간에 사라진다. 더 큰 집을 사서 즐거움을 느끼려면 또 얼마나 긴 세월이 흘러야 할까? 이렇게 점점 커져가는 물욕을 과연 100퍼센트 만족시킬 수 있을까?

즐거움은 마음 깊은 곳에서 나오는 능력이며, 외부의 도움 없이 '세상에서 가장 멋진 나'에게 만족함으로써 얻는 감정이다. 자, 이제부터 이 능력을 더욱 발전시키자.

PART 5
단순히 핑곗거리만 찾고 있는가?
– 행동 뒤에 감춰진 동기와 의도

자신의 단점을 들여다보라. 자신을 위해 타인을 돕고, 게을러서 순종하고, 자신을 과장하여 어필하고, 환상 속에서 거만하게 구는 모습을 말이다. 우리에게는 늘 그럴듯한 이유를 대는 버릇이 있다. 그래서 실패했을 때도 합당한 이유가 있었다고 당당하게 말한다.

01
선행은 자기만족이다
자신을 위해 남을 돕는다

> 우리는 타인을 돕는다는 명분으로 자기 욕구를 충족시킨다.

나는 버스에 앉아서 사람들을 즐겨 관찰한다. 같은 시간에 같은 방향으로 가는 사람들을 보고 있자면 마치 나 자신을 보는 것 같다. 그들의 행동을 통해 내 모습을 발견할 수 있기 때문이다.

하루는 평소처럼 버스를 탔는데 다섯 살쯤 되어 보이는 남자아이와 엄마가 함께 버스에 올랐다. 날씨가 더웠기에 엄마는 아이를 창가 쪽 의자에 혼자 앉게 하고 자신은 옆에 서 있었다. 아이는 계속 열린 창문으로 머리를 내밀어 두리번거리며 밖을 내다봤다. 이를 발견한 승무원이 아이 엄마에게 주의를 줬다.

"차가 빨리 달려서 위험하니, 아이가 밖으로 떨어지지 않도록 품에 안으세요."

알았다는 듯이 고개를 끄덕인 아이 엄마는 곧 아이에게 위험한 행동과 안전한 행동에 대해 자세히 설명하며 타일렀다. 하지만 줄곧 아이 옆에 바짝 붙어 선 채 지켜볼 뿐 아이를 품에 안지는 않았다. 한 정거장에서 뒷좌석에 있던 사람들이 내리자 아이 엄마는 곧장 아이를 데리고 빠른 걸음으로 가 빈자리에 앉았다. 그 자리는 예전 버스표 판매원이 앉던 출입문 바로 옆의 창문을 등진 자리였다. 아이가 막 자리에 앉자 승무원이 또 주의를 줬다.

"얼른 아이를 안으세요. 차가 출발하면 흔들려서 넘어질 수도 있어요."

그러나 아이 엄마는 아이를 의자에 그대로 앉혀둔 채 말했다.

"아이가 알아서 조심하고 있으니 걱정 마세요."

이 말을 듣고 언짢아진 승무원이 혼잣말로 중얼거렸다.

"참, 나! 뉘 집 자식인지 모르겠네. 당최 애한테 관심이 없어요."

승무원은 호의에서 두 번이나 주의를 줬다. 이는 승무원으로서 책임감을 가지고 한 행동이다. 하지만 아이의 엄마는 자신이 승무원보다 아이를 더 잘 아니 주의를 주고 타이르는 것으로 충분하다고 여겼다. 만약 당신이 누군가를 돕는다고 가정할 때, 도움을 받는 사람은 곧이곧대로 당신이 시키는 대로만 해야 할까? 그래야 한다고 생각한다면 이는 상대방을 돕는 게 아니라 강요하는 것이므로 순수한 선의라고 볼 수 없다.

억지 도움은 거절해도 괜찮다

필요 이상으로 남을 돕는 행동은 상대방에게 필요 없는 물건을 필요할 거라고 단정하여 억지로 떠안기는 것과 같다. 이는 오로지 혼자

만의 생각일 뿐 상대방이 어떻게 받아들일지는 전혀 고려하지 않은 것이다. 이렇게 억지로 남을 도우면 사람들은 이를 선의라고 생각하지 않고 오히려 동기를 의심한다. 사실, 이것이야말로 남을 돕겠다는 명분을 앞세워 자신의 만족을 꾀하는 일 아니겠는가?

남을 돕는 데 앞장서는 사람은 자신이 분명 좋은 의도로 한 것이라고 생각한다. 이는 의심할 여지가 없는 사실이지만, 다음의 두 가지 이유 때문에 항상 문제가 발생한다.

① 상대방에게 정말 자신의 도움이 필요한지 정확히 모른다.
② 상대방이 자신의 도움을 원하든 말든 무조건 친절만 베풀면 다 좋은 일이라고 생각한다.

내가 직접 겪은 에피소드가 있다. 어느 날, 교정을 거닐다가 교실로 막 들어가려고 할 때였다. 어르신 한 분이 비 온 뒤에 미끄러워진 내리막길을 걷다가 비틀거리며 넘어졌다. 얼른 가서 부축해야겠다고 생각했는데, 때마침 옆을 지나던 한 청년이 다가가서 그를 부축했다. 내가 한발 늦었다고 자책하려던 찰나, 그가 청년을 나무랐다.

"누가 부축해달랬소? 부축을 받을 만큼 늙지 않았단 말이오. 혼자서도 일어날 수 있으니 저리 비키시오!"

훗날 다른 선생님과 얘기를 나누다 알게 되었는데, 그는 원래 부축받는 걸 싫어하는 인물이었다. 늙은이 취급을 당하는 것 같아 불쾌하다는 이유에서였다. 여기서 알 수 있듯이 남을 진심으로 돕고 싶다면 상대가 도움을 원하는지 의향을 물어본 다음에 도와야 한다.

특히 그 어르신처럼 자존심이 강한 사람을 도울 때는 더더욱 그렇다. 보기에 심하게 넘어지지 않았고 애써 태연한 척한다면 못 본 척하고 그냥 지나가는 게 그를 존중하는 것이다. 그는 다른 사람의 도움을 받고 싶지 않을뿐더러 사람들에게 힘없이 넘어지는 모습 또한 보이고 싶지 않았다. 청년은 이 점을 간과한 채 늘 하던 대로 선의를 베풀었다가 오히려 난처한 꼴을 당하고 말았다.

이렇듯 선의만 가지고 남을 도와서는 안 된다.

자신을 위해 남을 돕는 논리 (위 : 사고와 정서, 아래 : 습관)

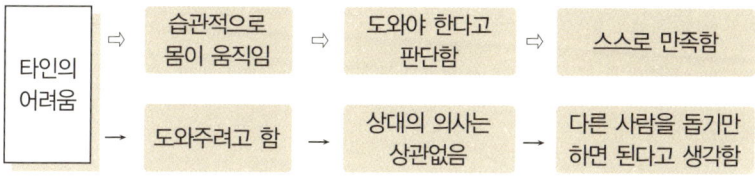

남을 돕기 전에 자신부터 챙겨라

한두 번 남을 돕는 것은 누구나 할 수 있다. 남을 돕는 것은 그리 어려운 일이 아니다. 오히려 남을 도우면서 만족감을 느낄 수 있는 좋은 일이다. 도움을 받는 사람이 도움을 기꺼이 받아들이고 감사하게 여기면 만족감은 물론 성취감도 맛볼 수 있다. 사람은 누구나 선행하려는 건전한 생각을 가지고 있다. 선행을 하면 우선 스스로 만족감을 느끼고 다른 사람도 만족시킨다. 남을 돕는 데 자발적으로 나서는 사람 대부분은 이렇게 선행을 하여 남도 돕고 자신도 만족감을 느끼려는 이들이다.

심리학적 관점에서 볼 때, 사람이 어떤 일을 할 때는 기본적으로 이익을 추구하려는 생각이 바탕에 깔려 있다. 마찬가지로 선행한 후에도 반드시 얻게 되는 이익이 있는데, 다만 그것이 돈이나 눈에 보이는 현물이 아닐 뿐이다. 그렇다 보니 대부분의 사람은 좋은 일을 해도 얻는 게 없다고 생각하지만, 사실 남을 도우면서 자신은 만족감과 희열을 느낀다. 단, 이는 어디까지나 상대가 자신의 도움을 받아들였을 때 그렇다. 만약 상대가 도움을 거절하면 이는 그저 자신의 일방적 소망에 그치게 된다.

  선행을 일상처럼 꾸준하게 하는 사람은 내적 만족이 상당히 결핍되어 있다고 봐도 무방하다. 선행을 많이 한다는 것은 그만큼 정신적 만족감이 충족되기를 원한다는 뜻이며, 마음이 허전하거나 무언가 정신적으로 채워지지 않는 것이 있기에 정신적 만족감을 충분히 느끼려는 것이다. 그렇지 않고서는 구태여 선행을 많이 하여 정신적인 만족감을 충족시킬 이유가 없다.

다른 사람의 만족이 곧 자기만족이다

  선행은 자신도 만족시키는 일이라는 사실을 알았다. 이제 선행을 통해 '자기만족'을 느낄 수 있도록 자신을 북돋워보자. 단, 자기만족을 위해 남을 힘들게 해서는 안 된다.

  선행의 목적은 진심으로 상대를 돕는 것이다. 상대가 당신의 호의를 거절한다면 당신의 노력은 부질없는 짓에 불과하다. 그러므로 이것만은 꼭 기억하자. 당신에게 상대를 도울 권리가 있듯 상대방도 당신의 호의를 거절할 권리가 있다. 도움을 주는 사람은 먼저 상대가 자신의 호의를 진심으로 기쁘게 받아들일 것인지를 파악해야 한다. 상대가 당신의 호의를 마뜩찮게 여기고 억지로 도우려 하는 것으로 생각한다면 당신의 행동이 아무리 정당하다고 해도 도움을 거절할 것이다. 그러면 당신은 상대를 도울 수 없을뿐더러 자신의 정신적 만족도 충족시킬 수 없다.

　이렇듯 남을 돕는 것도 요령을 터득해야 상대와 자신을 동시에 만족시키는 윈윈(win-win)의 효과를 얻을 수 있다.

　자기만족을 위해 남을 돕는 것은 인간의 본성이다. 단, 이때 남을 먼저 만족시켜야 자신도 만족할 수 있다. 억지로 남을 도우려고 하면 얻는 것보다 잃는 게 더 많을 것이다. 상대를 잘 도우려면 우선 상대방의 의중을 헤아리는 법부터 배워야 한다. 그런 다음, 상대의 뜻에 따라 도우면 된다. 자신의 경험에 따라 자기 식대로 도우면 상대는 금방 싫은 티를 낼 것이다.

　도와준 효과를 확실히 보려면 상대가 정말로 도움이 필요한 순간에 때맞춰 나서서 요구를 들어주는 것이 가장 좋다. 이게 바로 '설중송탄(雪中送炭)'의 도움 아니겠는가? 눈 속에서 추위에 떠는 사람에게 땔감을 보내주는 것만큼 고마운 일은 없다. 즉, 상대방이 어려움에 처해 있을 때 적극적으로 나서서 도와야 상대도 나 자신도 만족시킬 수 있다.

02
순종하도록 가르치는 것은
게으르기 때문이다
순종하는 것보다 질문하는 것이 더 어렵다

> 생존하는 법을 배우지 못하면 순종하다가 끝난다.

부모들은 아이가 어릴 때부터 말을 잘 들어야 한다고 가르친다. 말 잘 듣고 공부 잘하는 아이들은 항상 어른들의 관심과 부러움을 한 몸에 받으며 성장한다. 부모는 자식이 남들보다 뛰어나서 주목받기를 원한다. 하지만 학교를 졸업하고 직장에 들어가 사회생활을 하다 보면 보통 사람들처럼 평범해져서 어릴 때의 특별한 모습은 찾아보기 어렵다. 자연히 '출중하다'는 말과는 거리가 멀어지는데, 심리학자들은 일찍이 이런 현상에 대해 깊은 관심을 보였다. 그래서 수년 전부터 이 현상에 대해 집중적으로 추적 조사를 했는데, 기대와는 다른 결과가 나왔다. 말을 잘 들던 아이는 자라서 큰 인물이 되지 못한 반면, 주변에서 별 관심을 받지 못했던 아이가 두각을 나타냈던 것이다.

지속적인 조사를 통해 얻어낸 결론은 유년 시기에 장난꾸러기에 청개구리이고 성적이 중상위권이던 아이들이 성인이 된 후 발군의 기량을 발휘할 가능성이 높다는 것이었다. 반면, 성적이 우수하고 순종적인 아이들은 성인이 되고 나서 매뉴얼대로 일하는 회사원이나 공무원, 또는 연구 기관에서 연구원으로 근무하는 경우가 많았다. 처음에 예상했던 것처럼 남들보다 두각을 나타내며 관심과 집중을 받는 위치에 오른 경우는 매우 드물었다.

이 결과를 보니 의문이 생길 수밖에 없다. 이것이 사실이라면 아이들이 어렸을 때 받았던 우수한 성적은 덧없이 사라지는 허상이라는 말인가? 말 잘 듣고 착하게 자란 아이는 커서 훌륭한 인물이 될 수 없다는 뜻인가?

살면서 자신의 생각이 당연히 옳다고 믿다가 어느 날 예상치 못하게 자신의 생각이 틀렸다는 걸 발견할 때가 있다. 이 조사 결과가 그렇다. 우리의 생각을 뒤엎는 의외의 결과와 마주하니, 마치 인생이 우리를 비웃는 것처럼 느껴진다. 아이의 미래가 밝게 빛난다고 믿었지만, 실상 우리의 헛된 바람이었을 뿐이며 우리의 욕심을 채우기 위한 환상이었던 것이다. 우리가 이를 미처 깨닫지 못했던 것은 맹목적으로 자신의 생각이 옳다고 믿고 그대로 이루어질 거라고 기대했기 때문일 것이다.

결과를 놓고 볼 때, 이는 아이를 탓할 일이 아니다. 우리 어른들이 말을 잘 듣고 공부를 잘해야만 훌륭한 사람이 될 수 있다고 착각한 탓이다. 하지만 순종하도록 가르치는 것보다 더 어려운 일은 질문하도록 가르치는 것이다.

잘못을 인정하라

말 잘 듣는 아이로 길러야 한다는 생각은 오래전부터 깊이 뿌리박힌, 다분히 고질적인 관념이다. 분명 문제가 있는 교육 방식이지만, 그동안 자신이 옳다고 믿었던 것이 사실은 잘못된 것이라고 순순히 인정하고 받아들이기란 어렵다. 다른 사람의 잘못은 지적해도 자신의 생각이나 결정은 꺾지 않는 게 인간의 본성이기 때문이다. 자신의 처음 생각을 번복하면 자신의 무능함을 인정하는 꼴이 되므로 체면을 위해서라도 본능적으로 처음 생각을 끝까지 고집한다. 극단적인 경우, 자신의 생각이 잘못되었다는 것을 모두가 분명히 아는데도 끝까지 고집을 꺾지 않는 사람이 있다. 이 또한 체면 때문에 자신의 생각을 내려놓지 못하는 것이다.

순종은 게으른 부모의 변명이다

기존의 생각을 바꾸기 어렵다는 사실은 차치하고, 말을 잘 듣고 공부를 잘해야 훌륭한 사람이 된다는 논리는 사실 설득력이 부족하다. 분명 부모가 계획을 세워 아이를 가르치면 아이가 커서 직업을 가졌을 때 부모에게서 배운 것을 활용할 수 있다. 그리고 부모는 대부분 자신이 평생 경험한 것을 아이에게 다 가르쳐주려고 한다. 아이가 열심히 배우기만 한다면 이는 분명히 큰 자산이 될 것이다. 이런 인생철학을 누가 거부하겠는가? 하지만 이는 인간의 본성인 상상 때문에 일을 망치는 격이다. 사람은 논리적으로 당연히 그럴 것이라는 판단만 믿고 깊이 생각하지 않는다. 자세히 살펴보지도 않는다. 다른 사람이 그렇게 생각하니 자신도 고민하지 않고 그렇게 믿는다. 그러나 이는 자신의 잘못된 생각을 바꾸지 않고 계속 고집하려는 변명일 뿐이다.

아이가 부모의 말을 잘 따르고, 장난치다가 사고를 내지도 않고, 소란을 피워 수업을 방해하지도 않는다면, 이 세상에 자녀 교육만큼 쉬운 일은 없을 것이다. 반면, 아이가 자라면서 덜렁대고 실수가 끊이지 않는다면 상황은 달라진다. 부모는 아마 하루라도 빨리 아이의 성격이 차분해지고 자신들이 가르치는 대로 해나가 더 이상 실수하지 않기를 바랄 것이다. 그래야 자신도 번거로움을 면할 수 있기 때문이다.

사실, 말을 잘 듣는다는 것은 자신의 생각이 반영되지 않은 순종을 뜻한다. 아이가 순종하도록 가르치는 것은 표면적으로는 아이를 위한 것 같지만, 사실은 부모 자신을 위한 것이다. 아이가 말썽 부리지 않고, 잔소리하지 않아도 숙제를 척척 알아서 잘하고, 성적도 좋나면 부모의 자랑거리가 될 것이다. 그러면 부모는 자질구레한 일로 시간을 허비하지 않아도 되니 일석이조 아니겠는가? 아이에게 도움이 된다

는 이유로 아이가 부모의 말을 거스르지 않고 말썽 피우지 않도록 가르쳤다면 이는 부모의 큰 걱정을 던 것이다.

낯선 것에 대한 두려움

앞서 이야기했듯이, 순종적인 아이가 성인이 되면 안정적이고 도전정신이 필요 없는 직업을 선호한다. 그들은 왜 매뉴얼대로 하는 안정적인 일을 좋아할까? 순종적인 아이 여러 명에게 처음 해보는 일들 중에서 한 가지를 선택하라고 하면 하나같이 안정적인 것을 선택하는데, 이는 심리적인 것과 관련이 있다. 우리는 보통 자신의 습관이나 익숙한 패턴에 따라 몸과 마음이 편안한 장소를 선택하려고 한다. 즉, 어떤 일이든지 일의 성격과 자신의 성향이 잘 맞는 것을 선택하려고 하는데 이는 '끌어당김의 법칙(The law of attraction)'과 관계가 있다. 순종적인 아이는 이 법칙에 따라 안정적이고 계획적인 일을 선호하고 경쟁과 도전이 없는 환경을 선호한다.

순종적인 아이가 안정적인 선택을 하게 된 것은 사실 학습의 결과다. 실제로 천진난만한 개구쟁이 아이들 중 일부를 택해 행동을 통제하지 않거나 통제를 줄였더니 커서도 천진한 성격을 그대로 유지했다. 반대로, 일부는 장난도 못 치게 하고 시키는 대로만 하도록 행동을 통제했다. 처음에는 예상했던 대로 말을 듣지 않았지만, 시간이 갈수록 이에 익숙해져서 시키는 대로 행동했고 제멋대로 하는 일이 없어졌다.

이 아이들이 장성하여 자기가 좋아하는 환경을 선택한다면 아마 주저하지 않고 자신이 성장했던 환경과 같은 것을 선택할 것이다. 이는 아이가 그런 환경을 좋아해서가 아니라 자신에게 익숙한 환경이기 때문이다. 이처럼 성장 과정에서 행동이나 생각에 통제를 받은 아이들은 낯선 환경에 큰 두려움을 느낀다.

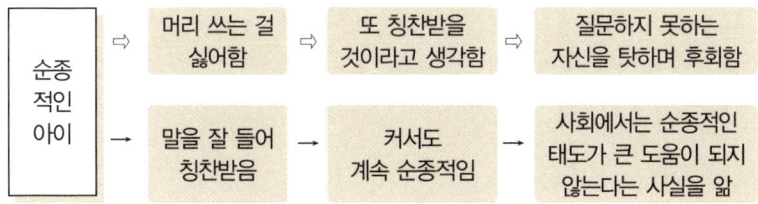

당신의 게으름 때문에 순종적인 아이가 된다

부모나 교사의 뜻에 순종하면 열심히 공부할 수 있지만, 난관도 있다. 이런 방식의 교육은 지식을 배우는 데 중점을 두기 때문에 기계적인 암기 능력 훈련을 하는 것과 별반 다르지 않다. 지식은 죽은 것이므로 살아 있는 교육을 하려면 창의성을 개발해주어야 한다. 즉, 기존 성과에 의존하기보다 창의적인 태도로 발전을 꾀해야 한다. 기술은 사회의 발전과 변화에 편승하지 못하면 도태되기 마련이다. 따라서 지금은 유용할지라도 시간이 지나면 낡은 기술이 되어 쓸모없어진다. 그러므로 지식을 학습할 때는 의문을 제기하고 도전정신과 창의성을 길러야 한다.

의문, 도전정신, 창의성, 이 세 가지는 구체적인 지식보다 훨씬 귀하다. 물론 창의적인 미래를 준비하려면 지식 습득이 선행되어야 하지만 개척정신을 간과해서는 안 된다. 오로지 맹목적으로 지식을 받아들이는 데만 집중하면 의문을 가질 수도 없고 창의적인 생각도 할 수 없다. 부모는 학습 과정에서 다양한 문제에 도전하는 아이가 특별하다고 여기면서도 정작 질문을 받으면 당황하여 난색을 드러낸다. 심지어 교과서 밖의 것에 호기심을 가지면 다른 곳에 한눈을 판다고 생각하는 부모도 있는데, 이는 대단히 잘못된 생각이다. 아이의 호기심 어린 행동은 모두 지식에 대한 자발적 탐색 활동이기에 긍정적으로 봐야 한다.

아이가 수학 공식이나 영어 단어를 많이 외워야 공부를 열심히 한다고 잘못 인식하는 부모들이 많다. 하지만 이런 죽은 지식은 습득하는 데 시간이 오래 걸리고 반복 학습을 수없이 해야 한다. 이에 비하면 의문을 가지는 태도, 도전정신, 창의성 등은 의외로 쉽게 기를 수 있다. 어떤 부모는 아이가 어릴 때 지식을 가르치고, 자라면 기술을 가르치겠다고 한다. 이렇게 하면 아이는 두 가지를 모두 배워서 실제에 응용할 수 있으므로 가르친 보람이 있을 것이라고 생각한다.

하지만 이 또한 부모의 일방적인 생각일 뿐이다. 질문하지 못하게 하고 탐구정신을 길러주지 않으면 배운 것이 그저 시험을 위한 학습에 그치고 만다. 이렇게 되면 아이가 성인이 되어 직업을 가졌을 때 몇 가지 문제가 발생한다. 어릴 때 배운 지식은 시대에 뒤떨어져서 쓸모없어진다. 상사의 지시와 계획대로만 행동하여 창의적 생각도 할 수 없다. 당연히 창조력도 떨어진다.

아이가 말을 듣지 않는 것은 부모에게 반항하는 행동이 아니라 인간 본성의 탐구정신을 지키려는 행동이다. 낡은 방식을 고집하지 않고 현재의 자신에 만족하기보다 발전하려고 노력하는 것이 창의적 발상의 토대가 된다. 우리가 미래를 위해 많은 것을 준비했다고 해도 막상 실제로 쓰이는 건 극히 일부다. 따라서 지식을 학습할 때는 지식을 활용하는 기술을 함께 배우고, 낡은 지식을 배울 때는 그 안에서 새로운 지식을 발견하는 것이 무엇보다 중요하다. 그런데 낡은 지식을 배우다가 새로운 지식을 배우는 능력을 잃게 되면 그야말로 낭패다. 순종적인 태도가 오래 지속될수록 아이의 사고는 경직되고 독립심이 부족해져서 평생 남에게 기댄 채 타인의 뜻에 따라 살게 될 것이다. 항상 남의 말대로만 행동하면 스스로 생각하여 행동할 수 없으므로 신선함도, 생기도, 창의력도 잃는다. 이렇게 시간이 흐르다 보면 결국 개인의 생각은 쓸모없어지고 독립적인 생각도 할 수 없게 된다.

아이에게 학교에서 말을 잘 듣고 순종하라고 가르치는 교사와 부모는 게으른 사람들이다. 이는 번거롭지 않으려는 자신들의 편의를 위해 아이를 희생시키는 것이다. 이런 방식으로 교육하면 아이도 게을러져서 질문하지 않고 단순히 죽은 지식만 머릿속에 집어넣게 되므로 혁신과 창조를 기대할 수 없다. 혁신이 답습보다 훨씬 어렵고 힘들다. 혁신은 선조들이 경험하지 못한 것을 백지 위에 그리는 것이고, 답습은 선조들이 일찍이 그려놓은 것을 감상하는 것이다. 아이가 새로운 그림을 그려 혁신하려고 해도 교사와 부모가 이를 도와주지 않으면 불가능하다.

어릴 때 형성하지 못한 습관을 성인이 되어 형성하기란 어렵다. 그러므로 일률적인 통제를 받지 않은 장난꾸러기 아이에게 운과 노력이 더해진다면 '말 잘 듣고 공부 잘하는' 아이보다 성공할 확률이 훨씬 높아질 것이다.

03

실력이 있으면 말이 필요 없다
과장된 어필은 열등감이다

> 66
> 과장된 어필은 자신의 실수를 가리기 위한 연막에 불과하다.
> 99

동창과 그의 친구에 관한 이야기다. 동창의 친구는 언변이 뛰어나고 인맥이 막강해서 나중에 동창에게 무슨 일이 생기면 언제든지 자신의 인맥을 동원하여 도와주겠다고 약속했다. 동창은 그 말을 철석같이 믿었다. 그런 이야기가 오가고 난 뒤, 실제로 동창에게 곤란한 일이 생겼다. 동창은 그 친구에게 도움을 청했다. 친구는 자신이 그 일과 관련된 핵심 인물을 알고 있으니 걱정할 필요 없다며 명쾌히 도와주겠노라고 했다. 그런데 아무리 기다려도 함흥차사였다. 동창은 친구에게 다시 물어보았다. 친구는 바빠서 깜박 잊었다고 했다. 하는 수 없이 동창은 자신이 백방으로 노력하여 어렵사리 문제를 해결하고 친구가 잘 안다고 했던 핵심 인물과 친분도 맺었다. 나중에 알고 보니 친구와 그 핵심 인물은 서로 안면이 없는 사이였다. 그 일 이후 다른 일이 또 생겨서 친구에게 도움을 청했지만 역시나 그전처럼 여러 이유로 유야무야 하나도 성사되지 않았다. 그렇게 몇 차례 같은 상황이 되풀이되고 나서야 동창은 진실을 알게 되었다. 사실, 그 친구는 막강한 인맥을 자랑할 만한 능력이 없는 허풍쟁이였던 것이다. 사람들한테 무시당하는 게 싫어서 인맥이 화려한 인사를 사칭하며 주변 사람들을 곤란하게 했던 것이다. 동창은 이 사실을 알고 난 뒤 그 친구와 왕래가 뜸해졌다고 했다.

주변에서 한 번쯤은 이런 유형의 사람을 본 적이 있을 것이다. 요즘 이렇게 사실과 다른 이야기를 아무렇지도 않게 하고 다니는 사람이 꽤 많다. 이는 사회적인 분위기와도 어느 정도 관련이 있겠지만, 나는 그보다는 개개인의 문제에 그 원인이 있다고 본다.

실력이 있으면 말이 필요 없다

살다 보면 '도덕군자인 양 점잔을 빼는 사람'을 가끔 만난다. 이런 이들은 매사 진지하고 정색하는 경향이 있어서 가벼운 분위기 속에서도 어울리지 않는 근엄한 태도를 일관되게 유지한다. 속되게 말하자면 '고개를 쳐들고 잘난 척하는 것'이다. 사실 이런 가식은 남에게 들키고 싶지 않은 부분, 자신의 내면을 감추기 위한 행동이다. 스스로 자신이 부족하다는 것을 알기에 기를 쓰고 감추려 하고 남에게 떳떳하게 보여줄 수 있는 것만 밖으로 드러낸다.

그들은 왜 이렇게 능력 있는 척하는 것일까? 진심으로 남을 도우려는 마음이 있다면 빈말로 끝내지는 않을 것이다. 빈말은 다른 목적을 가지고 허투루 하는 말이므로 진심이 아니다. 빈말이라도 해서 자신의 능력을 과시하고 몸값을 올리고 싶은 것이다. 친구관계는 서로 평등하게 대하고 상대에게 불쾌감을 주지 않아야 한다. 그런데도 공연히 자신이 더 잘났다는 걸 보여주려고 안달하는 이유가 무엇일까? 아마 남들이 자신을 무시할까 봐 도둑이 제 발 저린 경우가 아닐까? 그런 것이 아니라면 굳이 자신을 그토록 과장할 필요가 있을까? 설마 친구 사이에 인맥이 없다고 사이가 틀어지기야 하겠는가. 아마 괜스레 일어나지도 않은 일을 상상하여 혼자 지레 겁먹고 저지른 행동일 것이다.

지인 중 말수가 굉장히 적은 친구가 있다. 이 친구에게 일을 부탁하면 그는 사전에 이렇다 저렇다 특별한 말 한마디 없이 묵묵히 일을 끝낸 다음 스스로 뿌듯해한다. 나는 그의 이런 됨됨이에 감동했다. 분명 쉬운 일이 아닌데도 그가 하면 수월하게 하는 것처럼 보인다. 알고 보니 그는 무슨 일이든지 맡기만 하면 척척 잘 처리하는 실력을 갖춘 인재였다.

동창의 친구와 내 친구, 이 두 사람의 성향은 극명한 대비를 이룬

다. 허풍쟁이는 입담이 좋아서 큰소리치지만 정작 일을 못해서 금방 실체가 드러나며, 자신을 감추고 변명하기에 급급하다. 반면, 진정한 실력자는 자신을 크게 드러내지 않고 화려한 말로 수식할 필요 없이 실력으로 증명해 보인다. 백 마디 말보다 한 번의 행동이 중요하다. 거창한 약속은 귀를 솔깃하게 하지만 실천하지 않으면 무슨 소용이 있겠는가. 행동으로 보여주는 사람은 말이 적고, 허풍이 심한 사람은 말이 많은 법이다.

이는 심리학적으로 쉽게 이해할 수 있다. 인간의 본성은 '최소 비용 최대 효과'의 원칙을 따른다. 약속을 행동으로 옮겼다면 다른 말이 필요 없다. 말을 하면 오히려 시간 낭비다. 말보다 설득력 있는 행동으로 보여줬기에 이러쿵저러쿵할 필요가 없는 것이다. 반대로 행동의 결과가 좋지 않을 때는 말을 잘해서 어떻게든 원만하게 마무리 지어야 한다. 다만, 결과가 좋아서 다른 말을 덧붙이지 않았는데, 상대방이 이를 알아주지 않는다면 그때는 가능한 한 말솜씨를 부려야 한다.

대개 말하기를 좋아하는 사람은 실천력이 떨어진다. 말이 행동보다 쉬우니 말로 해결할 수 있다면 굳이 몸을 움직일 필요가 없지 않겠는가. 항상 말로 이득을 봤던 사람은 행동해야만 얻을 수 있는 것도 교묘한 말로 얻을 줄 안다. 하지만 이런 식으로 계속 자신이 원하는 걸 얻다 보면 시간이 흐를수록 입담은 좋아지고 몸은 게을러진다. 그래서 말을 잘하는 사람은 실천력이 떨어진다는 말이 성립되는 것이다.

말도 잘하고 실천력도 뛰어난 사람은 매우 드물다. 만약 그런 사람이 있다면 아마 보기 드문 인재일 것이다. 그런 사람을 제외하면 대개 사람은 묵묵히 일에 몰두하는 유형과 말만 번지르르한 유형 두 부류로 갈린다. 그러므로 사람은 누구나 '잘하는 것이 있으면 못하는 것도 있다'고 생각하면 된다. 그렇다면 말주변도 없고 실력도 없는 사람은 어떨까? '가난한 사람은 스스로 자신을 초라하게 만든다'는 말처럼 말도 못하고 일도 못하면 가난해질 수밖에 없다.

과장된 어필은 위험하다

모르는 사람을 만나더라도 우선 상대의 학력, 수입, 지위, 인맥, 경험 등을 통해 어떤 사람인지 대충 알아차릴 수 있다. 여기서 조금만 더 자세히 관찰하면 그들이 자신의 어떤 점을 중점적으로 드러내고 싶어 하는지 금방 알 수 있다.

사람은 자신의 특별한 점을 상대가 기억해주길 바란다. 이것저것 잡다한 이야기를 즐기는 이는 자신이 경험한 것을 사람들과 공유함으로써 자신의 박식함을 드러내려고 한다. 가족 간에 있었던 행복한 이야기를 구구절절 하는 사람은 분명 가정을 잘 다스리는 유형으로 자신의 가정이 얼마나 화목한지를 보여주려고 한다. 또 자기 인맥을 자랑하는 사람은 그 마음속에 자신이 얼마나 유능하고 사교적인 인물인지 알리려는 의도가 있다. 하지만 확실하지도 않은 관계조차 일부러 잡다하게 떠벌리는 것은 능력 없는 자들이나 하는 짓이다. 즉, 이는 허풍쟁이의 과시적인 행동일 뿐이며 약속을 지킬 생각도 없는 그야말로 '과장된 어필'이다. 이렇게 자신을 과장해서 어필하는 행동은 그만큼 마음이 공허하다는 방증이다.

과장된 어필은 타인에게 자신이 능력 있는 사람이라는 것을 보여주기 위한 의도적 행동이다. 이를 거꾸로 추적해보면 자신의 부족함을 알면서도 이를 인정하고 싶지 않아서 저지르는 어리석은 행동이라는 사실을 알 수 있다. 자신을 과장해서 어필하는 사람이 얼마나 위험한지는 주변 사실을 통해 바로 검증된다. 만약 이런 교제 방식이 잘못된 것이라는 사실조차 깨닫지 못하는 사람이라면 남과 자신 모두가 피해를 입는다. 사실이 밝혀질 걸 알면서도 남을 속이는 사람은 없다. 다만, 요행을 바라고 다른 사람들과 같은 조건에서 상대방의 마음을 얻으려는 것이다. 하지만 시간이 지나면 언젠가 자신의 가짜 모습이 만천하에 드러나게 된다는 사실을 알아야 한다.

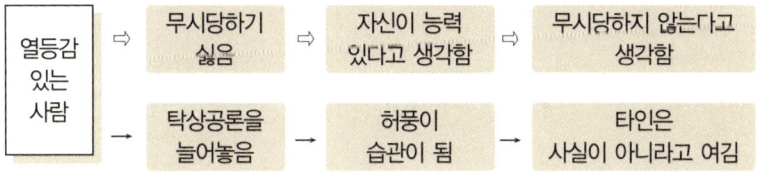

열등감 있는 사람의 논리 (위 : 사고와 정서, 아래 : 습관)

언제 자신을 과장하는가?

상황에 대처하는 모습을 자세히 들여다보면 과장된 어필을 하는 원인을 한두 가지 정도 추측할 수 있다.

박식하기로 유명한 역사학자가 있었는데, 그는 예상과 달리 강의나 강연에서 자신의 해박한 역사 지식을 보여주지 못했다. 이는 그가 강의를 통해 역사 지식을 전달하기보다 자기 자신을 보여주려 했기 때문이었다. 물론 이것이 큰 잘못은 아니다. 하지만 청중의 반응은 아랑곳하지 않고 자신의 이야기만 떠벌리는 것은 일종의 자기과시이자 자기만족을 위해 자신을 과대 포장하는 행위이다.

이 역사학자는 심리학자와 만날 때 상대방이 자신을 무시할까 봐 알지도 못하는 심리학에 대해 아는 척하며 떠들썩하게 대화를 나누었다. 이는 자신이 심리학에 문외한이라는 사실을 감추기 위한 과장된 행동이다.

이처럼 자신보다 뛰어난 사람 앞에서 자신도 손색없는 능력을 갖추고 있음을 적극적으로 표현하는 이가 있다. 이들의 본심은 자신의 능력이 상대보다 떨어지지 않는다는 것을 보여주는 데 있다. 그런데 이 역시 자신의 부족함을 감추려는 행동일 뿐이다. 사람마다 자신의 전공 분야가 따로 있기 때문에 잘하는 것이 있으면 못하는 것도 있기 마련이다. 다른 사람이 자신보다 나을 수 있다는 사실을 받아들이지 못하면 자신이 완벽한 사람인 척 과장하게 된다. 이렇듯 자신의 부족한 점을 인정하고 수용하지 않으면 결국 자신의 못난 모습을 고스란히 보여주는 꼴이 된다.

과장된 어필은 대개 다음의 두 가지 상황에서 드러난다.

① 자신을 드러낼 필요가 없는 부적절한 때와 장소에서 능력을 뽐내거나 타인보다 뛰어난 점을 부각시킨다. 이는 우월감을 느끼고 다른 사람의 주목을 끌기 위한 행동이다.

② 당신이 가진 것은 나도 가졌고, 당신이 할 줄 아는 것은 나도 할 줄 안다는 식으로 행동하며 상대가 자신보다 뛰어나다는 사실을 인정하지 않는다.

자신이 어떤 분야에서 실력자라는 사실을 의도적으로 알리려고 하면 할수록 시커먼 속내가 금방 들통 난다. 이는 남들에게 무시당할까 봐 자신의 열등한 점을 꼭꼭 숨겨 위장하려는 행동이다.

꼭 그렇다고 할 수는 없지만 대체로 '과장하는 면은 자신에게 부족한 면'이라고 보면 된다. 이는 자신의 능력을 과장하여 얻고자 하는 것이 있다는 뜻이다. 예컨대 인맥이 화려하다고 과장하는 경우는 없는 인맥을 자랑하려는 의도가 아니다. 이는 사람들이 인맥이 화려한 자신을 주목하고 새로운 시각으로 봐주길 원해서이다. 사실, 이것은 자신이 갖춘 다른 능력을 통해서도 얻을 수 있는 부분이다. 만약 원하는 것이 이런 감정적인 부분이라면 그에게 부족한 것은 능력이 아니라 자존감이다. 요컨대 공허한 마음을 채우기 위해 자신을 과장하여 어필하는 것이다.

04
거만한 사람은 환상을 품는다
꿈에만 젖어 있으면 행동이 게을러진다

> 장군이 되겠다는 목표가 없으면 훌륭한 병사가 아니다?
> 병사로서의 역할을 충실히 하는 것이 우선이다.

지인 중 항상 CEO가 되겠다는 꿈을 꾸는 사람이 있다. 최근 나와 수시로 일에 관한 이야기를 나누는데, 그 대화에는 놀랄 만한 사실이 몇 가지 있다. 그는 자신의 능력이 출중한데도 사장이 이를 몰라주고, 또 자신 같은 말단 사원은 회사에서 능력을 보여줄 기회가 없다며 불만을 토로했다.

"우리 회사는 인재 활용을 잘하지 못해서 늘 다른 곳에 인재를 빼앗겨요. 게다가 직원관리도 부실해서 직원들이 틈만 나면 사욕을 채우려고 하죠."

그는 이렇게 불평하며 자신이 인사 담당자라면 인력을 어떻게 관리할 것인지, 또 자신이 사장이라면 회사 경영을 어떻게 할 것인지 이러쿵저러쿵 떠들어댔다. 그런데 안타깝게도 그는 입사한 지 3년이 넘도록 승진하지 못한 채 말단 사원에 머물러 있었다.

이야기를 듣다 보니 그의 일상적 관심사는 자신의 본래 업무가 아닌 사장의 업무였다. 그래서 내가 물었다.

"그럼 본인 일은 어때요? 잘되십니까?"

"그냥 대충하는 거죠, 뭐. 사실, 업무가 간단해서 별로 할 것도 없고 힘들지도 않아요. 좀 도전적인 일을 해야 하는데 말이죠. 나폴레옹이 '장군이 되고 싶지 않은 병사는 훌륭한 병사가 아니다'라고 했잖아요."

알고 보니 그는 장군이 되고 싶은 병사였다. 그래서 회사에서 고위층으로 승진해야 자신의 꿈을 이룰 수 있다고 생각했던 것이다. 물론 내 생각은 다르다. 지금 병사의 업무도 잘하지 못하는 그에게 과연 승진의 기회가 올까?

헛된 꿈을 꾸는 논리 (위 : 사고와 정서, 아래 : 습관)

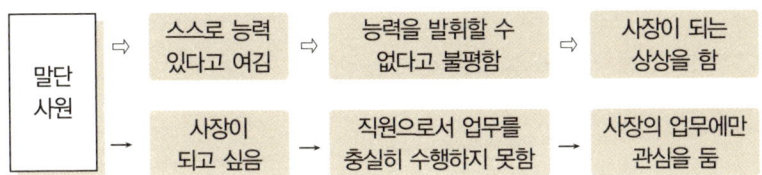

장군이 되고 싶다면 우선 병사로서의 역할에 충실하라

'장군이 되고 싶지 않은 병사는 훌륭한 병사가 아니다'라는 말은 일리가 있다. 그러나 장군이 되려면 먼저 훌륭한 병사가 되는 것이 올바른 순서 아니겠는가? 병사로서의 역할도 잘하지 못하는데 장군이 되어 어떻게 그 많은 책임과 임무를 감당할 수 있겠는가? 아마 올바른 생각을 가진 사람이라면 풋내기 말단 주제에 감히 고위층에서 두각을 나타내겠다는 야무진 꿈을 꾸지는 않을 것이다. 늘 장군이 되려는 꿈에 부풀어 사는 사람은 장군의 역할을 욕심내는 것이 아니라 장군이라는 직함을 선망하는 것일 뿐이다. 게다가 말단부터 차례대로 단계를 밟아 올라가야 하는 게 싫어서 곧바로 장군이 되려는 것이다.

'장군이 되고 싶지 않은 병사는 훌륭한 병사가 아니다'라는 말의 참뜻은 원대한 꿈이 없으면 발전할 수 없다는 의미다. 절대 장군이 되겠다는 목표를 가진 병사만이 훌륭한 병사라는 뜻이 아니다. 높은 곳만 바라보는 사람은 낮은 곳을 보지 못해서 손해를 입는다. 이런 사고방식을 가지면 태도가 거만해지고 실력은 없으면서 눈만 높아져 결국 자신의 미래를 망친다.

앞서 말한 지인은 자신의 일도 못하면서 남의 일에 대해 가타부타 말하기를 좋아했다. 이는 그가 자신의 능력만 맹신한 채 성실하게 생활하지 않는다는 것을 사실적으로 보여주는 예다. 이런 유형의 사람은 다음의 두 가지 면을 통해 쉽게 구별할 수 있다.

① 자신에 대해 얼토당토않게 낙관적으로 예측하고 타인의 평가에 비해 훨씬 우월하게 자신을 평가하지만, 실상 평범하거나 실수 투성이다.
② 타인의 실수에 대해 까다롭게 지적하고, 타인의 장점을 배우려 하지 않으며, 타인의 성공을 인정하거나 축하할 줄 모른다.

거만한 사람은 실력도 없이 눈만 높고 불성실하다. 자신은 뭐든 다

옳고 자신이 제일 잘났다고 여겨서 타인을 하찮게 대한다. 그래서 타인의 성공에는 관심도 없고 타인의 성과를 배울 생각도 하지 않는다. 거만한 사람은 자신의 허물을 발견하지 못하지만, 사실 타인에게 잣대를 대듯이 자신에게 잣대를 대면 금방 발견할 수 있다. 사람은 누구나 자신이 타인보다 잘났다는 생각을 조금씩 하기 마련이지만, 남을 평가하고 자신이 평가받는 과정에서 자신의 실제 모습을 정확히 깨닫게 된다. 타인의 관점이 개입되어야만 자신의 속마음이 밖으로 드러나 눈에 보이기 때문이다.

남을 무시하는 사람은 보통 자신보다 못한 사람뿐만 아니라 주변에 있는 모든 사람을 다 무시한다. 그래서 스스로 자신을 치켜세우게 되는 것이다. 또 각기 다른 사람이 자신을 평가한 결과와 스스로 자신을 평가한 결과를 비교하여 스스로 평가한 결과가 더 좋다면 거만한 태도가 생길 수밖에 없다.

앞서 소개한 지인의 예를 구체적으로 분석해보면 더 잘 알 수 있다. 스스로 능력이 있다고 굳게 믿는데 관리자가 알아주지 못한다는 그의 생각에는 맹점이 있다. 자신이 능력 있는 사람이라면 자신을 알아주기를 느긋하게 기다리면 되지 않겠는가. 자신의 능력을 펼쳐 보일 기회가 정말로 없었던 것인지, 아니면 무능해서 자신에게 온 기회조차 놓쳐버린 것인지, 가슴에 손을 얹고 스스로 반성해볼 일이다.

거만한 사람은 항상 자신이 하고 싶어 하는 일에 대한 환상이 있다. 자신이 유능하게 해낼 수 있다고 생각한다. 정작 현실에서 꼭 해야 하는 자질구레한 일은 신경도 쓰지 않으면서 말이다. 이런 식으로 내면에는 차츰 화려한 모습의 '거짓 자아'가 형성된다. 이를 마치 실제처럼 상상하여 자아도취에 빠지고 구름 위 세상을 떠다니듯 한다.

그래서 날마다 '거짓 자아'가 원하는 일에만 관심을 갖고 실제 자신의 일은 거들떠보지도 않으면서 현실 세계의 '진짜 사아'는 외면하는 것이다.

이를 마음의 병이라고 단정할 수는 없지만, 분명한 것은 어리고 철 없던 시절에 품던 환상과 별반 다르지 않다는 점이다. 무모한 환상을 다 깨지는 못하더라도 오랫동안 빠져 있어서는 안 된다. 이는 잔인한 현실로 들어가기 두려워 환상 속으로 도피하는 것이기 때문이다. 꿈속에 빠져 꿈을 깨고 싶지 않은 것과 같은 이치다.

꿈을 꾸기는 쉽지만 꿈을 깨고 현실로 돌아오기란 무척 힘들다. 환상을 깨지 않고 계속 거기에 머물러 있으면 실제로 행동하기가 더 어려워져서 고생 없이 손쉽게 원하는 것을 얻으려고 한다. 그래서 실력도 없으면서 눈만 높아지게 되는 것이다.

이렇듯 환상을 자주 품으면 스스로 자신의 미래를 망치게 된다. 장군이 되고 싶지 않은 병사는 훌륭한 병사가 아니라고 했다. 그러면 훌륭한 병사는 어떻게 장군이 될 수 있을까? 어떻게 해야 환상을 깨고 진정한 꿈을 이룰 수 있을까?

속도를 높이되, 나는 사람을 뛰어넘지는 말라
스스로 재능을 충분히 발휘하지 못하고 있다는 판단이 선다면 적합한 자리에 좀 더 빨리 다다를 수 있도록 노력해야 한다. 예컨대 장군이 되고자 한다면 중간계급을 뛰어넘으려 할 게 아니라 하루 빨리 훌륭한 병사가 되어야 한다. 앞서 이야기했듯이 현재 자신의 일에 충실하면 미래의 성공 기반이 마련된다. 반면, 눈만 높으면 현재 자신의

일이 하찮게 여겨져 더 높은 수준의 일에만 관심을 두게 된다.

나는 보통 사람이 5년 걸려 완성하는 일을 3년 만에 해내는 사람을 본 적이 있다. 이는 그가 2년 치의 일을 덜 한 것이 아니다. 그는 시간을 아껴 쓴 덕분에 5년 동안 쌓아야 하는 경험을 3년 안에 다 마친 것이다.

유명한 사람들의 성공 스토리를 보면 그들이 휴식 시간, 하다못해 커피를 마시는 시간까지 아껴가며 얼마나 많은 노력을 기울였는지 알 수 있다. 어떤 종류의 일이든지 기본적으로 충분한 경험을 쌓아야만 다른 사람보다 월등한 실력을 뽐낼 수 있다. 그러므로 경험 축적은 성공에 이르는 가장 중요한 요소이자 지름길이다. 이렇게 경험을 축적함으로써 새로운 것을 발견하고 양적 변화에서 질적 변화로 성장하게 된다. 때가 되어 장군의 직함을 얻게 되더라도 경험이 부족하면 훌륭한 장군이 될 수 없다. 영재라고 해도 충분한 경험 없이 바로 장군의 자리로 뛰어오르지는 못한다. 경험해야 할 모든 것을 최대한 빠른 속도로 이른 시일 안에 경험한다면 높이 날아오를 수 있다.

야심을 가져라

장군이 되는 것이 목표라면 훌륭한 병사가 되는 것은 과정이다. 목표를 이루려면 반드시 과정을 거쳐야 한다. 나는 평생 병사로 만족하는 사람도 훌륭한 병사는 아니라고 생각한다.

옷가게를 열려고 준비하는 친구가 있었다. 그는 장소를 선정하고 새 상품을 사들이기보다 우선 자기가 다른 가게의 직원이 되어 일해 보기로 했다. 그래서 훌륭한 직원이 되려고 반년 동안 열심히 일했고 가게를 경영하는 법도 배웠다.

사실, 장군도 특별한 직책이라기보다 병사에서 진급하여 장군이 되는 것이다. 다만, 세부적인 것을 다루지 않는 대신 의사결정 능력이 필요한 고급 병사라는 것이 일반 병사와 다른 점이다. 그렇다 하더라도 말단 병사일 때의 경험은 매우 소중하다. 말단 병사로 일한 경험이 없는 장군은 훌륭한 병사를 거느릴 수 없는 법이다. 말단일 때 실수를 자주 해봐야 관리자가 되었을 때 직원이 실수를 재발하지 않도록 이끌어줄 수 있다. 무엇보다 성공한 경험이 있어야 훗날 자신의 직원을 성장시킬 수 있다. 기초적인 업무를 통해 얻는 득실은 미래에 관리자가 되려는 사람에게는 꼭 필요한 기본적 요소다. 만약 이런 과정을 거치지 않고 관리자가 되면 모래 위에 집을 지은 것처럼 업무의 기초를 다지지 못할 것이다. 그러므로 자신의 가게를 열고 싶다면 우선 다른 사람 밑에서 일을 해봐야 한다.

요컨대 훌륭한 직원이 되는 일은 훗날 사장이 되기 위해 경험을 쌓는 것이다. 경험에는 직접 경험과 간접 경험이 있다. 다른 사람을 따라 하고 자신이라면 어떻게 할지 상상도 해보고, 또 사장이 일하는 모습을 보면서 배울 만한 점이나 본보기로 삼을 만한 점이 있는지도 살펴야 한다. 이런 것들은 간접 경험에 해당한다. 만약 사장이 되겠다는 야심이 없다면 굳이 타인의 비결을 어깨너머로 훔쳐 배우며 간접 경험을 쌓지 않아도 된다. 하지만 미래를 꿈꾸는 사람은 타인 밑에서 일하는 시간을 공부하는 시간으로 여긴다. 이렇듯 야심이 있어야 말단 직원으로 만족하지 않고 적극적으로 다른 사람을 따라 배울 수 있다. 야심은 꿈을 이루기 위한 원동력이고, 일을 배우는 것은 꿈을 이루기 위한 수단이다. 환상으로는 절대 꿈을 이룰 수 없다. 이렇게 오랜 시간이 흐르고 나면 언젠가 자신의 꿈이 반드시 이루어질 것이다.

05
'그래야 했는데' 하며 돌아보지 말라
실패했다고 원망하지 말자

> 그럴듯한 비전도 때로는 실패의 원인이 된다.

사람은 누구나 실수를 한다. 그러니 실수하지 않으려 애쓰지 말고, 그저 실수를 줄이려 노력하자. 물론 실수를 발견하면 즉시 고치는 것이 좋다. 나는 이 책을 쓰기 전에 시간을 아껴 쓰려다가 오히려 낭비한 적이 많았는데, 이 책을 마치고 나서도 여전히 시간을 낭비하는 것을 보면 아직 안 좋은 습관이 고쳐지지 않은 것 같다.

실수를 바로잡는 방법에는 두 가지가 있다.

① 실수를 발견하는 즉시 개선한다.
② 가능한 한 실수할 상황을 만들지 않는다.

첫 번째는 사후 처리 방식으로, 발견 즉시 신속하게 개선하여 변명할 일이 없게 한다.

두 번째는 사전 예방이다. 자신이 싫어하는 일은 최대한 시간을 끌어 지연시키다가 적당한 때가 되었을 때 바로잡는다. 그런데 이 방법은 자신에 대해 잘 알아야 하므로 적용하기가 쉽지 않다. 예컨대 단체 활동을 싫어하는 당신에게 캠핑 모임 제안이 들어왔을 때 이를 거절해야 한다면 우선 현재 상황을 확인하고 이전에는 어떤 방식으로 거절했는지 생각해보라. 몸이 아프다든지, 날씨가 안 좋다든지, 아니면 일이 너무 바쁘다든지 등등 여러 가지 핑계를 댔을 것이다. 과연 그중에 진짜 이유는 몇 가지나 되는가? 이제 구체적 방법을 알아보자. 다른 사람들은 어떻게 할까? 몸이 아픈데도 억지로 활동에 참가할까? 또 날씨가 안 좋다고 무조건 집에 틀어박혀 있을까? 핑계도 경우에 따라 달리해야 한다. 그러지 않으면 거짓말이 들통 나서 망신당한다.

사실, 늘 이렇게 이성적으로 행동하는 사람은 드물다. 그리고 이성적인 사람은 매번 이런 식으로 변명하지 않는다. 이제 자신을 변화시키는 과정에서 흔히 나타나는 현상을 살펴보자.

평생의 깨달음을 줄 한마디를 기다린다

아주 오래전, 한 남성 고객이 찾아왔다. 그는 상담할 때 자신을 절대 너그러이 대하지 말라고 여러 번 강조했고, 내가 자신의 잘못된 점을 호되게 지적하여 질책해주기를 바랐다. 그는 상담을 통해 폭풍 같은 깨달음을 얻고 인생의 전환기를 맞겠다는 기대를 품고 있었다. 맙소사! 내게 어디 그런 신통한 재주가 있겠는가? 정말 내 말 한마디가 남의 인생을 통째로 바꿀 수 있단 말인가? 의아하기 짝이 없었지만 어쨌든 나는 그에게 도움이 될 만한 얘기를 많이 해주었고, 결국 그는 내 말 한마디 덕분에 큰 깨달음을 얻었다고 했다.

사실, 처음에 나는 그가 나의 어떤 말에 깨달음을 얻었는지 전혀 몰랐다. 한참 뒤 그에게 물어보고 나서야 알았는데, 가만히 생각해보면 그 말은 내가 일부러 그에게 깨달음을 주려고 한 말은 아니었다. 즉, 깨달음을 주려고 한 말은 아무 효력이 없었고 오히려 대수롭지 않게 던진 한마디가 놀랍게도 그에게 깨달음을 주었던 것이다.

내 말 덕분에 좋아졌다고 하니 오히려 내가 그에게 감사할 따름이다. 무수히 했던 많은 말 중에서 무심코 던진 말이 그에게 깨달음을 주었다면 내 의도와 상관없이 그 말이 그에게 특별하게 와 닿았기 때문일 것이다. 바꾸어 말하면 이렇다. 우리는 행동 변화를 양적 변화가 질적 변화로 바뀌는 과정이라고 생각한다. 이는 행동을 백 번 반복하면 자연스럽게 변화가 생긴다는 뜻이다. 즉, 이 고객은 내 말을 듣고 나서 이미 아흔아홉 번 반복하여 생각했기에 이를 통해 깨달음을 얻었다. 그래서 나는 그저 한 번 말했을 뿐인데 그는 내 덕분에 달라졌다고 한 것이다.

이런 사실을 통해 볼 때, 자신을 변화시키는 힘은 다른 사람이 아닌 바로 자기 자신에게 있다는 사실을 알 수 있다. 깨달음을 얻게 된 것도 바로 자신이 스스로 해낸 일이다. 이 고객이 나에게 도움을 청하지 않고 스스로 어느 날 그 말과 그 같은 생각을 여러 번 곱씹어 했다고 가정해보자. 그는 분명 스스로 문제를 해결하여 어려움에서 벗어났을 것이다. 즉, 그에게 필요한 것은 내 말 한마디가 아닌, 용기와 자신감 그리고 실패를 두려워하지 않는 도전정신이다.

거짓 깨달음의 논리 (위 : 사고와 정서, 아래 : 습관)

```
                  ┌─ 외부의 도움을 ─→ 고생하지 않고 ─→ 상담사의 능력이
                  │   중시함          수고를 덜려고 함   부족하다고 여김
   깨달음을 ─┤
     구함      │
                  └─ 자신의 변화를 → 상담사의 말로 → 깨우쳐줄 방법을
                      기대함           변화를 기대함      계속 찾음
```

한 번 잘했다고 영원히 잘하는 것은 아니다

나를 찾아오는 고객들은 하루 빨리 건강한 삶을 되찾고 싶어 한다. 특히 실패한 경험이 있는 사람일수록 더 빨리 실패에서 벗어나 자신이 재기할 수 있다는 것을 증명하려고 한다.

얼마 전, 어린 학생과 어떤 문제에 대해 상담을 진행했다. 아이는 개학하자마자 내가 당부한 대로 실천했더니 신기하게도 효과가 있었다고 했다. 이에 아이는 기분이 좋아서 엄마에게 이 사실을 전했고 아이의 엄마는 기뻐서 눈물을 흘리며 가족들과 더불어 나에게 감사하다고 했다. 아이의 엄마가 흥분을 가라앉히고 안정을 되찾자, 나는 단호하게 한마디했다.

"한 번 효과가 있었다고 해서 앞으로 문제없을 거라고 생각하시면 안 됩니다."

이렇듯 한 번 성공했다고 해서 장차 실패하지 않으리라는 법은 없다. 단, 성공은 많이 할수록 좋다. 그래야 문제가 완벽하게 해결되어 진짜 성공했다고 말할 수 있기 때문이다.

대체로 첫 성공은 자신의 상황을 고려하기 전 남의 선례를 모방하는 경우가 많기 때문에 어찌 보면 자신과는 무관하다고 볼 수 있다. 모든 대상과 환경에 고루 적용할 수 있는 방법은 없다. 설령 같은 문

제라고 해도 각자 자신이 처한 환경에 따라 그 성과가 다르다. 그러므로 운이 따라줘야 하지만 운도 항상 자신의 편에 있는 건 아니므로 성공하지 못할 가능성을 늘 염두에 두어야 한다.

정말 뜻대로 성공하기를 바란다면 타인의 방법을 자신에게 최적화하여 적용해야 한다. 즉, 자신의 특성에 맞게 수정 · 첨가 · 삭제 등의 과정을 거치고 자신의 습관과 환경도 과감히 조정하여 자신만의 특별한 방법을 개발해야 한다. 그럴 때 스스로 문제를 다스리는 능력을 얻을 수 있다.

그렇다면 첫 성공을 이루고 난 뒤, 그다음에도 성공하려면 어떻게 해야 할까?

작으나마 좋은 결과를 얻었다고 샴페인을 미리 터뜨려서는 안 된다. 성공의 시작은 어쩌면 뒤이어 실패하게 된다는 신호일 수도 있다. 그러므로 성공한 다음에는 그 성공의 경험을 종합하고 교훈으로 삼아 더욱더 분발해야 더 많이 성공하고 그 성공을 오래 유지할 수 있다.

'그래야 했는데'라고 생각하지 말고 현실을 직시하라

'강박증'이 있는 사람들의 사례를 다룬 적이 있다. 그들은 나를 찾아오기 전에 다른 곳에서 상담을 받았거나 스스로 치료를 위해 노력해온 사람들이었다. 이런 사람들이 자주 하는 말이 있다.

"좋아졌어야 하는데 그러지 못했어요."

사실, 우리는 어떤 것을 위해 노력할 때는 노력의 결과를 미리 예측한다. 그런데 성과가 자신의 기대에 미치지 못하면 크게 실망하고 자신의 방법에 문제가 있었는지 의심하게 된다. 방법을 적용할 때는 문제가 생길 수 있다는 가능성을 염두에 둬야 한다. 더욱이 처음 도전하는 일이라면 자신의 기대에 미치지 못할 수 있다는 예상을 반드시 해야 한다.

'그래야 했는데'라고 생각하는 것은 구체적으로 행동하기 전에 이미 결과를 예측하고 있었다는 것이다. 이처럼 실제 결과와 예상했던 결과를 비교할 때, 그래야 했는지 아닌지를 알 수 있다. 이는 전적으로 경험에 따른 판단이다. 그런데 경험 없이 처음 해보는 일에 대해서도 '그래야 했는데'라고 생각하는 것은 어떻게 설명할 수 있을까? 이는 스스로 최선을 다했다고 생각하는데 결과가 신통치 않아서 하게 되는 변명이다. 그리고 타인의 성공 경험이나 자신이 예전에 다른 일

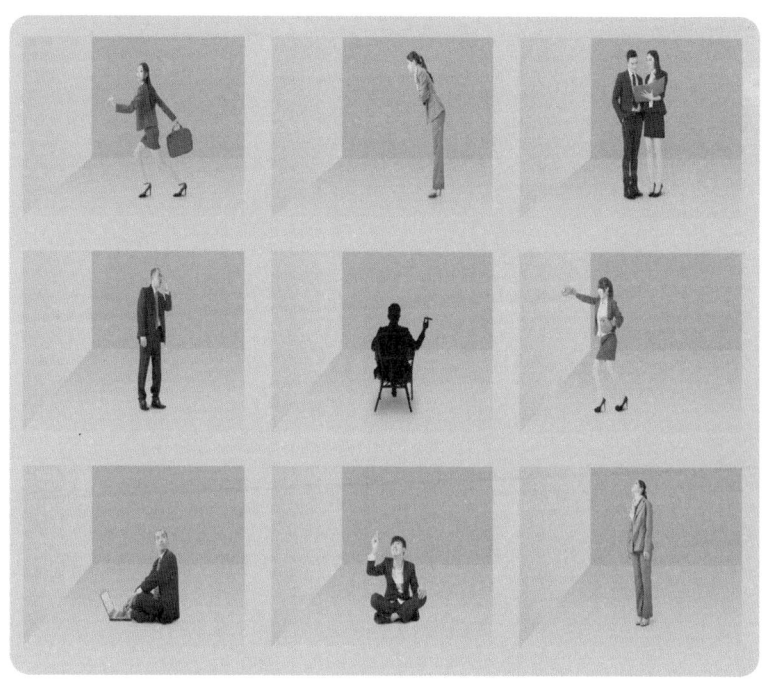

을 통해 경험했던 것에 따라 예측한 것이다. 타인의 경험이나 자신의 예전 경험은 자신이 처음 낭면한 문제와는 별개의 것이다. 다른 사람에게 효과적인 방법이 반드시 자신에게도 효과적이라고 할 수 없다. 사람마다 특성이 다르기 때문에 기대되는 효과도 당연히 다르다. 그러므로 같은 방법을 모든 사람에게 똑같이 적용해서는 안 된다.

2012년 런던올림픽이 막 폐막했을 때였다. 당시 나는 우후죽순으로 쏟아지는 보도 중 반복적으로 노출되는 한 기사에 눈길이 갔다. 지난 베이징올림픽에서 금메달을 딴 선수들이 런던올림픽에서 2관왕 도전에 실패한 뒤 국민에게 사과하는 기사였다.

나는 이 기사를 보며 당사자들의 마음이 얼마나 무거울까 하는 생각이 들었지만 그들의 사과는 받고 싶지 않았다. 나는 그들이 국민에게 사과해야 할 필요가 없다고 생각했다. 올림픽에서 한 번 금메달을 따면 매번 금메달을 따야 하는가? 이런 논리가 어디에 있는가? 이처럼 모든 책임을 한 사람에게 떠넘기는 상황도 '그래야 했는데'라고 생각하기 때문이다. 지난번에 금메달을 땄으니 이번에도 금메달을 따야 하는데 그러지 못했으니 선수가 책임을 져야 한다는 논리는 관중의 오류다. 앞서 말한 것처럼 사람도 각각 다르듯이 지난 대회와 이번 대회의 모든 조건과 환경이 같지 않다. 그런데 자신이 오류를 저지르고 다른 사람에게 책임을 지라는 것은 어불성설이다. 이런 사람들은 마음이 건강하다고 할 수 없다. 타인에게 책임을 돌리는 습관을 버려야 마음이 건강해진다.

성공하지 못했다면 외부 요인과 내부 요인을 모두 찾아야 한다. 이를 찾지 못한다면 특히 자신이 예상치 못했던 일에 대해서는 아마 매번 '그래야 했는데'라고 할 것이다. 우리는 '그래야 했는데'라는 생각을 너무 쉽게 하는데, 이는 바람직하지 않다. 과거의 경험이 미래에 영향을 주기는 하지만 확실한 것이 아닌, 대략적이고 모호한 형태로 영향을 준다는 것을 알아야 한다. 그러므로 새로운 문제를 해결할 때 과거의 경험에만 의지하여 '그래야 했는데'라고 생각하며 현실을 피해서는 안 된다.

변화가 빠를수록 효과가 좋다

보통 다이어트 약을 구입할 때는 얼마 동안 몇 킬로그램이 감량되느냐가 매우 중요하다. 한 달에 10킬로그램씩 감량하는 약이 있다면 당연히 한 달에 2킬로그램씩 감량하는 약보다 선호하지 않겠는가? 하지만 심리적인 문제는, 다이어트 약을 복용하듯이 단기간에 큰 효과를 보려고 하면 치명적인 문제가 생길 수 있다. 따라서 인내심을 갖고 장기간 반복적으로 치료해야 한다. 단번에 완치하려고 하거나 완치 속도를 따지면 오히려 건강을 해친다. 다이어트를 할 때도 일주일에 평균 0.5~1킬로그램씩 감량해야 건강에 지장이 없고 요요현상도 줄일 수 있다. 한 달에 10킬로그램 감량을 목표로 다이어트한다면 도리어 건강이 나빠지고 요요현상이 심해져서 결국 다이어트 전보다 체중이 늘어난다.

사람의 마음도 몸처럼 평형을 유지하려고 한다. 기존의 습관은 수년에 걸쳐 형성된 것으로, 몸의 평형을 유지하는 역할을 하기 때문에 한 번에 깨뜨리면 몸이 불편해진다. 몸이 불편해지면 원래의 평형을 되찾으려는 힘이 작용하여 기존의 습관이 다시 생긴다. 같은 맥락으로 건강이 단시간에 좋아지면 신체 내에서 이전의 상태로 되돌리려는 현상이 생겨 건강이 다시 한순간 나빠지게 된다.

고등학교 2학년생이 공부를 싫어해서 상기간 상담 치료를 받은 적이 있었다. 당시는 이 학생이 공부를 포기한 지 이미 반년이 지났을 때였다. 그런데도 부모는 자식을 대학에 보내기 위해 치료를 결심하고 아이를 데려왔던 것이다. 나는 우선 아이를 학교로 돌려보내라고 했다. 만약 수업을 따라가지 못하면 1년 유급시키고, 그렇게 열심히 노력하면 대학에 갈 수 있을 것이라고 했다. 대신 너무 큰 기대는 하지 말고 아이를 편하게 해주라고 주문했다. 부모는 내 제안을 마뜩잖아 했지만, 그로부터 1년 뒤 아이에게 큰 변화가 있었다. 전처럼 수업을 빼먹는 일이 사라진 것이다. 원래 똑똑한 데다가 기초 학습을 잘해 놓은 아이라 마침내 3학년 공부를 마치고 대입시험에도 응시했다. 대학 졸업 후에는 대학원에 들어가 학업을 계속했고 지금은 외국계 기업에서 착실히 생활하고 있다.

우리는 몇 년간 묵혀두었던 오래된 문제를 며칠 안에, 그것도 완벽히 해결하려고 한다. 누구나 힘든 시간은 최대한 단축되기를 바란다. 그러나 이는 일반적인 법칙에 어긋난다. 장기간 쌓아두었던 복잡한 문제를 터무니없이 빠른 시간 안에 해결하려 하거나 단숨에 원하는 결과를 얻으려고 하는 것은 현실을 거스르는 행위이다. 사물의 법칙을 따르고 개인의 특질을 고려할 때 비로소 완벽하고 빠른 성과를 얻을 수 있다. 무조건 빨리 해결하려고만 하면 오히려 일이 반대 방향으로 흘러가 곤란한 상황에 처한다.

지금까지 여러 사례를 통해 보았듯, 좋은 생각을 하고 희망을 걸어도 열심히 노력하지 않으면 자신을 발전시킬 수 없다. 또 열심히 노력한다고 해서 늘 소원대로 다 이루어지는 것도 아니다. 그러므로 우리의 소원은 어쩌면 실패의 변명이 될 수도 있다.

PART 6
도전은
거짓말쟁이인 자신에게 맞서는 것이다
– 변명하는 자신을 바꾸는 방법, 도전

▼

도전은 맹목적으로 밀어붙이는 것이 아니다. 도전은 노력한 만큼 반드시 성과를 가져다주는 것도 아니다. 오히려 도전하는 동안 방향을 잃어 실천력을 잃을 수도 있다. 무엇보다 비현실적인 완벽만을 추구한다면 도전은 결국 실패할 것이다.

▲

01
게으름 피울 시간도 필요하다
버티기는 즐거운 활동이다

> "
> 즐겁게 버티면서 '버티기'의 의미를 새롭게 정의하라.
> "

무슨 일을 하든지 일의 과정에서 가장 어려운 점은 '버티기'이다. 오랫동안 인내심을 가지고 버티지 않으면 자신을 변화시킬 수 없고 기대했던 성과도 얻을 수 없다. 다이어트를 할 때도, 기술을 배울 때도, 잘 버티는 것이 관건이다. 예전에 학생들에게 특별한 과제를 내준 적이 있다. 그것은 한 학기 동안 열심히 노력해서 각자 좋은 성적을 얻고 처음에 계획한 것과 결과의 차이를 비교하는 것이었다. 하루는 수업을 끝내고 한 학생과 계획을 실천하는 방법에 대해 이야기를 나누었다.

"저는 원래 계획을 잘 실천하지 못하는 편인데, 일주일에 쉬는 날 하루 없이 빡빡하게 계획을 세웠다가 역시 계획대로 하지 못했어요."

나는 그녀의 이야기를 듣고 나서 이렇게 물었다.

"휴식 시간이나 재충전하는 시간이 없다고? 왜 태엽 시계처럼 매일 그렇게 해야 하지?"

내가 이 두 가지 질문을 하자 그녀는 갑자기 어리둥절한 표정을 지었다.

휴식 시간도 있고 게으름 피울 시간도 있어야 좋은 계획이다. 휴식과 일이 적절히 조화를 이룰 때 좋은 성과를 얻을 수 있고 계획을 끝까지 실천해 나아갈 수 있다. 힘들다고 느끼지 않으면서 일을 완성하면 계획은 실천하기 어렵지 않다. 온갖 고통을 참고 버티며 공부하는 것만이 잘하는 게 아니다. 또 그렇게 해서도 안 된다. 버티기는 즐거운 활동이어야 한다. 이제 내가 즐겨 사용하는 버티기 비법을 같이해 보자. 우선 중요한 것은 버티기 위한 합리적 구실을 몇 가지 찾는 일이다. 당연히 힘들지 않고 즐거운 것으로 말이다.

버티기의 논리 (위 : 사고와 정서, 아래 : 습관)

내친김에 하라

해보지 않은 일을 억지로 계속해야 할 때 가장 두려운 점은 즐겁지 않다는 것이다. 지루하고 재미없고 기계적으로 반복되는 일은 정말 힘 빠지게 만든다. 미래를 향한 꿈이 있어야만 지루한 일상을 어떻게든 버터나갈 수 있다. 특히 다이어트처럼 매일 어쩔 수 없이 '버티기'를 해야 하는 경우가 그렇다.

내 경험에 비추어볼 때, 다이어트는 자극제가 있고 기분이 좋은 날에 특히 노력한 보람을 느낄 수 있다. 또한 스스로 버틸 수 있는 힘이 충분한 날에는 일일 운동량을 쉽게 달성할 수 있다. 그런데 일이 바쁘고 기분이 내키지 않는 날에는 다이어트 효과가 즉시 나타나지 않을뿐더러 자발적으로 운동량을 달성하기가 어렵다. 그래서 결국 이미 달성했어야 하는 목표량이 계속 누적된다. 이쯤 되면 나처럼 '내친김에 하는 방식'이 꽤 도움이 된다.

나는 사무실에서 세 정거장 거리에 있는 부모님 댁에 갈 때마다 출발하기 전 미리 시간을 계산하여 충분한 시간을 두고 길을 나선다. 이때 손에는 작은 선물을 든 채 택시도 버스도 타지 않고, 운전도 하지 않고, 걸어서 간다. 궁극적인 목적은 부모님을 뵙는 일이지만, 뵈러 가는 김에 그날의 운동량을 채우려는 목적도 있다.

걸어가는 동안 아버지와 나눌 국정에 관한 얘깃거리와 어머니와 나눌 직장생활에 관한 얘깃거리를 미리 생각해둔다. 빠르게 스치고 지나가는 거리의 풍경도 감상하고 부모님과 함께하면서 행복했던 순간도 되새기다 보면 어느새 몇 킬로미터 거리에 있는 부모님 댁에 다다른다. 특히 여름에는 땀이 나서 셔츠가 흠뻑 젖으면 어머니는 이를 보고 안쓰러워하며 이렇게 물으신다.

"왜 차를 안 타고 다니니?"

"다이어트 하려고요. 부모님도 뵙고 운동도 하고 일석이조잖아요."

순수하게 다이어트를 목적으로 한여름에 선물 보따리를 들고 몇 킬로미터를 땀 흘리며 걸어간다면 얼마나 힘들겠는가. 하지만 부모님을 만나고 두 분의 사랑을 접한다는 기대감이 있기에 이때 흘린 땀은 다이어트를 위한 훈장이 된다. 이런 식으로 운동을 하면 몸은 힘들지만, 마음은 즐거워진다.

내친김에 하는 방식은 많은 사람에게 익숙하다. 아마 누구나 한 번쯤은 해봤을 것이고, 실패한 사람도 꽤 많을 것이다. 이 경우 실패의 원인은 방법적인 문제가 아닌, 자신에게 있다. 출근할 때 한 정거장 먼저 내려서 걸으며 운동하는 사람에게 어떤지 물으니 이렇게 대답했다.

"새로운 경험은커녕 도리어 지각을 한다거나 자동차 배기가스를 마셔서 건강에 안 좋아요. 그래서 처음에는 거부감이 생겨서 어떻게 해야 하나 고민했죠."

이는 내친김에 하는 목적을 흔들어놓는 말이자, 내친김에 하는 의

미를 모르고서 하는 말이다. 이처럼 주객이 뒤바뀌면 내친김에 하는 일은 오히려 일을 그르치는 원인이 되어 오랫동안 지속할 수 없다.

꼭 해야 하는 일을 내친김에 할 때는 반드시 주된 것과 부차적인 것을 분명히 구분해야 한다. 아무리 내친김에 한다고 해도 부차적인 것이 주된 것에 지장을 주어서는 안 된다. 예컨대 걸어서 출근할 때 가장 우선적인 목적은 출근이므로, 걸어갔다가 지각했다면 이 방법을 그만둬야 한다. 힘을 많이 들이지 않으면서 주된 일과 부차적인 일을 동시에 완수할 수 있다면 둘의 조합은 합리적이다. 게다가 둘이 서로 촉진 작용을 일으킨다면, 이것이야말로 환상적인 조합이라고 할 수 있다.

집안일을 자주 하면 살이 빠진다고 한다. 집안일을 싫어하는 남편이라면 다이어트를 하는 셈 치고 이 일을 해보자. 그러면 집안일도 돕고 살도 빼고 아내의 환심도 살 수 있다. 결국 주된 집안일도 성공적으로 마칠 수 있고 부차적인 다이어트도 성공할 수 있으니, 이 계획은 어렵지 않게 지속해 나아갈 수 있다. 이렇게만 된다면 다이어트가 고생스럽다고 불평할 사람이 누가 있겠는가?

혼자 하지 말고 둘이 하라

혼자 공부하면 외롭고, 둘이 공부하면 외롭지는 않지만 경쟁해야 한다. 어떤 일을 혼자서 할 때 외로움은 불청객처럼 찾아온다. 특히 어려움에 부딪히거나 격려가 필요할 때 곁에서 위로해주거나 좋은 방법을 알려줄 사람이 그리워진다.

나는 작년부터 몸만들기를 시작했다. 근력을 강화하는 운동을 할 때 매일 팔굽혀펴기를 몇 십 개씩 해야 하는데, 원래 운동을 좋아하지 않는 나로서는 참 적응하기 어려웠다. 날마다 기계적으로 반복해야 하는 운동은 정말 지루하고 사람을 지치게 만들었다. 그래서 늘 일이 바쁘고 피곤하다는 핑계를 늘어놓으며 고통의 팔굽혀펴기를 잊고 지냈다. 그런데 어느 날 아내가 갑자기 팔굽혀펴기를 시작하는 것이었다. 이를 계기로 나도 팔굽혀펴기를 다시 시작했고, 아내가 운동을 착실하게 하는 모습을 지켜보며 응원했다. 당연히 아내도 나의 운동 코치가 되어 가끔 매서운 눈빛으로 쏘아보곤 했다. 이렇게 아내와 나는 서로를 격려하고 상대에게 자극되어 열심히 운동했고, 매일 목표량을 달성하지 않으면 잠자리에 들지 않았다. 아내의 팔굽혀펴기 실력은 날이 갈수록 빠르게 늘어 매일 횟수를 한 개씩 늘렸다. 나 역시 이에 자극을 받아 매일 두 개씩 늘리겠다며 남몰래 의지를 다졌다. 그랬기에 아내는 절대 나를 뛰어넘을 수 없었다.

이처럼 같은 일을 두 사람이 함께하면 자극이 될뿐더러 포기하고 싶을 때 큰 격려가 된다. 무엇보다 경쟁심이 생긴다. 인간의 본성에 따르면 사람은 자신이 가장 독보적이라고 생각한다. 동물의 세계에서도 암컷 한 마리를 차지하기 위해 두 마리의 수컷이 죽기 살기로 싸우며 자웅을 겨루는데, 이것이 바로 자발적 경쟁이다. 우리 역시 이런 본성을 불러일으켜 자신을 위해 힘쓴다면 작은 노력으로 큰 성과를 거둘 수 있다.

이때 주의할 점은 함께할 사람과 배짱이 맞아야 한다는 것이다. 다시 말해, 두 사람에게 공통된 목표와 바람이 있어야 한다. 자신의 목표는 곧 상대의 목표여야 한다. 상대가 외로울까 봐 함께하며 그가 목표를 향해가는 것을 지켜보기만 한다면 자신의 경쟁심을 자극할 수 없다. 더욱이 실제로 곤란한 상황에 부딪히면 같이 고민하여 헤쳐 나아갈 수 없다. 혹시 과거에 당신이 어떤 일을 다른 사람과 함께하다가 실패로 끝난 경험이 있다면 잘 생각해보라. 그때 두 사람에게 공통의 목표가 있었는가? 아니면 상대가 먼저 포기하고 물러나지는 않았는가?

나 자신에게 실수할 시간을 주라

　주먹을 힘껏 쥔 채로 10초 버티다가 다시 주먹을 펴보라. 분명 몸도 마음도 편안해질 것이다. 사람의 긴장도 이와 같다. 긴장하는 동안은 두 주먹을 꽉 쥐었을 때처럼 끈기로 버티지만, 마음의 소리는 쉬고 싶다고 말한다. 그래서 쥐었던 주먹을 펼치고 나면 근육이 이완되어 편안해진다. 주먹을 쥐고 잠시 버티다가 다시 펼치고, 또 쥐고 버티다가 펼치기를 계속 반복하라. 그다음, 방법을 달리하여 주먹을 펼치지 말고 계속 꽉 쥐고 버텨보라. 이런 식으로 주먹을 쥔 채 버틸 수 있는 시간을 각각 기록하라. 어떤 방법으로 할 때, 더 오랫동안 주먹을 쥘 수 있었는가? 분명 쥐었다 폈다 반복한 방법일 것이다. 바꾸어 말해, 어떤 계획이나 행동을 오랫동안 지속하려면 반드시 중간에 휴식할 시간이 있어야 한다.

　그러므로 이 장 서두에 나온 학생처럼 숨 돌릴 틈도 없이 빡빡하게 계획을 세우면 이 법칙에 위배된다. 그러면 버티기가 얼마나 힘든지 아마 짐작이 될 것이다. 쉼 없이 연속적으로 버티는 것은 인류 습관의 법칙에도 맞지 않으므로 자신에게 걸맞은 버티기 쉬운 계획을 새로 짜야 한다. 그리고 중간에 반드시 휴식 시간을 포함시켜야 하고, 돌발적 변수도 고려해야 한다.

살아 있는 생물체가 실수를 저지르는 것은 당연한 이치다. 우리는 그저 실수를 줄이려고 노력할 뿐이지, 영원히 실수하지 않을 수는 없다. 그러므로 간혹 한두 번 실수했다고 해서 자신에게 실패자라는 꼬리표를 붙여 스스로 책망하지 말라. 물론 실수를 허용하더라도 실수할 확률은 최대한 낮춰야 계획을 오랫동안 실천해 나아갈 수 있다. 100퍼센트 실천하는 계획보다 80퍼센트 정도 실천할 수 있도록 계획을 세우는 것이 좋다. 그리고 나머지 10~20퍼센트는 실수할 확률로 남겨두면 완벽한 계획이 될 것이다. 계획을 세울 때 열흘에 하루는 빈둥거리거나 온전히 쉬는 날로 정하여 스스로에게 포상해야 한다. 이렇게 하면 자신의 리듬에 맞게 성공적으로 계획을 실천할 수 있다.

일을 잘하려면, 자신에게 유익한 요소는 충분히 활용하고 불리한 요소는 철저히 외면해야 한다. 자신에게 능숙하지 않은 방법으로 일하면 자신의 단점을 이용하는 셈이 되어버린다. 그러면 결국 시간상으로 큰 손해를 볼 수밖에 없다. 즉, 자신 없는 방법으로 끙끙대느라 시간을 허비하면 정작 일하는 데 필요한 시간이 부족해져서 효율이 떨어진다.

일을 하려면 버티는 단계를 반드시 거쳐야 하고, 이에 따르는 필연적인 고통도 감수해야 한다. 하지만 각고의 노력을 기울여 일만 할 것이 아니라 그 속에서 즐거움도 찾아야 한다. 자신이 좋아하고 잘하는 일을 해야 효율이 높아진다. 자신이 싫어하고 원하지 않는 일을 억지로 하면 시간을 많이 쓸 수밖에 없기 때문에 결국 시간을 낭비하게 된다. 최선을 다해 버티되, 즐겁게 버틸 수 있는 이유를 꼭 찾아라. 막상 따져보면 쉽게 찾을 수 있다.

02

성공은 때를 놓치고, 노력은 제자리걸음이다

성공을 유지하려면 끊임없이 변화해야 한다

> 발전하고 싶다면 여러 방법을 동원하라.

당신은 동창회에 자주 참석하는가? 참석한다면, 동창회에서 보통 어떤 대화를 나누는가? 주로 꿈 많던 학창 시절에 관한 이야기와 현재의 생활이 대화 주제일 것이다. 학창 시절은 모두에게 아름다운 추억이다. 하지만 현재의 생활에 대해서는 각자 느끼는 바가 다를 것이다. 졸업 후 3년 동안은 생활 측면에서 동창들 간에 큰 차이는 없다. 그러나 3년이 지난 다음 갑자기 동창들과 큰 격차를 보이는 사람이 있는데, 이는 시간의 흐름과는 전혀 상관이 없다. 그렇다면 무엇과 관계가 있을까? 그가 별안간 출세한 비결은 무엇일까?

지금 소개하는 실험 결과를 보면 그 비결이 쉽게 이해될 것이다. 외국의 어느 심리연구소에서 1년 동안 모기업에 종사하는 한 직원을 지속적으로 관찰하여 다음과 같은 결론을 도출했다. 회사에 갓 입사하여 3년간 근무 시간 대비 그의 업무 향상도는 정비례했다. 즉, 일에 시간을 많이 투자할수록 업무 수준이 크게 향상되었다. 그런데 보통 1년이면 업무를 대부분 파악할 수 있고 3년이면 상당한 수준까지 숙련되지만, 그 이후에는 대개 실력을 향상시키는 것이 쉽지 않다. 대부분의 사람은 자신의 일에 능숙해지면 거기에 안주하려 하고 쉴 때가 되었다고 생각하기 때문에 쉬이 타성에 젖는다. 하지만 어떤 사람들은 일이 능숙해질수록 부단히 창의성을 발휘하여 혁신을 도모한다. 그래서 혁신을 추구하는 사람은 높이 도약하고, 타성에 젖은 사람은 발전이 더디다. 결국, 시간이 흐를수록 두 사람의 격차는 점점 더 벌어진다.

이처럼 상호 격차가 생기는 이유는 문제를 대하는 방식, 그리고 학습하는 방식과 직접적 관계가 있다. 우리는 열심히 노력하고도 별다른 성과를 얻지 못할 때가 있다. 쉼 없이 노력하는데도 성과는 왜 늘 제자리걸음일까?

처음에는 시간과 노력이 필요하다

보통 일을 시작한 지 3년이 지나면 베테랑이 된다. 이는 일반적인 노동인 경우에 더 그렇다. 업무에 관한 기초적 지식과 기술을 습득하면 기본적 업무를 처리하는 데 문제가 없다. 이 단계에서 더 열심히 노력할 때, 실력이 향상된다. 그러면서 매뉴얼대로 착실히 하면 꾸준히 진급도 한다. 다시 말해, 시간과 노력을 투자해야 지식과 기술을 습득할 수 있다.

시간과 노력을 투자한 만큼 이에 상응하는 성과를 얻는 것은 당연한 결과다. 이는 누구나 할 수 있다는 의미기도 하다. 나도 할 수 있고 당신도 할 수 있다. 그렇다 보니 누가 누구보다 잘하는지 명확하게 구분하기가 어렵다. 이는 동창회에 모인 친구들이 서로 직위와 수준이 비슷비슷해서 우열을 가릴 수 없는 것과 같은 이치다.

그런데 베테랑이 되고 나면 그다음 단계에서 뜻밖의 난감한 상황을 겪게 된다. 아무리 노력해도 발전 속도가 더디고 눈에 띄는 성과도 보이지 않아 답보 상태가 계속된다. 이를 심리학적으로는 '고원현상(高原現象, Plateau Phenomenon)'이라고 한다.

'산소가 부족한 고원'에서 빠져나와라

심리학에서 말하는 '고원현상'은 높은 곳에 오른 후에 더 높이 오르지 못하고 그 자리에 머물러 있는 것을 말한다. 이때는 아무리 노력해도 변화를 기대하기가 어렵다. 이렇게 업무 능력이 향상되지 않고 정체되는 원인은 대부분 개인의 문제와 관련이 있다.

기존의 일 처리 방법에서 변화를 수용하지 못하면 정체 현상이 나타난다. 과거에 유용했던 방법은 이제 쓸모가 없어졌다. 당신이 지금 어떤 상태에, 6개월 혹은 그 이상 긴 시간 동안 머물러 있다고 생각된다면 당신에게 고원현상이 나타난 것이다.

고원현상에 접어들었다고 해서 겁낼 필요는 없다. 이는 자신의 현재 방법이 낡고 시대에 뒤떨어진 것임을 인지하지 못하고 인정하지 않아서 생긴 결과다. 대개 많은 사람은 고원현상에 접어들면 오히려 자부심을 강하게 드러내고 자신에 대한 분별력을 잃는다. 그래서 계속 과거에 성과를 얻었던 방법으로 이를 벗어나려고 노력하는데, 반드시 성과가 있을 것이라고 스스로 위로한다. 그러나 기존의 방법을 개선하려는 생각은 결코 하지 못한다.

사람이 평생 변화와 발전을 거듭하듯이 일하는 방법에서도 꾸준히 변화를 추구해야 한다. 당신이 과거에 심리 상담으로 좋은 성과를 얻었다고 해서 상담사가 계속 과거의 당신 모습과 당시 상황을 현재의 당신에게 적용한다면 어떻게 되겠는가? 고원현상에 있는 사람들은 모두 이런 타성에 젖어 있다. 그래서 자신의 과거 성과만 생각하며 자신은 여전히 빛나고 있다고 착각을 한다. 그들은 빛나던 과거에 머무른 채 과거의 행복을 누리며 빛이 바래가는 현실을 애써 외면한다.

'산소가 부족한 고원'에서 빠져나오고 싶다면 당장 과거의 자신을 내려놓고 빛나던 자신의 모습도 잊어라. 그런 다음 새로운 방법으로 도전하고 위기를 돌파하라. 다음에 나오는 몇 가지 사례로 그 돌파법을 알아보자.

노력해도 성과가 없는 논리 (위 : 사고와 정서, 아래 : 습관)

가장 좋은 학습법은 '망각'이다

학창 시절을 돌아보면 나는 내가 좋아하는 과목을 공부할 때 신 나고 즐거웠다. 그런데 제자들을 보면 무턱대고 교재만 들고 파느라 고생하는 학생들이 많다. 그러나 교재는 해당 과목에 관한 큰 틀만 제시할 뿐이며 내용도 풍부하지 않다. 정밀 재미있는 것들은 교재 밖에 있다. 교재를 중심으로 공부하면 시험 대비에 부족함은 없겠지만, 지식을 응용하여 실제 문제를 해결하기가 어렵다.

예컨대 인본주의(人本主義)에 대해 알고 싶다면 인본주의 심리학(人本主義心理學, Humanistic Psychology)의 창시자 매슬로(Maslow)의 저작부터 읽고 또 다른 인본주의자의 저작도 읽어야 한다. 그렇게 할 때 인본주의에 대한 지식과 발전 과정을 정확히 배울 수 있고, 그 배운 지식을 능숙하게 활용할 수 있다.

지식을 응용하는 일은 기억력 테스트가 아니므로 이론의 토씨 하나까지 빠뜨리지 않고 기억할 필요는 없다. 그러니 이론의 원문은 잊어도 괜찮다. 정말로 중요한 것은 지식을 응용할 때 이론을 자신만의 방식으로 가공하여 새로운 내용으로 재탄생시켜야 한다는 점이다. 새로운 내용에는 자신의 표현과 판단이 반드시 포함되어야 하고, 이론을 반박할 수도 있고, 이론에서 좋은 것만 취하여 새로운 방향으로 발전시켜야 한다.

응용은 모방보다 어려운 기술이다. 이론에는 유통기한이 없지만, 현실은 새로운 이론을 원하기 때문에 기존의 이론을 개조하여 현실 요구에 맞게 대처해야 한다. 우리는 전통을 계승하기 위해 옛것을 배우는 게 아니다. 새것을 창조하는 바탕으로 삼고 현실에서 효과적으로 활용하기 위해 옛것을 배운다.

지식을 새롭게 응용할 수 있는 사람은 '고원현상'에서 빨리 벗어날 수 있다. 지식은 전승해야 할 부분도 있고 새롭게 조직해야 할 부분도 있으며, 자기 경험에 적합한 새로운 것을 창조하기도 해야 한다. 어려운 문제에 당면했을 때 기존의 해결 방법을 찾지 못하면 새로운 난제가 또 생긴다. 그러면 자기 경험을 다 끌어모아 직접 문제를 해결해야 한다.

과거의 경험은 잊고 새로운 것을 찾아라

심리 상담 중 책을 뒤져봐도 이미 나와 있는 해결 방법이 없다면, 자기 경험을 바탕으로 새로운 방법을 고안하여 적용하면 효과적인 상담을 진행할 수 있다. 이야기하다 보니 갑자기 궁금해진다. 과연 마음병의 증상은 어떻게 알 수 있을까?

나는 이 문제에 대해 이미 여러 사람과 수차례 토론한 적이 있다. 학생들은 지마다 나에게 묻는다.

"증상은 어떻게 진단하나요? 어떤 방법을 써야 할까요?"

그럴 때마다 나는 두 가지를 제시한다.

"첫째, 심리적 증상이 보인다고 해서 무조건 심리적 문제가 있다고 단정해서는 안 됩니다. 둘째, 증상을 치료하는 데 가장 중요한 것은 치료 방법이 아닙니다. 바로 환자를 관찰하는 데서 출발해야 합니다."

중국에서는 오래전부터 증상이 있는 사람만 환자로 규정했다. 바꾸어 말해, 의사는 사람에 관심을 두지 않고 증상에만 관심을 두었다는 뜻이다. 어떤 증상에 무슨 약을 처방하고 어떤 방법으로 치료할 것인지 연구하는 것은 상당히 제한적이고 불완전한 방법이다. 특히 심리 치료에는 더욱 적절하지 않다. 같은 증상이라도 증상을 일으키는 원인은 각각 다르다. 그러므로 사람을 보지 않고 증상만 보면 경험론에 의지하게 되어 증상의 원인을 정확히 파악할 수 없다. 더불어

왜 다른 사람이 아닌 그 사람에게만 그런 증상이 나타났는지 알 길이 없다.

　예컨대 날씨가 갑자기 변했을 때 날씨에 맞게 옷을 달리 입지 않으면 감기에 걸리는데, 여기에는 체질적인 요인도 있고 상황 대처 능력이 떨어져서 그렇기도 하다. 그런데 우리는 운동을 오랫동안 해서 체격이 건장한 사람은 두꺼운 옷을 입지 않아도 감기에 걸리지 않을 것이라고 생각한다. 이는 그가 두꺼운 옷을 입지 않은 이유와 그의 몸 상태를 모르고 저지르는 경험론의 오류다. 이런 논리는 개인의 역사와 개성에 대한 이해 없이 단순히 겉으로 보이는 증상과 자신의 경험에 근거하여 심리적 문제를 진단한 것이므로 전혀 신빙성이 없다.

　살다 보면 과거의 경험이 성공의 밑거름이 되고, 과거의 성공이 실패에 영향을 주기도 한다는 것을 자연스럽게 깨닫는다. 그러나 자신의 경험이나 과거의 성공 경험을 맹신하여 거기에만 의존하면 경험론의 오류에 빠질 수밖에 없다. 당면한 일의 특수성과 개인의 차이를 고려하지 않고 오로지 과거의 경험에만 끼워 맞춰 억지로 해결하려고 하면 헛수고가 될 뿐이다.

고원현상은 과거의 성공이 미래 발전의 방해 요소가 되어 발전을 저해하는 것이다. 낡은 것을 버리지 않으면 새것을 창조할 수 없듯이, 외곬으로 과거의 경험만 고집하면 정체가 지속될 수밖에 없다. 경험을 위한 계획을 다시 세우고 자신에게 적합한 새로운 경험을 쌓으면 오래된 증상 뒤에 숨겨진 새로운 문제를 극복하고 해결할 수 있을 것이다.

사람은 누구나 인생에서 고원현상을 여러 번 경험하기 마련이다. 이때 고원현상을 잘 극복하면 승승장구할 수 있다. 이를 위해서는 우선 과거의 성공 경험을 깨끗이 잊어야 한다.

쉽게 믿지 말고 끊임없이 확인하라

문제를 해결하는 여러 방법 중 한 가지를 제안해볼까 한다.

우선 원하는 결과를 얻을 때까지 소요되는 시간을 사전에 충분히 마련해두어라. 우리는 보통 문제에 직면하면 전에 사용하던 방법부터 자연스럽게 떠올린다. 이는 문제 속에 어떤 새로운 원인이 있는지 모르고 하는 행동이다. 이런 식으로 문제를 해결하면 분명 실패할 것이다. 실패하지 않으려면 충분한 시간을 가져야 한다. 만일 자신이 정한 기간 내에 털끝만 한 발전도 없다면 당장 방법을 바꾸어 새로운 방법으로 다시 시도해야 한다. 마찬가지로 이때에도 기간을 충분히 정해놓고 어떤 변화가 일어나는지 지켜봐야 한다. 그렇게 했는데도 여전히 효과가 나타나지 않거나 오히려 퇴보했다면 또 다른 새로운 방법을 찾거나 방법을 수정해야 한다. 긍정적인 변화가 나타날 때까지 이 같은 과정을 계속 반복해야 한다. 이처럼 수시로 방법을 개선하면 낡은 방식을 고집할 때보다 더 좋은 결과를 얻을 수 있다. 그러면 경험론에 빠져 실패를 반복하는 일도 없다.

이 방법을 잘 활용하려면 두 가지 핵심을 명심해야 한다.

첫 번째, 변화의 징조를 빨리 알아차려야 한다. 대체로 초반에는 변화의 징후가 아주 미미하고 불분명하게 나타나는데, 이를 변화가 없다고 잘못 판단하여 금세 포기하거나 다른 방법을 찾으면 안 된다. 예컨대 자신이 정말 싫어하는 일은 특별한 계기가 있어도 금방 좋아지지는 않는다. 시간이 흐르면서 종전보다 반감이 줄어들면 변화가 생긴 것이라고 볼 수 있다. 그러므로 얼마의 시간이 더 지나면 차츰 좋아하는 감정으로 발전될 가능성이 충분히 있는 것이다. 이때 반감이 줄어든 현상이 바로 변화의 징조다. 징조가 보인다는 것은 효과적인 방법을 사용하고 있다는 방증이므로 일정 기간 이 방법을 계속 사용하면 눈에 띄는 변화를 기대할 수 있다.

두 번째, 자신의 성공을 자신하면 안 된다. 끊임없이 변화해야 성공이 유지된다. 좋은 방법도 연달아 사용하고 나면 스스로 의문이 생긴다. 따라서 상황에 맞춰 수정해야 한다. 성공하려면 과거의 성공 방식을 고집하지 말고 남보다 앞선 생각을 해야 한다. 참신한 방법을 활용하고 선구적 발상을 할 때, 성공을 유지할 수 있다.

03

나쁜 변명을
좋은 이유로 전환하라
쉬운 것부터 하나씩 실천한다

> 완벽 · 지연 · 자기만족, 이 요인들은 실천력에 영향을 준다.

아침 운동 계획을 세웠다가 흐지부지되는 경우가 있다. 계획한 첫날부터 늦게 일어나서 운동을 못하면 이렇게 스스로 위안한다.

'오늘은 늦었으니 내일부터 해야지. 오늘 밤에 일찍 자면 내일 아침 일찍 일어날 수 있으니까 내일은 꼭 할 거야.'

그런데 다음 날 또 늦게 일어난다.

'어젯밤에 일찍 잤지만, 오늘은 회의가 있어서 일찍 출근해야 하니까 내일 보충하면 돼. 내일 아침엔 회의가 없으니까 할 수 있어.'

셋째 날, 또 운동을 못하게 되어 새로운 변명거리를 지어낸다. 넷째 날, 변명거리를 찾을 것도 없이 이렇게 생각한다.

'이 계획은 원래 불가능한 거였어. 사흘 내내 늦게 일어났는데 오늘 어떻게 일찍 일어나겠어? 이건 분명히 계획을 잘못 세워서 그런

거야. 처음부터 다시 세워야겠어.'

결국 해보기도 전에 포기한다.

우리는 어려서부터 무수히 많은 계획을 세웠다. 물론 끝까지 해낸 적은 드물다. 또 이런저런 결심도 많이 하지만 지키지 못한 적이 더 많다. 그러니 위와 같은 상황이 낯설게 느껴지지 않을 것이다. 이처럼 실천하기 어려운 계획 속에는 우리가 모르는 허점이 숨어 있는데, 우리는 그것도 모른 채 일단 꽁무니부터 뺀다. 어떤 사람은 자신이 의지도 없고 인내심도 부족해서 도중에 포기하게 된다고 생각한다. 그렇다면 우리가 하루도 빠짐없이 성실하게 등교하거나 출근할 수 있으면서 자신이 계획한 일은 꾸준히 실천하지 못하는 이유는 무엇일까?

계획을 그만두고 싶다는 생각이 들 때, 나쁜 변명은 계획을 중도에 포기하게 만드는 반면, 좋은 이유는 끝까지 해내는 원동력이 된다. 계획을 실천하려면 의지가 필요하지만, 의지가 있다고 해서 실수하지 않는다는 보장은 없다. 사람이라면 무슨 일을 하든지 문제가 생길 수 있다. 사람은 기계가 아니다. 어떻게 쉬지 않고, 농땡이 부리지 않고, 실수하지 않을 수 있겠는가? 그러므로 끝까지 해내고 싶다면 좋은 방법과 개인의 특성에 맞는 좋은 이유를 먼저 찾아야 한다. 이제 나쁜 변명을 좋은 이유로 전환하는 방법을 다섯 가지로 나누어 살펴보자.

새로운 변명을 만들어서 하나씩 해결하라

앞서 이야기한 아침 운동 사례에서 갖가지 변명을 언급했는데, 이 변명을 잘 들여다보면 그 속에 해결 방법이 있다. 첫째 날, 전날 밤에 늦게 자는 바람에 늦게 일어났다고 했다. 그러면 일찍 자면 되므로 이왕이면 구체적인 취침 시간까지 정한다. 둘째 날, 오전에 회의가 있어서 운동할 수 없다고 했는데 매주 회의가 있다면 이를 반드시 계획에 반영해야 한다. 가령 운동 시간을 앞당긴다거나 회의가 있는 날은 아예 운동을 하지 않는 등으로 계획을 조정하면 된다. 셋째 날과 넷째 날도 이런 식으로 유추할 수 있다. 다시 말해, 매일 운동을 할 수 없었던 각각의 이유를 하나씩 분석하여 해결책을 찾고 대책을 세우는 것이다. 계획 1주차에는 분명 허점이 많이 드러날 것이다. 따라서 경솔하게 계획을 중단하지 말고 문제점을 발견하는 즉시 보완해야 한다. 그러면 2주차부터는 같은 문제가 발생하지 않을 것이다. 이렇게 2주차까지 무사히 계획을 실천하면, 이후 같은 방식으로 대책을 세워가며 하나씩 해결해 나아갈 수 있다.

이러한 변명들은 전부 무심결에 게으름을 피우다가 하게 된 것이지, 일부러 그런 것은 아니다. 애초에 스스로 세운 계획을 망칠 작정이 아니라면 말이다. 전에 없던 습관을 새로 길들이려면 비록 아주 작은 변화라고 해도 3, 4주는 지나야 완전히 적응된다. 아침 일찍 일어나는 습관과 운동하는 습관, 이 두 가지는 기존의 습관에 도전하는 것이므로 기존의 습관이 이에 맞서 대항하는 것은 당연한 이치다. 그러므로 계획을 실천하고 습관을 형성하는 데 필요한 시간을 충분히 가져야 한다. 초반에 성공하지 못해도 3, 4주 뒤에는 성공할 가능성이 크므로 인내심을 가지고 버텨야 한다.

보통 첫날 일찍 일어나지 못하면 일찍 자는 계획을 추가한다. 그런데 일찍 자는 것은 기존의 습관과 다른 행동이기 때문에 무심코 또 다음 날 계획에 지장을 주게 된다. 그러므로 부단히 자신을 자극하여 자신에게 실망하는 일이 계속 일어나지 않도록 방지해야 한다. 무엇보다 일단 섣불리 포기하려고 하지 말라. 설령 자책감이 들어도 그것은 기존의 습관에 대항하는 데 필요한 감정이다. 한두 번 자책했다고 금방 눈에 띄는 효과가 나타나지는 않을 것이다. 다만, 자책할 때마다 자신의 생각을 글로 자세히 적으면 아마 특별한 효과가 나타날 것이다. 기록한 것은 매일 읽어볼 수 있도록 눈에 잘 띄는 위치에 붙여두자. 그러다가 어느 날 또 늦게 자게 되면 그 위에 빨간색으로 가위표를 크게 그려보자. 이렇게 하면 계획을 실천하는 데 좋은 자극이 될 것이다.

사람들은 자신의 실패를 인정하지 않으려고 한다. 그래서 자신이 할 수 있을 것이라 생각한 일에서 진척이 없으면 내적으로 자신을 일깨우려고 안간힘을 쓴다. 계획을 실천할 때, 일어날 가능성이 있는 여러 변수를 고려하여 이에 따른 대비책을 마련하고 기록으로 남겨야 한다. 그리고 기록해둔 변수가 실제로 발생했는지 살펴봐야 한다. 분명 변수가 발생해서 변명거리로 삼았을 것이다. 그러나 변명은 가짓수가 많지 않아서 계속 새로운 변명을 만들어내기란 어렵다. 사람들은 경우마다 다른 변명을 찾는데, 이는 자책감을 덜기 위한 것이다. 같은 변명을 반복적으로 말하다 보면 스스로 무능하다는 생각이 들며, 각각 다른 변명을 하면 처음 하는 실수라는 생각에 자책감을 덜 느껴서 같은 실수를 반복해도 자신을 용서하게 된다.

이렇게 되면 우리의 노력은 결국 새로운 변명을 만들어내기 위한 것이 된다. 이때 각각의 변명에 상응하는 해결 방법을 하나씩 마련하여 기록해두면 같은 실수를 반복하는 일이 없을 것이다. 만약 같은 실수를 반복하고도 새로운 변명거리를 찾지 않고 기존의 변명에 대한 대비책도 활용하지 않았다면, 이는 명백히 고의적인 실수다. 따라서 대비책은 계속 조정할 수 있어야 하고, 그렇게 해야 더 좋은 효과를 기대할 수 있다. 이성적으로 그럴싸한 변명을 만들지 못하고 같은 변명을 반복한다는 것은 자신을 변화시킬 방법이 없다고 생각하여 결국 계획을 중도 포기하겠다는 뜻이기 때문이다.

이렇게 문제점을 기록하면서 대비책을 찾아야 같은 문제가 재발하는 것을 방지할 수 있다. 또 변화를 원하는 내적인 힘을 강화시킬 수 있다. 대개 사람들은 자신이 하겠다고 한 일은 끝까지 완수하려고 해서 자기 자신과 한 약속을 자신의 무능함 때문에 어쩔 수 없이 포기하는 경우는 별로 없다. 계획 자체가 자신에게 맞지 않았다거나 다른 원인이 있는 경우는 책임을 그쪽으로 돌리면 되므로 우선 변명할 때마다 그에 상응하는 해결 방법을 마련해두자. 이는 곧 자기 자신과의 약속이다. 자기 자신과의 약속조차 지키지 못하고 끝나기를 바라는가? 이런 약속을 하지 않으면 아마 늘 같은 실수를 반복하면서 계획을 뒤로 미루기만 할 것이다.

처음부터 하느니, 차라리 지금부터 하라

한 고객은 이미 대학을 졸업했는데도 베이징대학교에 입학하는 꿈을 꾸고 있었다. 당시 대입시험에서 1점 차이로 불합격하는 바람에 베이징대학교에 진학하지 못했고, 그래서 더더욱 베이징대학교에서 공부하고 싶었던 것이다. 결국 그는 다시 입학시험에 도전했다. 당연히 학부가 아닌 대학원에 응시했고 마침내 베이징대학교 대학원생이 되었다. 그 후 우연히 그와 만나게 되었는데 그는 이런 말을 했다.

"저도 이제 베이징대학교 학생이 됐어요. 꿈을 이뤘다고 할 수 있죠. 굳이 처음부터 다시 시작할 필요는 없잖아요."

사람은 원래 완벽하지 않고 완벽해질 수도 없다. 그러므로 실패했다고 해서 처음부터 다시 시작할 필요는 없다. 넘어진 곳에서 일어나 다시 가면 된다. 인간의 본성은 완벽함을 추구하지만, 정말 그러려면 실로 엄청난 양의 에너지를 소모해야 한다. 그렇기 때문에 사람들은 자신도 모르는 사이에 완벽함을 추구하다가 지쳐 쓰러지기도 한다.

앞선 사례를 다시 보면, 늦게 일어나는 것과 일어나지 않는 것은 서로 다른 개념이다. 그런데 우리는 보통 이미 늦었다 싶으면 다음 날 다시 시작하는 게 낫다고 생각한다. 즉, 오늘은 이미 망쳤으니 내일부터 정식으로 시작하면 된다고 생각하며 계획의 시작을 내일로 미룬다. 그래야 시작부터 완벽하다고 생각하는 것이다. 이것도 작게 보면 완벽주의다. 당신도 이런 적이 있을 것이다.

그러나 어떤가? 결과는 늘 우리를 실망시킨다. 다음 날엔 일찍 일어나지만 그 다음 날엔 또 늦게 일어난다. 그래서 이미 지나간 사흘은 어쩔 수 없으니 넷째 날부터 시작하겠다고 또다시 다짐한다. 어떻게 보면 이는 꼭 자기 자신과 장난을 치는 것 같기도 하다. 이렇게 그럭저럭 지나가다 보면 스스로 괴로움을 견디지 못한 탓에 결국 계획에 문제가 있었다며 계획 자체를 탓한다. 그러고는 다시 따뜻한 이불 속으로 들어가 계속 늦잠을 즐긴다.

그런데 이처럼 완벽을 추구하는 동안 우리 몸은 알게 모르게 어마어마한 양의 에너지를 소모한다. 사실, 가만히 생각해보면 '늦게 일어나는 것'과 '일어나지 않는 것'은 분명 다르다. 일단 늦게라도 일어난 것은 일어나지 않은 것에 비해 발전된 모습이며 행동의 변화에 도움이 되었다고 할 수 있다. 오늘 몇 분 일찍 일어나면 언젠가는 노력이 쌓여서 한 시간 일찍 일어나는 날이 올 것이다. 즉, 오늘 계획보다 10분 늦게 일어났다면 내일은 좀 더 노력해서 5분 늦게 일어날 수 있다는 말이다. 이렇게 보면 자신의 행동에 변화가 일어난 것 아니겠는가? 만약 늦게 일어난 것을 일어나지 않은 것과 같다고 여긴다면 솔직히 말해 발전을 기대하기란 어렵다. 그러므로 잘못한 부분이 있다면 거기에서 다시 출발하면 된다. 늦게 일어나더라도 그 시간의 갭을 조금씩 단축시키면 언젠가는 계획한 시간에 일어나지 않겠는가?

기간을 정해두고 미루라

보통 우리는 일단 계획을 중간에 그만두면 다음에 다시 시도하겠다고 하는데, 다음은 과연 언제를 말하는 것일까? 일주일 뒤? 일 년 뒤? 언제 다시 시작할지 정하지 못했다면 무기한으로 연기할 수도 있다는 말이다. 그러면 계획은 결국 흐지부지되고 말 것이다. 예전에 책을 출판하기로 하고 계약서에 사인을 했는데, 계약서 안에 마감 기한을 명시하지 않은 탓에 여태껏 완성하지 못한 책이 있다.

내가 처음으로 책을 쓸 때는 '난산(難産)'을 몇 번이나 겪었는지 모른다. 매번 천 자씩 썼다가 뒤엎고 새로 쓰기를 반복했다. 쓰고 나서 다시 보면 주제부터 내용까지 전혀 만족스럽지 않았다. 그런데 매번 쓴 내용을 뒤엎고 나서는 바로 수정하지 않고 무기한적으로 방치해두었다. 그러다가 다른 출판사에서 원고를 청탁하는 연락이 오면 그제야 다시 창작 욕구를 불태웠다. 그러던 어느 날, 아내가 내 모습을 계속 보고만 있을 수 없다며 직접 마감 기한을 5개월로 정해주었다.

기한을 정하지 않고 일하면 시간이 지날수록 일을 지속하기가 어려운 지경에 이른다. 기한이 없으면 처음부터 많은 양의 에너지를 소모해야 하거나 지나간 일을 번복하고 부정해야 하는 경우가 생긴다. 또 일을 마칠 수 있을지 확신 없이 그저 시간을 보내니 부담 또한 없다.

이때는 내적인 힘이 약해졌기에 외부의 도움을 받아야 한다. 아내가 정해준 5개월은 사실 나에게 충분한 시간이었다. 그런데도 나는 그 시간을 허비하다가 마지막 한 달을 남겨두고 일필휘지(一筆揮之)로 글을 완성했다. 사실, 정해진 기한은 없었지만 나는 기한이 있다는 생각으로 거실 창문에 집필 계획을 붙여놓고 매일 쳐다보면서 긴장의 끈을 놓지 않았다. 당신도 마찬가지다. 기한이 없는 일을 계속 해나갈 계획이라면 스스로 기한을 정해두고 실행해야 한다. 그러지 않으면 시간이 흐를수록 결심이 흔들린다. 결심이 흔들리면 목표가 사라져 의지가 생기지 않는다.

'몰라요'와 '미루기'

집필하는 5개월 동안 내가 결정적인 힘을 발휘한 때는 마지막 한 달이었다. 정해진 기한이 임박했기 때문이다. 이런 맥락일 것이다. 학생들에게 일주일 안에 완성할 과제를 내주면 학생들은 늘 과제 제출 전날이나 전날 밤에 부랴부랴 완성한다. 사실, 이런 미루기 습관에는 '하기 싫지만 안 하면 안 돼'라는 생각이 반영되어 있다. 하기 싫은데 억지로 한다는 생각을 하면 부정적인 감정이 생겨서 도망가고 싶어진다. 그런데 하기 싫다는 의사를 분명히 하지 않으면 일을 계속 미루게 되어 일을 처리하는 요령도 익히지 못하고 방법 또한 알 수 없게 된다.

어떤 일을 할 때 자신의 뜻을 분명히 밝히지 않거나 자신의 생각을 정확히 모르면 모든 것을 시간에 맡기게 된다. 그래서 일이 미뤄지면 그때 자신이 그 일에 대해 어떤 생각을 했는지 고민한다. 하지만 "몰라요"라는 답은 곤란하다. "몰라요"라는 말에는 소극적인 자기 보호의 의미가 담겨 있는데, 여기에는 대략 세 가지 해석을 붙일 수 있다.

① 정말 모른다.
② 알고 싶지 않아서 회피한다.
③ 좋지 않은 결과가 생길까 봐 결정을 내리기 어렵다.

요컨대 "몰라요"는 책임 회피와 자기 보호 수단이다. 우리는 결정을 내릴 때 주로 둘 중 어떤 것을 선택할지 고민하는 상황에 놓인다. 둘 다 원하기 때문에 어떤 것을 포기해야 할지 결정하지 못한다. 그래서 아예 모른다고 자신을 속이는 것이다. 그러니 "둘 다 좋아요"라고 하면 오히려 자신의 생각을 분명히 나타내는 것이다.

변명 속에는 책임을 벗으려는 의도, 그리고 확신이 없어서 미루려는 의도가 숨어 있다. 그러므로 이를 분명하게 밝혀 일에 지장을 주는 구체적 요인을 찾아야 한다. 간단히 말해, 자신에게 직접 "왜 몰라?"라고 이유를 물어보면 금방 해답을 찾을 수 있다. 이는 상당히 유용한 방법이다.

바쁘다는 핑계로 어떤 일을 한쪽으로 미뤄뒀다고 가정해보자. 그 후로 그 일에 대해 전혀 관심을 두지 않았으면서 바빠서 못했다는 핑계만 댄다. 하지만 실상은 그렇지 않다. 늘 다른 바쁜 일을 먼저 처리했고 그 일은 여전히 무관심 속에 방치되어 있었다. 이는 그 일이 전혀 중요하지 않다는 해석이다. 왜냐하면 모든 일을 다 그 일보다 우선하여 처리했고, 그 일은 변함없이 그 자리에 놓여 있었기 때문이다. 이게 과연 중요한 일일까? 따라서 계속 미루게 되는 일이 있다면 자신에게 직접 이렇게 물어보자.

"왜 자꾸 미루는 거야?"

문제점이 많다고 포기하지 말라

우리는 계획을 실천하다가 어떤 문제에 부딪히면 적당한 변명거리로 자신의 바람을 만족시킨다. 예컨대 다이어트 기간에 갑자기 기온이 떨어진 탓에 운동하러 나가기 싫어졌다면 "오늘 하루만 쉬자" 하며 운동을 접는다. 이것이 바로 추위를 싫어하는 자신을 만족시키기 위한 변명으로, 이 경우 다이어트를 중단하는 손해를 감수해야 한다.

한 번쯤 사소한 손해를 입을 수는 있지만, 이것이 자신의 변명과 미래를 맞바꾸는 일이라는 사실은 아마 몰랐을 것이다. 사소한 손해가 자주 생겨 쌓이게 되면 미래에 큰 지장을 준다. 사람은 항상 완벽하고 정확하게 일을 처리할 수 없으므로 매번 손해를 입지 않도록 하는 게 중요하다. 그러려면 자신의 변명을 명확히 한 다음 적당히 꾸며서 관성이 생기지 않도록 해야 한다. 나도 한때는 늘 강의에 늦었던 적이 있다. 나는 그때 강의하기가 싫어서 늦었다는 것을 뒤늦게 깨닫고 당장 마음을 가다듬었다. 그렇게 신속히 정상을 회복하고 심각한 문제가 생기지 않도록 정비했다.

상담 사례 중 꽤 극단적인 경우도 있었다. 어떤 사람들은 상담 중에 진지하게 자기반성을 한다. 그들이 자신의 문제점을 하나하나 늘어놓은 것을 들여다보면 장점은 하나도 없고 온통 단점뿐이다. 자신의 문제점을 이렇게 확실히 잘 아는 상담 의뢰자를 만나는 것은 상담사로서 상당히 감동적인 일이다. 그런데 이처럼 자신의 문제점을 진지하게 통찰하는 사람이 왜 나를 찾아왔을까? 이 정도라면 혼자서 충분히 문제를 해결할 수 있을 텐데 말이다. 참 의아했지만, 인내심을 가지고 그의 이야기를 끝까지 들어보았다. 뜻밖에도 그의 입에서는 깜짝 놀랄 만한 결론이 나왔다.

"저한테는 문제가 너무 많아요. 다 고칠 수도 없고…… 그래서 미래에 대한 기대도 없어요."

나는 그의 말을 듣고서 이렇게 물었다.

"자신에 대해 그렇게 잘 알면서 왜 갑자기 그런 말을 하세요? 내가 당신의 그런 모습을 보고 얼마나 기뻤는데요. 별안간 자신에게 사형선고를 내리는 이유가 뭐죠?"

그는 자신의 미래에 희망이 없다고 한 이유를 말했다.

"과거에 돈을 흥청망청 썼고요, 미래에 대한 비전도 없이 현재의 만족만 추구하며 살고 있지요. 그래서 나쁜 습성이 생겼어요."

돈을 물 쓰듯 낭비하고 먹고 놀기만 하는 사람들이 모두 미래에 대한 희망 없이 사는 것은 아니다. 어느 날 불현듯 정신을 차리고 보면 미래에 희망이 없을지도 모른다는 생각이 들 것이다. 생활을 계속 해나가야 하고 미래도 걱정해야 하니 말이다. 그렇다고 해서 자신의 과거를 원망하고 현재의 변화를 거부해서는 안 된다. 과거는 이미 지난 일이며, 중요한 것은 지금이다. 그러니 지금부터 적극적으로 개선해 나아가면 된다.

그렇다. 문제가 너무 많아서 어디서부터 손을 대야 할지 모른다고 가만히 있으면 문제는 점점 더 많이 쌓인다. 우선 문제점을 차근차근 정리하고 개선해야 할 것들을 하나씩 차례대로 나열한 다음, 복잡한 것은 뒤로 미뤄두고 간단하게 해결할 수 있는 것부터 시작하면 된다. 자신에게 문제점이 많다는 핑계로 변화를 포기해서는 안 된다. 지금 조금만 고쳐도 미래에는 큰 도움이 된다. 문제점을 한 가지 고치면 문제가 하나 줄어드는 셈이 되며, 이렇게 단계적으로 고쳐나가면 핑계는 발전시켜야 하는 이유가 된다. 그러니 걱정만 하지 말고 하던 대로 열심히 생활해보자.

문제점이 많아서 포기하는 논리 (위 : 옛 습관, 아래 : 새로운 습관)

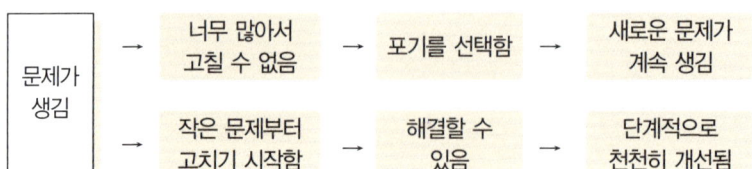

04
습관에 목적을 부여하라
우연과 필연은 호환된다

> "
> 우연은 항상 필연이 되고, 필연은 가끔 우연이 된다.
> "

언젠가 사흘 연속으로 5분 정도 강의에 늦었던 일이 있다.

지각 첫날, 시계를 보니 강의 시작 전까지 10분쯤 남아 있었다. 정류장에서 강의실까지 걸어서 12분 거리를 뛰어서 10분 만에 도착했고 무사히 출근 카드도 찍었다. 큰일 날 뻔했지만 내심 기뻤다. 다음 날은 더 일찍 출발하기로 했다.

지각 둘째 날, 아침 일찍 일어났지만, 전날과 같은 시각에 집을 나섰다. 참 이상했다. 일찍 출발해야 한다고 마음속으로 계속 되뇌었는데 희한하게도 출발 시간은 앞당겨지지 않았다. 나는 가까스로 버스에 올라 이렇게 생각했다.

'어제도 뛰었는데 오늘도 죽기 살기로 뛰어야겠군. 구두를 신었지만 어쩔 수 없지. 하늘의 뜻에 맡기고 또 뛸 준비나 하자.'

그런데 갑자기 버스에 문제가 생기는 바람에 차들이 줄줄이 도로에 멈춰 섰다. 버스에 내려서 시계를 보니 강의 시작 전까지 겨우 5분 남았다. 서둘러 뛰어갔지만 이미 늦었다.

지각 셋째 날, 정말 불가사의했다. 이틀이나 지각해서 일찍 도착하겠노라 다짐하고 또 다짐했는데 여전히 5분 늦게 도착했다.

이런 당혹스러운 경험이 누구에게나 있을 것이다. 처음에는 우연이라고 하겠지만 같은 상황이 거듭되어 지속적으로 나타나면 타인의 눈에는 엄연히 필연적인 현상으로 보인다.

우연히 지각하는 논리 (위 : 사고와 정서, 아래 : 습관)

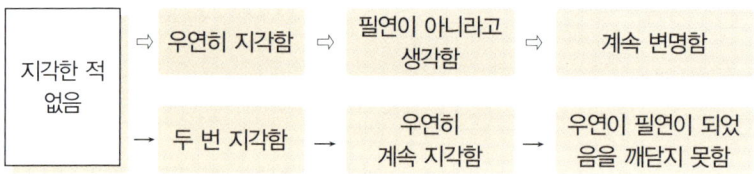

우연히 저지른 실수를 바로잡기란 무척 어렵다. 어떤 것은 바로잡으려고 하면 할수록 더 손을 쓸 수 없는 상황이 되기도 한다. 그래서 결국 어쩔 수 없이 단념하고 그냥 내버려두게 된다. 사실, 이런 연속적인 우연은 이미 우연이 아니다. 우연은 반복되면 필연이 된다. 다만, 자신이 이 필연에 익숙해지지 못하고 받아들이지 못할 뿐이다. 그러므로 우연을 가장한 필연을 바로잡으려면 상당한 노력이 필요하다.

우연은 드문드문 이어지는 필연이다

양적 변화가 질적 변화로 전환된다는 말이 있다. 그러면 언제 질적 변화가 일어나는지 어떻게 알 수 있을까? 어떤 일이나 현상이 자주 발생한다면 자신에게 질적 변화가 일어났다고 볼 수 있으며, 일단 변화의 규칙을 알면 자신의 변화를 빠르게 간파할 수 있다. 예컨대 직장에서 아무 이유 없이 일을 미루고, 대충 처리하고, 상사의 잔소리를 듣는다고 하자. 그런데 이런 상황이 한 번에 그치지 않고 두 번 세 번 그 이상 계속 반복된다면 이는 결코 우연이 아니다. 아마 이 일에 대해 권태를 느끼기 시작했다는 의미일 것이다.

이럴 때는 일을 멈추고 이런 현상이 나타난 원인이 무엇인지 자세히 분석해야 한다. 이 일을 계속하고 싶다면 제때에 문제점을 발견하여 고쳐야 한다. 그게 아니라면 이 현상은 자신이 이 일을 그만둘 때가 되었다는 것을 일깨워주는 준비 신호인 셈이다. 부정적인 감정이 서서히 번지면, 능력은 있지만 일을 잘하고 싶은 마음은 사라지는 혐오의 감정으로 변하게 된다. 그런 때가 오면 회사에서 해고 통보를 받기 전에 미리 다른 직장을 알아두고 '쿨'하게 떠나는 게 좋다. 즉, 이런 현상이 나타나면 수습하기보다 더 상황이 나빠지지 않도록 미연에 방지하는 쪽으로 방향을 잡아야 침착하고 여유롭게 대처할 수 있다. 우연 뒤에 찾아오는 필연을 미리 준비하고, 결정하고, 개선하면 행여 마음의 병이 생기더라도 쉽게 치료된다.

변화의 규칙을 명확히 알려면 '우연'이 '필연'이 되는 과정부터 알아야 한다. 우선 심리학에서 실제로 증명한 관련 사례를 살펴보자. 성장 과정에서 초기 단계에는 들인 노력에 비해 뚜렷한 변화를 발견하기 어렵다. 그러나 꾸준히 지속하다 보면 문득 우연히 변화가 나타난다. 그러나 이 변화는 아주 잠깐 한 번 나타날 뿐 계속 이어지지 않는다. 이때, 하던 노력을 중단하지 말고 계속 반복적으로 시도하면 다시 변화가 나타나는데 이는 처음의 변화보다 훨씬 짧게 나타난다. 하지만 어쨌든 변화가 다시 나타났으니 우연이 필연이 되었다고 할 수 있다.

아직도 잘 모르겠는가? 좋다. 예를 하나 더 들어보자. 아이가 걸음마를 배우는 모습을 떠올려보자. 기어 다니던 아이가 걸음을 떼려면 일어섰다 넘어지기를 수없이 반복해야 한다. 그런데 아이가 어느 순간 안정적으로 두어 걸음 떼었다면 아이는 이미 일어서서 걷는 능력을 익혔다고 봐야 한다. 비록 처음에는 제대로 서지 못한 채 이리저리 비틀거리겠지만 계속 반복하다 보면 넘어지는 횟수가 줄어들고 발을 떼는 횟수가 늘어난다. 그래서 마침내 몸은 흔들흔들하더라도 넘어지지 않고 걸을 수 있게 된다. 결국 아이의 첫걸음은 단순히 걸음을 내딛기 시작했다는 의미가 아니다. 이는 아이가 걷는 능력을 습득했음을 증명하는 상징적인 행동이다.

사람의 감정도 마찬가지다. 감정들이 마음에 쌓여 있다가 더 이상 참을 수 없는 폭발 직전의 상태가 되면 혐오의 감정이 생긴다. 혐오 감정이 생기는 횟수가 늘고 시간 간격이 짧아진다는 것은 자신이 변하고 있다는 뜻이다. 내 고객들은 이렇게 말했다.

"처음에는 육 개월에 한 번 정도 괴로운 증상이 있었어요. 그런데 점점 삼 개월, 한 달, 이 주, 그리고……."

우연의 빈도가 증가한다는 것은 기존의 평형이 깨져서 조절 불가능한 상태에 이르렀음을 의미한다.

알코올 중독자를 치료한 사례를 예로 들어보자. 그는 원래 가끔씩 마음이 답답할 때 술을 한 잔씩 했다고 한다. 그런데 언제부터인가 마음이 답답하지 않아도 한 달에 한 번씩 꼬박꼬박 술을 마셨다. 그러다가 2주일, 1주일, 매일, 하루에 여러 번으로 점점 술을 마시는 횟수가 늘어났다. 그는 이제 술을 마시지 않으면 견딜 수 없게 되었다. 건강한 사람은 보통 중요한 일이 있거나 축하할 일이 있을 때 술을 마시지만, 술을 좋아하는 사람들은 특별한 이유 없이 술을 마신다. 그러다 결국 술을 마시지 않으면 괴로워서 견딜 수 없는 지경에 이른다. 이런 식으로, 술을 마시는 원래의 의미는 퇴색되고 새로운 의미가 생긴다. 이렇듯 우연이 필연이 될 때, 발생 횟수가 늘고 시간 간격이 단축되는 점 외에 또 한 가지 중요한 요소는 바로 의미의 변화다. 의미의 변화는 쉽게 깨닫지 못하지만, 실은 가장 핵심적인 변화다. 의미에 변화가 일어났기 때문에 발생 횟수와 시간 간격에도 변화가 일어난 것이다.

횟수와 시간 같은 외부적 변화는 관찰을 통해 쉽게 인지할 수 있다. 그러나 우연이 필연으로 바뀌었는지를 깨닫는 확실한 근거는 의미의 변화에 있다. 따라서 다음의 세 가지를 충족시키면 우연을 필연으로 바꿀 수 있다.

① 끊임없이 노력하여 변화의 횟수를 늘린다.
② 변화가 생기는 간격을 최대한 줄인다.
③ 의미를 실제적이고 확실한 것으로 새롭게 정의하여, 이를 공식적인 의미로 삼는다.

이런 과정을 통해 우연이 필연이 되고, 행동에 변화가 일어나서 새로운 의미를 충족시킨다면, 아마 이전과 다른 새로운 모습을 갖게 될 것이다.

'필연'을 분석하여 '우연'을 만들다

필연을 우연으로 바꾸려면 둘 사이의 연관성을 없애야 하고 시간이나 행동이 지속되지 않도록 해야 한다. 내가 사흘 연속 지각했던 사실은 우연이 아닌, 필연이라는 것이 이미 밝혀졌다. 그 뒤에는 내가 지각할 수밖에 없는 여러 원인이 있었다. 이를테면 늦게 일어나고, 강의를 소홀히 여기고, 교통 상황을 미리 예측하지 못하는 등의 원인이 바탕에 깔려 있었다는 말이다. 그러면 지각하지 않으려면 어떻게 해야 할까? 다음의 몇 단계를 잘 실천하면 될 것이다.

첫째, 지각의 원인을 모두 찾아 정리하고 쉽게 고칠 수 있는 것부터 하나씩 해결한다. 예컨대 늦게 일어나는 것을 고치려면 일찍 자야 한다. 여기서 주의할 점은, 자신이 감당하기 어려운 방식은 사용하지 않는 것이다. 다시 말해 수면 시간은 그대로 유지하면서 일찍 일어나는 방법을 고민해야 한다. 그렇게 하지 않으면 수면 시간 부족으로 힘들어진다. 수면 시간에 지장을 주지 않으면서 일찍 일어나는 방법은 바로 일찍 자는 것이다.

둘째, 한 번에 여러 문제를 동시에 해결하지 않는다. 단시간에 고쳐야 할 것이 많으면 평소와 다른 태도를 취하게 된다. 그래서 처음에는 열심히 하지만 이내 진척이 보이지 않는 때가 찾아온다. 즉, '병을 얻기는 쉽지만 치료하기는 어렵다'는 말처럼 병을 고치려면 누에고치에서 실을 뽑듯이 천천히 해야 한다. 우선 한 가지 문제를 해결하고 나서 또 다른 문제를 하나씩 해결해야 차분히 모두 해결할 수 있다.

셋째, 행동의 변화를 수시로 기록하고, 방법을 꾸준히 개선해야 한다. 만약 행동에 변화가 없으면 실수의 원인을 잘못 찾았거나 노력이 부족했다는 뜻으로, 이는 정도의 문제다. 가령 일찍 자고 일찍 일어났는데도 여전히 지각한다면 더 일찍 자고 일찍 일어나거나 다른 방법을 추가해야 한다. 예컨대 일찍 자고 일찍 일어나는 방법 외에 교통수단을 바꿔 자신의 차로 출근해보는 것이다. 이렇게 여러 번 시도하고 조절하면서 가장 경제적인 방법을 찾으면 정시에 출근하거나 10분 일찍 도착할 수 있을 것이다. 다만, 단번에 많은 시간을 앞당기지는 말라.

넷째, 이미 성공한 방법을 반복적으로 사용하여 새로운 습관을 형성한다. 자신을 지속적으로 변화시키려면 한두 번의 노력으로는 부족하므로 꾸준히 시도하고 자신의 성공 경험도 이용해야 한다. 사람들은 일단 성공하고 나면 마음이 해이해져서 얼마 지나지 않아 곧 실패한다. 이때 이전에 몇 차례 성공했던 방법을 반복적으로 사용하면 서서히 새로운 상황에서 새로운 의미를 찾을 수 있다. 이렇게 해서 가장 편안한 상태가 되면 강요하지 않아도 자발적으로 일찍 자고 일찍 일어나는 습관이 길러진다.

나쁜 습관은 고치기 어렵고 좋은 습관은 기르기 어렵다고 생각하는 사람들이 많다. 이런 생각을 하는 이유는 습관을 개선하는 것이 자신의 발전에 어떤 의미가 있는지 모르기 때문이다. 우연과 필연이 호환하려면 새로운 의미가 부여되어야 하고, 자신을 변화시키기 위해서는 변화하려는 내적 요인을 찾는 것이 무엇보다 중요하다. 최대한 자신에 대해 많이 알고, 미래에 어떤 기대를 걸고 있는지 명확히 해두면 진정으로 새로운 의미를 찾을 것이다.

05
인생은 완벽하지 않다
완벽해지려고 노력하면 완벽해진다

> ❝
> '최선'보다 '차선'에 도전하라.
> 완벽을 위해 노력하면 현실적으로 완벽해진다.
> ❞

최근 버스에서 어느 젊은 부부가 아이에 대해 이야기를 나누는 것을 본의 아니게 엿들었다. 남편이 말했다.

"어제 웅변대회에 데리고 나갔는데 긴장해서 입도 못 열더라고. 나랑 연습할 때는 꽤 잘했는데 어째서 무대에만 서면 싹 다 잊어버리는지 모르겠어. 한 삼 초간 멍하니 있더니 더듬더듬 입을 열기 시작하더라니까? 상 타기는 글렀어. 대회 준비하느라 얼마나 애를 썼는데 다 소용없어졌어. 웅변 실력을 어떻게 키워야 할는지……."

옆에서 듣고 있던 아내가 이렇게 대답했다.

"요즘 애들이 소심해서 그렇지, 뭐. 어려서부터 대중 앞에서 말할 기회가 없었잖아. 학교에서 웅변 연습을 시키는 것도 아니고……. 미국에서는 길거리에서도 자유롭게 연설하고 그러잖아. 어릴 때부터 자신의 의견을 솔직하게 말하도록 가르치니까 두려움도 없고 커서도 당황하거나 주눅 들지 않지. 우리가 어떻게 다른 나라랑 비교하겠어? 우리 애가 지금 고등학생이니까 미국처럼 어릴 때부터 훈련시켰으면 아마 지금쯤 연설가가 되었을 텐데……."

남편은 아내의 말이 일리가 있다는 듯 고개를 끄덕였다. 고등학생이므로 이제 와서 새로 가르치기엔 늦었다는 판단일 것이다. 그들은 웅변 실력을 키우는 방법에 대해 더는 이야기하지 않았다.

나는 그들에게 묻고 싶었다. 모든 학습을 인형놀이 하는 유아기 때부터 시작해야 하는 것인가? 그때 하지 않고 몇 년 지나면 배울 기회가 없어지는 것인가? 또 대중 앞에서 주눅이 드는 것과 연설가가 되는 것은 다른 개념 아닌가?

대중 앞에서 낭황하지 않고 주눅 들지 않는 것은 대화 태도에 관한 문제이며, 일상생활이나 직장에서 자신의 의견을 말할 때 가져야 할 기본적인 자질이다. 다시 말해 사람이라면 누구나 반드시 갖춰야 할 능력이라는 말이다. 아이가 어릴 때 이런 점을 배우지 못해서 연설가가 될 수 없다고 판단하는 건 대중 앞에서 말할 때 위축되는 습관을 바로잡아주지 않겠다는 이야기다. 이는 결국 아이에게 변명거리를 만들어주는 셈이다. 이런 생각에는 부모의 완벽주의 성향이 숨어 있다. 그들은 아이를 교육시킬 때 최적의 시기를 놓치면 최대의 효과를 얻을 수 없다고 생각하는데, 하나 잊은 것이 있다. 바로 그들의 목표는 아이를 연설가로 키우는 것이 아닌, 아이가 겁쟁이가 되지 않도록 가르치는 것이라는 점이다.

생각해보자. 우리에게도 이런 적이 있었을까? 최고의 의사가 아니면 진료를 받지 않아서 작은 병을 큰 병으로 키우고, 최고의 대학에 입학하지 못해서 재수하고, 일의 결과가 만족스럽지 못해서 다 뒤엎고 처음부터 다시 시작하는 등등…….

완벽하기 위해 노력하는 것, 그게 완벽이다

사람은 태어날 때부터 완벽 콤플렉스를 가지고 있다. 이는 병이 아니지만 이런 사고방식을 가지고 있으면 오히려 문제를 해결할 수 없다는 생각이 더 강해진다. 때로는 완벽을 추구하려고 변명도 지어내지만 결국 뜻대로 되지 않아 아예 포기해버린다. 싱글인 남녀 중에는 자신의 상상 속에 존재하는 완벽한 이성을 찾지 못해서 혼자인 경우가 많다. '돌싱(돌아온 싱글)'이 되어 다시는 결혼하지 않겠다던 사람이 두 번 실패하지 않으려고 완벽한 배우자를 찾다가 늦어져 재혼을 포기하기도 한다. 특히 '돌싱'들은 새로운 배우자를 고를 때, 전 배우자보다 못한 점을 발견하면 크게 후회하고 실망한다.

사실, 인생에 완벽은 없다. 완벽은 자신의 상상 속에만 존재하는 것이다. 우리는 이상형을 찾지 못하면 바로 구애를 포기한다. 그런데 이는 도피이자 자포자기이며 노력하지 않은 자신에게 하는 변명일 뿐이다. 완벽을 추구하는 것은 하나의 과정이다. 일단 '쫓아가야' 자신이 '찾으려는' 것이 무엇인지 알 수 있다. 해보지도 않고 못하겠다고 하면, 이는 새빨간 거짓말이다.

아내의 친구는 아내가 산 스포츠용 백팩이 마음에 든다며 자기도 똑같은 것을 샀다. 놀러 다닐 때 쓰겠다고 하더니 두세 번 쓰고 나서는 불평이 많았다. 어깨 끈이 넓어서 촌스럽고, 내부가 너무 작아서 실용적이지 않고, 외부에 밧줄이 달려 있어서 보기 흉하다고 했다. 운동에 관심 있는 사람이라면 아마 다 알겠지만, 어깨 끈이 넓은 건 장시간 걸을 때 가방 무게로 인한 어깨의 부담을 줄이기 위한 것이고, 내부 공간이 작은 것은 운동할 때는 필요한 물건 몇 가지만 휴대하면 되므로 굳이 클 필요가 없는 것이고, 외부에 달린 밧줄은 옷이나 다른 물건을 임시로 고정해놓기 위한 것이다.

생각해보니 나와 아내는 한창 걷기 운동에 빠졌던 때가 있었다. 그때 운동에 필요한 장비를 많이 사봤는데 하나씩 살 때마다 장비에 대한 지식이 늘고 꼭 필요한 것이 무엇인지 분명히 알 수 있었다. 아내의 친구가 지적한 불만들은 몇 년 전 아내와 나도 똑같이 느꼈던 점이다. 우리 같은 일반 사람들이 프로선수들이 운동할 때 가장 필요한 물건이 무엇인지 어떻게 알겠는가? 아마 운동선수가 되기 전에는 알 수 없을 것이다. 이는 자신이 직접 경험해봐야 알 수 있는 것들이다. 그래서 나는 아내의 친구에게 우선 자신이 좋아하는 스타일의 백팩을 골라 사용해보라고 권했다. 그렇게 하다 보면 차츰 자신이 원하는 것이 무엇인지 분명히 인지하여 결국 마음에 쏙 드는 완벽한 백팩을 장만할 수 있다.

자신이 어느 분야의 전문가라고 해도 가끔 자신이 가장 좋아하는 걸 정말 찾지 못할 때가 있다. 완벽 추구는 곧 끊임없는 수정의 과정이다. 전문가의 안목을 갖추어야 함은 물론 자신의 기존 사고방식을 계속 고쳐나가야 한다. 즉, 능력은 키우고 이상은 낮춰야 자신의 이상이나 바람을 이룰 수 있고, 그럴 때 마침내 완벽해진다. 그러니 일시적으로 완벽하지 못하다고 해서 완벽해지기를 포기하지는 말라.

완벽해지려고 같은 일을 반복하지 말라

작년에 진행했던 상담 중 정말 평생 잊지 못할 사례가 있다. 상담 고객은 모 대학을 갓 졸업한 취업 준비생이었다. 그는 자신이 여태껏 취업을 하지 못한 이유가 학벌 때문이라고 생각했다. 자신은 베이징대학교에 들어가는 게 꿈이었는데 불합격해서 다른 대학교에 들어갔고, 막상 취업하려고 하니 학벌이 걸림돌이 되어 원하는 직업을 찾지 못하고 있다는 것이다.

나는 좋은 대학교를 나오지 않고도 훌륭한 일을 하는 저명인사를 검색하여 그와 비교하며 긍정적 방향으로 이끌었지만, 그의 생각은 변함이 없었다. 나는 그의 고집이 도무지 이해되지 않아서 물어봤다.

"그러면 어떻게 해야 자신의 부족한 점을 고치고 완벽해질까요?"

그가 답했다.

"대입시험을 다시 봐서 베이징대학교에 들어가야죠."

그가 이렇게 생각하는 이상 취업 실패의 원인을 대입 실패로 돌리지 않을 수 없었다. 그래야 그의 가슴에 맺힌 응어리를 풀 수 있을 것 같았다. 사실, 과거 어느 시점으로 되돌아가서 똑같은 과정을 되풀이해야만 마음의 상처가 치유되고 완벽해지는 것은 아니다.

위의 취업 준비생과 같은 사례가 또 있다. 사례의 주인공은 모 대학의 부교수인데, 그녀는 박사 과정 시험을 보겠다고 했다. 하도 당황스러워 그 이유를 물었더니 이렇게 대답했다.

"고등학교 이학년 때 기말고사를 망쳤던 기억이 지워지지 않아서요."

이런 논리에는 허점이 너무 많다. 그녀 말대로 정말 그렇다면 그 이후로 계속 시험을 망쳤어야 하는데 대입 시험도 합격하고 대학원 시험

도 합격하지 않았는가. 박사 과정에 응시하는 이유를 기어코 10년 전의 사소한 일과 결부시키는 것은 변명이라는 생각밖에 들지 않았다.

그래서 또 물었다.

"그럼 고등학교 이학년 시절로 돌아가서 기말고사를 다시 치르면 시험 불안 증상이 약해질까요?"

그녀가 웃으며 대답했다.

"과장이 너무 심하세요. 저는 그저 시험을 한 번 더 보면 스스로 기운을 북돋울 수 있을 것 같아서 그러는 것뿐이에요."

"좋습니다. 그럼 그렇게 하시죠. 대입과 대학원 시험을 통해 실력이 이미 검증됐는데도 만족하지 못하니까 시험을 다시 봐서 실력을 재검증합시다. 이번 시험을 잘 보면 시험 불안 증상이 없다는 것도 증명되겠네요. 그럼 상담 치료는 이것으로 끝나는 겁니다!"

나는 자신 있게 그녀에게 말했다.

이와 마찬가지로 앞의 취업 준비생도 일자리를 구하지 못하다 보니 자신의 실패와 좌절의 원인을 학벌로 귀결시켜 변명한 것이다. 현재의 문제는 현재의 방법으로 해결해야 한다. 과거에 넘어졌던 곳에서 다시 출발하는 것은 해결 방법이 아니다. 그럴 필요도 없고 그래서도 안 된다. 과거는 이미 지나간 것이므로 되돌아갈 수 없다. 그러니 현재 자신이 두려움을 느끼는 곳에서 자신의 실력을 증명할 근거를 찾아야 유용하게 쓸 수 있다. 왜냐고? 처음부터 다시 시작한다고 해서 완벽해진다는 보장은 없기 때문이다.

과거에서 이유를 찾는 논리 (위 : 사고와 정서, 아래 : 습관)

박사 과정 시험을 걱정함	⇨ 이유를 찾음	⇨ 바뀌고 싶지 않음	⇨ 시험을 망친 이유를 핑계로 댐
	→ 고2 때 실수함	→ 현재까지 영향을 미침	→ 여전히 시험을 못 볼 거라고 생각함

최선보다 차선

"운동으로 다이어트를 하려면 적어도 사십 분 이상 운동을 지속해야 체내의 지방이 소모되어 다이어트 효과가 나타납니다. 만약 사십 분 이상 지속하지 않으면 열량과 수분만 소모되고 체지방은 변동이 없습니다."

이는 전문가들이 말하는 다이어트 상식이다. 일상생활의 자질구레한 일들을 처리하고 일이 바쁘다 보면 꾸준히 40분 동안 운동하는 것이 쉽지 않다. 그래서 다이어트를 하다가도 그만두기 십상이다. 사실, 다이어트는 두 가지 방향으로 실천해야 한다. 하나는 체중이 늘지 않도록 하는 것이고, 다른 하나는 체지방을 줄여서 체중을 감량하는 것이다. 40분 동안 운동을 지속하는 것은 바로 후자에 해당한다. 이는 시간과 장소를 정해두고 기계적으로 해야 하기 때문에 많은 노력이 필요하지만, 그만큼 실효를 거두기도 어렵다. 하지만 체지방을 줄이지 않고 조절하기만 해도 체중을 안정적으로 유지할 수 있으므로 다이어트 효과가 있다고 할 수 있다. 섭취한 음식이 지방으로 전환되기 전에 열량을 소모하면 체지방이 적게 생성되고 체내에 쌓이는 양도 줄어들어 살찔 확률도 낮아진다. 이런 식의 다이어트는 그저 자투리 시간을 활용하면 된다. 예컨대 식후 30분쯤 가벼운 운동을 하고, 자가용 대신 버스를 이용하고, 앉거나 눕기보다 서 있는 시간을 늘리고, 일하다가 목을 축일 때 일부러 몸을 좀 더 움직여서 활동량을 늘리는 것이다.

  섭취한 음식이 지방으로 전환되는 것을 최소화해야 식후 열량이 낮아진다. 그리고 이 열량을 다음 식사 시간 전에 다 소모하면 체내에서 자동으로 지방을 분해하므로 다이어트 효과가 있다. 전문가들이 말하는 40분 운동 요법은 다이어트 이론상으로는 완벽하지만, 실용적이지 않다. 운동을 40분 동안 지속하지 않고 같은 운동량을 시간을 쪼개서 해도 동일한 효과를 얻을 수 있다. 이렇게 하면 일부러 운동 시간을 따로 비워둘 필요 없이 수시로 아무 데서나 다이어트를 할 수 있다. 더불어 운동을 좋아하는 습관도 생기고 요요현상도 방지할 수 있다.

전문가들이 40분 운동 요법을 제안하는 이유는 이것이 다이어트 효과를 가장 빨리 얻을 수 있는 방법이기 때문이다. 그러나 나는 매일 자투리 시간을 이용해서 2년 동안 10킬로그램을 감량했다. 다이어트에 실패한 사람 대다수는 가장 좋은 약과 가장 좋은 방법을 이용하고도 기대했던 효과를 얻지 못해서 다이어트를 포기했다. 이들은 무조건 가장 완벽하고 좋은 방법만 찾고 차선책을 미리 준비하지 않았기 때문에 실패한 것이다. 이따금 목표를 달성하지 못하는 것은 자신의 능력 탓이라고 이야기하는데, 사실 이는 목표를 너무 높게 설정했기 때문이다. 목표를 조금 낮추고 쉬운 단계부터 하나씩 차례대로 달성해가면 마지막엔 최종 목표에 다다를 수 있다.

앞서 소개한 발표력이 부족한 아이의 사례를 다시 돌아보자. 아이에게 자신감과 표현력을 길러주는 건 결코 어려운 일이 아니다. 아이를 연설가로 키우려는 것이 아니므로, 목표를 낮춰서 우선 아이가 대중 앞에서 얼굴을 붉히거나 말을 더듬지 않도록 연습시켜야 한다. 실질적으로 해낼 수 있는 목표를 설정하는 것은 매우 쉽고 간단하다. 공연히 목표를 너무 높이 잡으면 중간에 포기하는 상황이 반드시 생긴다.

살다 보면 마음대로 상상하고 큰소리치다가 흐지부지되는 일이 많다. 그럴 때마다 어떻게든 자신을 변명하게 되는데 이는 매우 안 좋은 습관이다. 이렇게 하다 보면 행동력은 떨어지고 늘 그럴싸한 말로 둘러대기만 할 것이다.

EPILOGUE

글을 마치며

최종 교정지를 받아들고 보니 마음이 무거웠다. 아마도 이 책을 위해 노력과 도움을 아끼지 않은 많은 분들 때문일 것이다.

2011년 말, 여러 편집인과 같은 일을 하는 친구들이 블로그에 게재한 글을 모아 책으로 출판하자고 졸랐다. 그래서 그중 책으로 낼 만한 좋은 내용을 골라 정리하고 다듬었다. 더 정확하게 말하면 블로그에 올린 글을 원고의 기초로 하여 대대적인 수정 작업을 하며 내용의 질을 높였다. 원고를 정리하고 있자면 어느새 하루가 지나고 다음 날이 되면 전날 쓴 원고가 마음에 들지 않아 새로 써내려가기를 반복했다.

이렇게 어수선한 가운데 오롯이 내가 좋아하는 글들이 모여 초고가 완성되었고, 그러는 사이 어느덧 시간이 훌쩍 지나 2013년이 다가왔다. 그동안 수없이 썼다 지웠다를 반복하며 누구나 한 번쯤 경험해보았을 법한 평범한 이야기를 소재로 삼아 '보통 사람의 보통 이야기'를 담았다.

    우선 초고 작업에 많은 조언과 도움을 주신 편집위원들께 감사의 마음을 전하고 싶다. 이분들은 각자 모톄(磨鐵), 성다(盛大), 창장문예출판사(長江文藝出版社), 화학공업출판사(化學工業出版社), 시대중국어(時代華語), 베이징대학출판사(北京大學出版社) 등 여러 곳에서 같은 마음으로 나의 부족한 점을 채워주고 내 생각이 독자에게 잘 전달되도록 도와준 이들이다. 편집위원 여러분께 다시 한 번 감사드린다.

    그로부터 1년 뒤, 마침내 중국방직출판사(中國紡織出版社)의 어우펑(歐鋒)과 쉬리리(徐麗麗) 두 편집인과 인연을 맺는 행운을 얻었다. 이 두 사람 덕분에 준비해오던 원고가 빛을 발할 수 있었다. 전반부 작업은 어우펑이 개인 시간까지 내가며 내용을 다듬었고 제목도 정해주었다. 후반부 작업은 쉬리리가 목차를 정리하고 전체 기획을 담당한 덕분에 전반적으로 큰 도움이 되었다. 독자에게 전하고 싶은 나의 소소한 이야기가 책으로 나올 수 있게 된 것은 전적으로 이 두 사람의 도움 덕분이다.

　마지막으로, 국내 저명한 심리학자인 둥루펑(董如峰) 선생님과 왕쥔(王軍) 선생님, 그리고 중화여자학원(中華女子學院)의 장제 선생님과 그 학생들께 감사의 말을 전하고 싶다. 여러분의 격려와 한결같은 응원에 진심으로 감사드린다. 이 책과 앞으로 나올 다른 책을 통해 여러분이 내게 보여주신 관심과 사랑에 보답할 것이다. 훗날 다시 만날 것을 기약한다.

바이징샹

인생에서 놓친 소중한 것들

초판 1쇄 발행 2020년 1월 10일

지 은 이 | 白京翔(바이징샹)
옮 긴 이 | 주은주
펴 낸 곳 | 도서출판 타래
펴 낸 이 | 이성범
주   소 | 서울특별시 마포구 성지3길 29 그레이트빌딩3층
전   화 | (02)2277-9684~5, 070-7012-4755
팩   스 | (02)323-9686
전자우편 | taraepub@nate.com

ⓒ 도서출판**타래**
ISBN: 978-89-8250-119-7 (13320) / 정가: 14,500원
파본은 구입하신 서점에서 교환해 드립니다.